분노를 다스리는
붓다의 가르침

분노를 다스리는
붓다의 가르침

| 초판 1쇄 발행_ 2014년 11월 3일

| 지은이_ 샤론 샐즈버그, 로버트 서먼
| 옮긴이_ 윤서인
| 펴낸이_ 오세룡
| 주간_ 이상근
| 기획 · 편집_ 박혜진 박성화 손미숙 최은영
| 디자인_ 고혜정 최지혜 윤지영
| 홍보 마케팅_ 문성빈
| 펴낸곳_ 담앤북스
　　　서울특별시 종로구 사직로8길 34 (내수동) 경희궁의 아침 3단지 926호
　　　대표전화 02)765-1251 전송 02)764-1251 전자우편 damnbooks@hanmail.net
　　　출판등록 제300-2011-115호
| ISBN　978-89-98946-36-4　03180

이 도서의 국립중앙도서관 출판예정도서목록(CIP)은 서지정보유통지원시스템 홈페이지(http://seoji.nl.go.kr)와 국가
자료공동목록시스템(http://www.nl.go.kr/kolisnet)에서 이용하실 수 있습니다.(CIP제어번호: CIP2014028726)

정가 15,000원

나를 괴롭히는 적들을 바르게 인식하고 현명하게 대처하는 방법

분노를 다스리는 붓다의 가르침

Love Your Enemies

샤론 샐즈버그, 로버트 서먼 지음

| 윤서인 옮김 |

담앤북스

마음속에서, 가정에서, 공동체에서, 국가에서, 그 어디서든
분노가 아닌 연민을 통해 자기의 힘을 표현하는 모든 이들에게 이 책을 바칩니다.
사랑과 친절이 온 우주에 가득하기를.

_샤론 샐즈버그 *Sharon Salzberg*

모든 종류의 모든 지각 있는 존재들에게 이 책을 바칩니다.

그들이 지금의 곤경을 끝까지 이겨내고 번성하기를, 특히 모든 여성들에게,

이 세계의 그 차가운 영웅들에게 이 책을 바칩니다.

여성은 완전하고 자유로운 인간이자 용맹한 전사이자 진정한 친구이자 어머니이자 아내 그리고

딸로서 온갖 노동을 떠맡습니다.

여성은 자애롭고 총명하고 창의적이며, 용감하고 너그럽습니다.

또 친절하고 사교적이며 자기를 희생하고 유머러스합니다. 세상을 보는 시각이 깊고 넓습니다.

수천 년 동안 밤낮으로 여성은 가족과 자매, 철없는 남자들, 부모, 배우자, 어린아이, 동물,

공동체 전체 그리고 이 지구를 불행과 파멸에서 구해 냈습니다.

여성은 가장 큰 경의와 존중과 권위를 한껏 누려야 마땅합니다.

이 책이 그 위대한 영혼들에게 그 존경의 마음을 조금이라도 전할 수 있기를.

여성은 우리 모두에게 지금 당장 절실하게 필요한 존재입니다.

_ 텐진 로버트 서먼 *Tenzin Robert Thurman*

차례

이 책을 이용하는 법

『분노를 다스리는 붓다의 가르침』은 지혜, 인내, 자비라는 강력한 동맹군을 이용해서 적을 물리치도록 이끌어 주는 실용서다. 특히, 우리가 살면서 마주치는 네 종류의 적을 정복하는 방편을 제공한다. 고대 티베트불교의 가르침에서 말하는 네 가지 적은 다음과 같다.

- 외부의 적outer enemy: 우리를 어떤 식으로든 괴롭히거나 해치거나 방해하는 사람과 조직뿐만 아니라 우리를 절망케 하는 외적 상황들.
- 내부의 적inner enemy: 분노, 증오, 두려움 같은 파괴적 충동들.
- 은밀한 적secret enemy: 자기 강박과 자기 집착. 몰래 숨어 있는 이 적은 우리를 다른 사람들과 격리시키고 절망과 외로움을 심어준다.
- 가장 은밀한 적super-secret enemy: 아주 깊은 곳에 자리한 자기혐오. 이 적은 우리가 내적 자유와 참된 행복을 찾지 못하게 방해한다.

이 책은 네 가지 적을 이 순서대로 제시한다. 외부의 적에서 시작해서 내부로 점차 깊이 들어간다. 분노와 두려움과 자기 집착을 극복하고 자유에 이르는 과정은 대개 이 순서로 진행되기 때문이다. 하지만 삶은 늘 변하고 예측 불가능하다. 그리고 적들과 항상 그 순서대로 마주치는 것이 아님을 우리는 잘 알고 있다. 그러므로 지금 자신이 처한 곳에서 시작하기를 권한다. 사업이 위태로운 탓에 자신에게 지나치게 가혹한 상태라면 그 적을 대면한다는 생각조차 불가능할지도 모른다. 그렇다면 먼저 부록으로 가서 자애명상을 통해 자기 연민을 일으킨 후에 이 과정에 들어서는 편이 좋다. 아니면 앞부분을 건너뛰고 4장의 가장 은밀한 적에 대해 읽어 봄으로써 완전한 자유와 지극한 행복이 무엇인지를 감지해 보아도 좋다. 지금 당신은 습관적인 분노에 갇혀서 괴로울지도 모른다. 그렇다면 내부의 적을 제거하는 2장부터 시작할 수도 있다.

지금 어떤 적과 대적하고 있든지 간에 적을 물리치는 방법은 똑같다. 맨 먼저 비판적 지혜를 이용해서 그 적의 정체를 간파한다. 이것은 말처럼 그렇게 간단한 일이 아니다. 이어서 마음챙김mindfulness을 행함으로써 그 적이 어떻게 작동하는지를 세세하게 관찰한다. 다음에는 적과의 적대적인 관계를 청산하는 과정에 들어선다. 이것은 그 적을 인내하는 법을 배운 후 그에게 연민을 느낌으로써 가능하다. 적을 근절하기 위해 단호하게 행동할 때도 우리는 인내와 연민을 가져야 한다. 끝으로 적이 사라졌으므로 우리는 그들과 사이좋게 살면서 참된 행복과 기쁨을 누릴 수 있다. 적과 협력하는 과정은 내적 작업이자 외적 작업이다.

적의 손아귀에서 풀려나 자유로워지기는 쉽지 않다. 세상을 대하는 습관적인 방식을 깨뜨리고 더욱 생산적으로 다르게 반응하기 위해서는 지성과 용기와 끈기가 필요하다. 첫째, 적을 효과적으로 물리치기 위해서 자제가 요구된다. 적을 향해 분노를 폭발해서도 복수욕에 굴복해서도 안 된다. 둘째, 세상에 능동적으로 개입하는 것이 필요하다. 그렇게 하면 분노를 파괴적으로 표출하는 대신에 자신과 타인을 향한 친절을 바탕으로 건설적으로 행동할 수 있다.

마침내 우리는 '우리'와 '그들'이 다르지 않음을 이해하게 된다. 나와 남을 가르는 벽이 없고 따라서 적이 없다는 것을 알게 된다. 적을 제거한다는 말은 상호 의존성을 깊이 깨닫는다는 뜻이다.

오래전부터 우리 저자들은 주말 워크숍에서 적을 용납하는 법을 가르쳐 왔다. 이 책은 그 워크숍의 자연스러운 산물이다. 우리는 이 책을 독자들이 자신의 적을 알아내고 적과의 관계를 바꾸게 돕는 워크북으로 계획했다.

영적인 맥락에서 '사랑'은 누군가의 행복을 간절히 비는 마음을 뜻한다. 우리는 독자들이 각자의 적을 바로 그렇게 사랑하기를 권유한다. 부처님이나 예수님 같은 수많은 위대한 영적 스승들은 자신을 해치는 자를 포함하여 모든 사람을 사랑해야 한다고 말했다. 그런 명령은 부당한 것, 심지어 불가능한 것으로 간주되곤 했지만 적이 진정으로 행복하길 비는 것이 실제로 얼마든지 가능하고 타당하다는 주장은 숙고할 가치가 있다. 그것이 적이 가하는 해악에서 벗어나는 유일한 방법이기 때문이다. 이 사랑은 곱절로 유익하다. 그 사랑으로 행복해진다면 그 적이 주변 사람들을 해치거나 절망케 할 가능성이 훨씬 줄어든다. 사랑에 대한 이 새로운 시각이 당신의 적에게 즉시 영향을 미치지는 못하더라도 사랑이라는 아주 작은 행위는 내면의 평화를 가져온다.

이 책은 다양한 영적 전통은 물론이고 현대 심리학도 적용해서 종교에 상관없이 모든 이에게, 무신론자에게도 유용한 도구를 제시한다. 그 도구들은 적과의 관계를 바꾸고 지혜와 인내, 연민, 사랑에 따라 살아가는 법을 배우는 이 여정에서 우리를 도와줄 것이다. 이 책에 소개된 가르침과 명상법 중에서 실험 삼아 시도해 볼 수 있는 것을 찾아내길 바란다. 그것이 자기와 타인을 다른 시각에서 보고 참된 행복과 참된 힘의 정의를 새롭게 이해하는 웅대한 실험이라고 생각하라.

대학교수가 되기 전에 로버트 서먼은 인도에서 티베트 비구계를 받은 최초의 서양인이었다. 샤론 샐즈버그는 인도와 버마(미얀마)에서 위빠사나 명상을 배운 후, 미국으로 돌아와 매사추세츠 주에 불교 선원을 공동 설립했다.

우리 두 사람이 함께 가르칠 때는 법문과 이야기와 명상법을 번갈아 전달한다. 이 책도 그와 똑같은 방식을 따랐다.

샤론 샐즈버그의 가르침과 이야기, 그리고 샤론 자신과 수련생들의 실제 경험에서 얻은 사례들은 '고딕' 글꼴로 제시된다.

불경佛經에 근거한 로버트 서먼의 가르침과 개인적 경험은 '명조' 글꼴로 제시된다.

샤론 샐즈버그, 텐진 로버트 서먼

2013년, 뉴욕에서

우리는 모두 행복을 원한다. 하지만 참된 행복을 어디서 찾을 수 있는지에 관해서는 의견이 분분하다. 어디를 둘러보든 사람들은 갈등을 겪으며 '우리 대 그들Us-versus-Them' 사고에 따라 행동한다. 이 분리감과 소외감 때문에 우리는 다른 사람들을 능가하거나 자기 자신의 일부를 억눌러야만 행복에 이른다고 생각하게 된다. 결국 우리는 타인을 적으로 간주한다. 일이 내 뜻대로 풀리지 않을 때는 자기 자신을 적대시한다.

개인적으로든 집단적으로든 우리는 '힘'을 친절이나 연민과는 별개의 것으로 생각하도록 길들여졌다. 그러므로 특정 개인이나 상황을 적으로 삼아 거칠게 공격하지 않으면 자신이 그것에 굴복하고 있는 것처럼, 멍청하게 행동하거나 무기력하거나 스스로를 파괴하고 있는 것처럼 느껴진다. 이 분리감과 적대감, 자기 내면과 단절되고 다른 사람들과 동떨어진 그 느낌이 참된 행복을 찾을 수 있는 곳에 대한 혼란을 일으킨다고 나는 믿는다.

이 책은 모든 사람이 적을 갖고 있다는 것을 전제로 한다. 이 점에 관해 로버트 서먼은 당신이 상상도 못한 주장을 펼치겠지만, 어쨌든 불교의 가르침을 토대로 우리는 네 종류의 적을 차례로 대적하는 힘겨운 여정에서 당신을 안내할 것이다. 그 적은 바로 외부의 적, 내부의 적, 은밀한 적, 가장 은밀한 적이다. 외부의 적은 우리를 괴롭히는 개인은 물론이고 절망케 하거나 황당하게 하는 상황들도 포함된다. 내부의 적은 우리를 철저히 지배하고 우리의 인생을 엉망진창으로 만드는 습관적이고 충동적인 마음 상태를 말한다. 분노와 증오가 특히 골치 아픈 내부의 적이다. 하지만 더 깊은 곳에 또 다른 적이 몰래 숨어 있다. 자기 집착이라는 이 은밀한 적은 우리를 다른 사람들과 단절시키고 자애로운 본성을 차단한다. 끝으로 가장 은밀한 적인 뿌리 깊은 자기혐오는 우리가 모든 존재와 연결된 존재임을 깨닫지 못하도록 방해한다. 이 책에 소개된 가르침과 명상법은 타고난 지혜와 연민을 이용하여 네 적들과의 관계를 바꿀 수 있도록 도와준다.

'적'이라는 단어를 들으면 그 즉시 실제로 상처를 주었거나 위해를 가했던 사람들을 떠올릴 것이다. 하지만 우리가 상대해야만 하는 교활한 적이 또 있는데, 바로 내부의 적이다. 그들과 협력하는 자세한 방법을 함께 살펴볼 것이다. 우리가 내부의 적과 협력할 때 진정으로 승리할 수 있다.

내부의 적이든 외부의 적이든 적과 마주칠 때 우리는 대체로 과거에 그 문제를 해결하는 데 아무 도움이 되지 못한 습관적 사고, 우리에게 좌절과 분노와 불만을 남기는 케케묵은 사고에서 헤어나지 못한다. 적을 대하는 그 친숙하지만 결함 있는 사고를 떨쳐내고 더 좋은 새로운 사고를 추구하는 것은 용감한 행동이다. 적을 만드는 우리 대 그들 사고를 기꺼이 바꾸기 위해서는 용기가 필요하다. 사회심리학자 조너선 하이트Jonathan Haidt는 완고하고 뿌리 깊은 오래된 사고를 바꾸는 전략을 '도덕적 모체moral matrix에서 나오기'라고 말한다. 분노를 분노로 되갚기를 거부할 때, 복수가 유일한 해결책이라는 생각을 거부할 때 우리는 도덕적 모체에서 떨어져 나와 지혜롭게 대응하는 드넓은 세계로 들어간다.

　우리 사회는 친절을 하찮은 덕목쯤으로 폄하하는 경향이 있다. 친절이 실제로 매우 강한 힘일 수 있다는 것을 모른다. 달라이 라마Dalai Lama는 친절과 자비의 화신으로 세상 사람들에게 존경받고 있지만, 그가 티베트를 침략한 중국을 적으로 여기지 않는 것을 이해하지 못하는 이들이 많다. 그러나 적을 물리치는 데 친절과 자비가 나약의 신호라는 고정관념을 깨고 그 특성을 실제로 '힘'으로 여길 수 있어야 한다. 이 책에 소개된 명상법 중에 적을 궤멸시키는 가장 강력한 한 가지 기법은 바로 자애명상이다.

　'자애'는 불교 원전 언어인 빨리어pāli 메타metta를 옮긴 말이다. 메타는 사랑과 우정으로도 번역된다. 자애는 개개인의 삶이 모든 생명과 서로 엮여 있으며 이 상호 연결성 때문에 우리가 서로를 돌봐야 한다는 깊은 앎이다. 이 앎은 어설픈 감상이나 의무감에서 나온 게 아니다. 우리가 다른 사람들을 돌보는 것이 실제로는 제 자신을 돌보는 행위라는 것을 깨닫는 지혜에서 깊은 앎이 나온다.

　자애는 추상적인 이상이 아니다. 자애는 변화된 삶을 깨닫게 해 주는 실천적이고 실용적인 방편이다. 명상 기법으로서 자애는 우리의 의식을 열어서 자기와 타인을 다른 방식으로 자각하게 해 준다. 자애명상을 통해 우리는 산만해지거나 분열되지 않고 주의를 모아 균형을 잡는 것을 배운다. 자기에게 무슨 문제가 있다는 생각에 골몰하거나 그로 인해 패배감을 느끼는 대신에 내면에 존재하는 선함을 보는 것을 배운다. 그리고 사람들을 반사적으로 '적'으로 분류해서 폄하하는 대신에 우리는 잠깐 멈춰서 그들도 우리처럼 행복을 원한다는 것을 알아차린다.

부처님이 알고 있었듯이, 참된 행복은 일종의 유연성이다. 어떤 괴로움이 닥치든지 그것에 의해 압도되거나 무너지지 않고 우리가 자기 자신과 다른 사람들을 돌볼 수 있게 해 주는 내적 자원이다. 이 책에 소개된 다양한 관점과 수행법은 우리가 그 유연성을 감지하게 해 주고 모든 인간관계에서 우리를 이끌어 줄 것이다. 마음과 삶을 변화시키는 이 과정에 당신의 적을 포함시키는 것이 처음에는 불가능해 보일 것이다. 하지만 그것이 실용적일 뿐 아니라 우리를 자유롭게 해 준다는 것을 결국에는 깨닫게 된다.

분명히 말해 두자. 결론적으로 적은 없다. 우리는 제 행복을 방해하는 사람이나 사건을 적으로 생각한다. 하지만 어느 누구도, 그 무엇도 우리의 행복을 방해하지 못한다. 참된 행복은 내면에서 생겨나기 때문이다. 그러므로 결론적으로 적은 없다.

독자들이 하는 말이 들리는 듯하다. "뭐라고요? 이 책은 적과 협력하고 적을 친구로 바꾸는 법에 관한 거잖아요. 그런데 대뜸 첫마디부터 적이 없다니요? 그럴 리가 없어요. 내게 적이 있다는 걸 난 똑똑히 알아요. 어제만 해도 직장 동료가 당연히 내 차례인 승진을 가로채려고 아부하는 걸 봤어요. 그리고 이웃은 또 어떻고요. 한밤중까지 요란하게 음악을 틀어 놔서 도대체 잠을 잘 수가 없어요. 게다가 가족 때문에 나는 비참한 성장기를 보냈어요. 그리고 요즘 세상을 좀 보세요. 다툼이 끊이지 않고 모든 사람들이 걸핏하면 불같이 화를 내요. 그런데 적이 없다고요? 절대 그렇지 않아요!"

어떤 점에서는 이 말이 맞다. 상대적으로 보자면 우리에게는 적이 있다. 우리는 자신을 어떤 식으로든 해치는 사람과 상황을 적으로 지각한다. 그들은 우리가 '나'라고 생각하고 있는 존재를 해친다. 앞으로 알게 되겠지만, 그 '나'라는 생각이 문제의 일부다. 우리는 외부의 적이 우리를 철저히 파괴할 의도를 갖고 있다고 지각한다. 하지만 그 적이 실제로 공격하는 것은 우리의 자기 몰두self-addiction이다. 우리는 고정되고 변치 않는 자아self가 존재하며 그 자아는 다른 자아들과 분리되어 있다고 느낀다. 외부의 적은 자아에 집착하는 우리의 그 마음을 공격한다. 따라서 우리에게는 내부의 적이 더 위험하다. 거기에는 그 소중한 자아감이 위협당할 때 일어나는 분노와 증오, 정서적 혼돈이 포함된다.

우리의 적은 그게 전부가 아니다. 더 깊은 곳에 은밀한 적이 숨어 있다. 우리의 고정되고 습관적인 정체감을 토대로 형성된 집요하고 완강한 자기 몰두가 바로 은밀한 적이다. 이 적은 우리를 현실과 단절시키고 다른 사람들과의 애정 어린 상호작용을 방해한다. 끝으로 가장 은밀한 적이 있다. 이 적은 우리도 알지 못하는 깊은 곳에 철저히 숨어 있다. 가장 은밀한 이 적은 우리의 집단적 그림자, 즉 인간으로서 우리가 느끼는 원초적이고 습관적인 무가치감이다. 가장 은밀한 적은 참된 행복과 자유를 방해하는 마지막 적이다.

예수님은 원수를 사랑하라고 가르쳤다. 오른뺨을 맞으면 왼뺨을 돌려 대고 겉옷을 달라면 속옷까지 내주고 5리를 가자고 하면 10리를 동행하라고 했다. 부처님도 자비만이 증오를 극복할 수 있다는 똑같은 가르침을 남겼다. 또한 그는 적을 향해 자비심을 일으키는 방법도 보여 주었다. 외부의 적이 가하는 해악을 이용해 내부의 적을 물리침으로써, 내부의 적에 대한 통찰을 이용해 은밀한 적을 물리침으로써, 그 은밀한 적으로부터의 자유를 이용해 가장 은밀한 적을 물리침으로써 적을 향한 우리의 태도가 바뀌기 시작한다. 이렇게 적과 협력할 때 우리는 종류에 상관없이 그 모든 적을 사랑하게 된다.

사랑은 사랑하는 이의 진정한 행복을 염원한다. 사랑은 연민을 동반한다. 연민은 사랑하는 이가 괴로움을 겪지 않기를 염원한다. 곰곰이 생각해 보면 우리의 적을 사랑하는 게 지극히 합당하다. '사랑'이 그 적이 정말로 행복해지길 원하는 마음으로 정의될 경우에 그러하다. 그가 우리를 해치는 이유는 우리로 인해 제 행복이 손상된다고 생각하기 때문이다. 그가 정말로 행복해져서 우리를 해칠 이유가 없어진다면 그는 우리를 더 이상 괴롭히지 않을 것이다. 더 많이 행복해진다면, 그는 우리를 실제로 사랑하게 될지도 모른다. 적어도 우리를 그냥 내버려 둘 것이다.

이때 의문이 생긴다. '적을 사랑하는 게 안전할까?', '그가 우리를 이용하려고 들지 않을까?', '우리를 파멸시키지는 않을까?' 이것들은 합리적인 의문이다. 하지만 적을 사랑하라는 말은 그가 우리를 해치도록 권하라는 뜻이 아니다. 적이 해악을 가하면 우리도 괴로울 뿐 아니라 그 적도 참된 행복에 이르지 못한다. 우리를 괴롭힘으로써 그가 얻은 행복은 그에게 만족을 주지 못하고 불행만 가중시킬 뿐이다.

적을 파멸시킴으로써 느끼는 행복은 거짓 행복이다. 그 행복은 일시적이기 때문이다. 외적 또는 내적 변화로 스트레스가 잠시 줄어들 때 그런 환경이 행복을 가져온다. 하지만 늘 그렇듯이 환경은 변하고, 그렇게 되면 그 거짓 행복은 감쪽같이 사라진다. 그러면 우리는 괴로워한다. 부처님은 이것을 '변화로 인한 괴로움'이라고 불렀다.

그래서 거짓 행복은 오래가지 않는다. 하지만 참된 행복은 한결같이 지속된다. 참된 행복은 환경에 의해 좌우되지 않으며 실상reality을 직접 체험할 때, 지금 실제로 일어나고 있는 것을 알아차릴 때 생겨난다. 우리는 참된 행복을 직관으로 안다. 그 행복은 문자를 초월한다. 문자와 생각은 우리의 직관을 계속 교란시킨다. 그러면 마음은 우리의 시각을 왜곡해서 우리가 현실의 참모습을 있는 그대로 보지 못하게 만든다.

그 참모습을 오해하고 있음을 직관으로 알게 되면, 즉 실상과 허상을 혼동했음을 '간파하면' 우리는 그 망상delusion, 妄想을 필히 떨쳐내야 한다는 것을 깨닫게 되면서 실상을 저절로 체험하게 된다. 하지만 이것은 그리 쉬운 일이 아니다. 오래된 뿌리 깊은 망상은 진리를 통찰하는 우리의 직관력을 철저히 차단한다. 따라서 우리는 마음을 요령껏 이용해서 우리를 움켜쥔 문자와 생각의 덫을 풀어내야 한다. 문자와 생각으로는 표현할 수 없는 깊은 실상을 덮어 가린 장막을 신중하게 걷어 내는 한편, 그 드러난 실상에 저항하도록 만드는 두려움을 물리쳐야 한다.

부처님은 우리가 망상에서 깨어나 더욱 진실하게 살아갈 수 있다고 가르쳤다. 적은 우리의 가장 훌륭한 스승이 될 수 있다. 우리를 해치거나 우리가 원하는 것을 얻지 못하도록 방해하는 자들이 없다면 우리가 인내와 용서를 어떻게 배우겠는가?

부처님은 우리가 진정한 행복과 영웅적 행위에 대한 새로운 기준을 채택할 때 적에게 분노를 폭발하는 본능적 성향을 극복하고 영웅이 될 수 있다고 보았다. 이 관점을 이해하는 데 다소 어려움이 따른다. 부처님의 가장 중요한 과학적 —'신비'하지만 결코 종교적이지 않은 — 발견 중 하나를 숙고해 보는 것이 중요하다. 부처님은 지각을 갖춘 생명체가 윤회한다는 실상을 체험했고, '업action, 業'으로 간단히 번역되는 카르마karma에 대해 설법했다. 찰스 다윈Charles Darwin이 진화설을 주장하기 훨씬 오래전부터 지각 있는 개체들은 인과법칙에 따라 끝없이 윤회해 왔다. 윤회의 방향은 긍정적일 수도, 부정적일 수도 있으며 삶의 형태 및 그 질적인 면에서 상승할 수도, 하강할 수도 있다. 지각 있는 모든 존재들은 윤회를 통해 유전적으로 서로 연관된다. 시작도 없는 과거에서부터 그들 각자가 온갖 삶의 형태로 수없이 환생해 왔기 때문이다. 부처님은 수많은 전생에서 원숭이, 사자, 거북이, 박테리아, 여성, 남성, 악마, 신 등으로 살았으며 다른 모든 이들도 그렇다는 것을 깨달았다. 따라서 현재 인간이라는 삶의 형태로, 대단히 복잡하고 총명하고 자애로운 존재로 살고 있다는 것은 윤회적인 면에서 크나큰 업적이라고 여겼다. 하지만 인간이 항상 인간으로 환생한다는 보장은 없다. 부처님은 자신이 체험한 것을 삶의 형태의 바다로 묘사했다. 그 바다 속에서 특정 개체의 '정신적' 또는 '영적' 유전자, 즉 씨앗은 전생의 경험과 행위, 즉 업에 따라 그 모양이 구체화되고 이어서 그것이 내생을 구체화한다. 특정 삶의 형태를 결정할 때 그 씨앗은 부모가 물려주는 생물학적 유전자만큼이나 큰 영향을 미친다.

현대 유물론적 생물학자는 '개인'이 지각없는 물리적 유전자들의 무작위 돌연변이의 산물이라고 생각한다. 개인의 마음은 물리적 뇌의 전기신호들이 일으킨 허상이며 생은 개인의 출생에서 시작되어 죽음으로 끝난다고 생각한다. 그런 개인은 장기적 목적이 없는 기계적인 피조물로서 그 물리적 유전자의 미래를 개선하는 방식으로만 행동하고 대응하도록 타고났다. 그러므로 적이 그 유전적 개선을 방해할 경우, 그 기계적 개인은 아드레날린과 코르티솔에 휘둘려 즉시 폭력을 행사함으로써 적을 파멸시키도록 프로그래밍 되어 있다. 그것 외에는 어떤 행동도 적절하지 않다. 반면에 부처님과 그의 가르침을 따르는 '정신과학자들mind scientists'은 개인을 길고 긴 윤회 과정의 결실로 간주한다. 그 과정에서는 전생에 그 개인의 몸과 마음이 저지른 윤리적 행위의 결과들이 영적 유전자에 새겨지고, 그 유전자가 그의 현생을 구체화한다. 따라서 그 개인은 끝도 없이 이어질 내생에 제가 타고날 생명 형태와 생의 질적 수준을 개선하게 해 줄 방식으로 행동하려는 동기를 강하게 느낀다. 부처님의 설법에 따르면, 부정적 방향으로 윤회하는 이유는 몸과 마음과 말로 저지르는 이기적 행위들 때문이다. 반면에 이타적 행위는 긍정적 방향의 윤회를 가능케 한다. 분노와 증오는 마음이 행하는 폭력이다. 이것은 언어적 폭력과 신체적 폭력을 촉발하고, 그 결과 개인은 축생畜生 같은 훨씬 저급한 삶의 형태로 윤회하게 된다. 이와 달리 자애와 인내 같은 온화한 마음과 그에 따른 온화한 언사와 행동은 개인이 훨씬 더 고귀한 삶의 형태로 윤회하게 해 준다.

이 책에서 부처님의 카르마 이론에 깊게 들어가지는 않을 것이다. 이타심에 대한 개인의 현실적 관심이 분노와 증오를 극복하려는 동기를 일으키는 수평적 윤회에 대해서만 언급하겠다. 카르마는 윤회의 향방을 좌우하는 업이다. 분노를 물리치는 기법에 관한 가르침을 단지 이생만이 아니라 끝없이 이어지는 생을 지배하는 인과因果와 관련지어서 이해할 때, 그 가르침은 참으로 합당하며 그렇게 극단적으로 보이지 않는다. 전생과 내생에 관한 '종교적 시각'보다 유물론적 세계관을 선호하는 독자들도 이 책에 소개된 기법을 이용해서 이 현생에서의 삶의 질을 높일 수 있다. 사후 세계를 걱정하는 종교인들도 각자의 종교적 세계관 안에서 이 기법을 이용할 수 있다. 각자의 신앙을 바꿀 필요가 전혀 없다. 그 기법을 자신의 정서적이고 사회적인 삶을 다루는 기술을 향상시키는 정신과학적 기법으로 이용하면 된다.

어떤 과학적 세계관을 갖고 있든지 간에, 외부의 적을 효과적으로 물리치려고 애쓸 때 우리는 내부의 적이 가장 위험하고 중요하다는 것을 금방 알아차린다. 달라이 라마는 티베트를 점령한 중국인들을 적으로 여기지 않았다. 그런 태도에 우리는 크게 감동해서 분노라는 내부의 적을 없애면 나를 해치려는 사람들과도 협력할 수 있는 능력을 갖게 됨을 깨닫는다. 그럼으로써 마침내 우리는 참된 행복이라는 내적 승리를 얻는 한편, 그 적들의 행복까지도 빌어 주게 된다.

우리는 분노가 우리의 보호자라고 생각한다. 이러한 생각은 효과적인 용기, 즉 두려움으로부터의 자유를 가로막는 가장 큰 장애물이다. 불합리한 두려움을 느끼지 않고 살아간다면 어떨지 한번 상상해 보자. 깜빡 잊고 캐리어에 넣은 샴푸 병 때문에 공항 검색대에서 걸려 끌려 나가면 어쩌나 하는 두려움을 갖지 않을 것이다.

적은 우리의 분노와 두려움을 자극한다. 때문에 우리는 지혜와 인내와 연민과 사랑을 주무기로 삼아서 적과 맞서야 한다. 지혜를 갖출 때 우리는 깊디깊은 실상에 내재된 안전함을 깨닫게 되면서 두려움이 소멸한다. 인내는 우리가 분노와 증오에 휩싸여 지혜를 망각하지 않도록 돕는다. 연민은 우리의 지혜를 크게 넓히고 적을 만들어 내려는 충동을 미연에 방지한다. 그리고 분노와 망상이 사라져 내면이 지극히 행복하고 편안할 때 사랑이 샘솟고, 그 사랑이 흘러넘쳐서 모든 곳의 모든 존재를 포용한다. 적은 서서히 우리를 위협적으로 느끼지 않으며 우리를 향한 그의 적의도 차차 줄어든다. 이렇게 하여 우리는 드디어 적을 물리치고, 이 승리는 영원히 지속된다.

1장
첫 번째 승리: **외부의 적**
Victory over the Outer Enemy

66

외부의 적을 대하는 최선의 전략은 분노가 일기 전에 미리 효과적으로 행동하고 적에게 우리를 해칠 기회를 아예 주지 않는 것이다. 이것은 고속도로에서 우리를 향해 달려오는 트럭을 지켜보는 것과 다르지 않다. 우리는 그 트럭의 경로를 예상하고 충돌을 막기 위해 트럭을 피한다. 하지만 그 트럭을 증오하지는 않는다. 트럭을 적으로 삼지 않는다. 단지 길가로 물러나 안전하게 머무는 것에만 신경 쓸 뿐이다.

99

우리도 **문제의 일부다**

언젠가 허드슨 밸리Hudson Valley에서 뉴욕 시로 가는 기차에 타고 있었다. 한 여성과 남성 사이에 끼어 앉았다. 그 여성은 휴대전화에 대고 큰 소리로 통화 중이었고, 그 남성은 그녀의 목소리에 갈수록 짜증을 내고 있었다. 기차의 덜커덕거리는 소음에 더해서 그 여성이 여전히 큰 목소리로 제 일정을 미주알고주알 귀 따갑게 떠들어 대자 그 남성은 벌게진 얼굴을 씰룩거리며 투덜거리더니 결국 폭발했다. "거기 너무 시끄럽잖아요!" 귀청이 떨어지게 고함을 지르는 그를 보며 나는 생각했다. '저기요, 당신도 시끄러워요!'

교통 체증에 갇혀서 거리를 메운 그 수많은 차량에 화를 낼 때 우리도 그 차량 중 하나라는 것을 잊는다. 우리는 해결책의 일부일 뿐만 아니라 문제의 일부이기도 하다. 적과의 협력 작업은 새로운 영역으로 기꺼이 들어가서 우리가 손을 내밀고 돌보는 사람들과 우리가 차단하고 거부하는 사람들 사이에 놓인 지역을 탐험하는 것으로 시작된다. 철학자 피터 싱어Peter Singer는 이 과정을 우리가 돌보는 사람들의 '도덕적 범위moral circle 확장하기'라고 부른다.

이타심은 우리 자신을 보호하려는 생물학적 충동으로 시작되었지만 타인을 돌보려는 선택적 태도로 발전했다고 싱어는 말한다. 고함을 고함으로 맞받아치거나 불친절을 호전적 행위로 앙갚음하는 것이 우리의 자동 반응일 것이다. 하지만 이런 충동적 대응은 결국 우리를 지치게 하고 갈등의 악순환을 불러온다.

누군가를 적으로 지정하는 행위는 그 사람을 고정된 정체성에 가둔다. 다른 사람들을 좋고 나쁨으로 또는 옳고 그름으로 분류할 경우, 우리는 안정감을 느끼기 어렵다. 우리는 우리 자신이, 그리고 그들이 서 있는 곳이 어디인지만 알 뿐이다. 아니, 안다고 생각한다. 하지만 삶은 그렇게 간단하지가 않다. 내 친구 브렛Brett은 한때 리무진 회사에서 일했는데, 어느 날 다른 운전자들의 행동에 몹시 화가 났다고 했다. 그러고 나서 그는 자신이 그렇게 분노한 그 행동을 이런저런 순간에 자신도 똑같이 저지른 적이 있음을 깨달았다.

다른 사람들을 마치 우리와는 완전히 다른 범주에 속하는 것처럼 대할 때, 우리는 그들을 사물화하고 반드시 충돌로 확대되는 긴장을 조성한다. 그런 관계는 편안한 연결을 허락하지 않으며 우리를 상당히 외롭게 한다. 기차에서 큰 소리로 통화하는 사람의 옆에 있을 때, 적으로 간주된 그를 좀 더 효과적으로 다루는 방법은 가능하다면 좌석을 바꾸거나 목소리를 낮춰 달라고 공손하게 부탁하는 것이다. 또한 그 순간에는 전혀 대응하지 않다가 나중에

세상을 보는 다른 눈 ① : 우리도 문제의 일부다

긍정적인 행동을 취하는 것도 대안이 될 수 있다. 대중교통 안에서 휴대전화 사용을 자제하는 운동을 벌이거나 통근 노선에 통화 금지 칸을 운영할 것을 옹호하는 행동 등이 그것이다. 우리를 괴롭히는 사람을 난폭하게 후려치는 대신에 우리는 그 상황을 거기에 연관된 모든 사람에게 이로운 기회로 바꿀 수 있다.

브렛이 십 년 전에 처음으로 참여한 묵언명상 수행 경험에 대해 들려주었다. 매사추세츠 주에 세운 '위빠사나 명상 협회Insight Meditation Society'에서 내가 가르치는 자애명상 수행이었다. 수행에 든 지 며칠이 지난 어느 날 저녁, 브렛은 식사를 마치고 좌선을 행하러 명상실로 가기 전, 방에서 잠시 쉬고 있었다. 그는 이어서 일어난 일을 생생하게 기억한다.

내 숙소는 지하실에 놓인 전화 부스 바로 위에 있었다. 나는 침대에 누워 있었다. 따스한 사랑의 물결이 온몸을 타고 흐르는 느낌이었다. 바로 그때 상당히 공격적인 목소리가 아래 지하실에서 쩌렁쩌렁 울려왔다. 무슨 말을 하고 있는지 알아들을 수는 없었지만 그게 어떤 남자의 고함이라는 것은 구별할 수 있었다. 행복을 염원하던 내 마음은 즉시 방향을 틀어 이렇게 생각했다. '어떻게 감히 저런 짓을!' 몹시 화가 난 나는 벌떡 일어나 지하실로 성큼성큼 내려갔다. 이 고요한 수행처에서 그렇게 소리를 지르는 것이 얼마나 잘못된 짓인지 말해 줄 작정이었다. 나는 지하실 문을 열고 곧장 전화 부스로 걸

어갔다. 그 훼방꾼의 뒤통수가 보였다. 그와의 거리가 좁혀지고, 나는 그가 하고 있는 말을 똑똑히 알아들을 수 있었다. 그는 큰 소리로 애원하고 있었다. "하지만 아빠, 아빠 보청기 해 드리는 데 3천 달러나 들었어요. 그러니 제발 그것 좀 쓰세요!" 바로 그 순간, 내 몸 속에서 요동치던 아드레날린이 자애의 들판 속으로 흩어져 사라졌다. 나는 빙그레 웃으며 숙소로 돌아왔다.

적을 직접 공격하지 않는 것은 약하거나 패배주의적인 것과는 전혀 상관없다. 그것은 다른 사람들과 완전히 새로운 방식으로 관계를 맺는 것에 가깝다. 적을 공격하지 않으면 우리는 피해자 또는 공격자 역할에 갇히는 것을 피할 수 있다. 상대방과 적대적인 관계를 맺는 것에 철저히 길이 들어서 우리는 일상적인 행동 규범으로서 그것이 얼마나 무익한지를 생각하지 못한다. 브렛이 깨달았듯이, 우리는 분노를 느낀 후 행동을 취하기 전에 잠깐 멈춤으로써 그 순간에 일어나고 있는 것에 대해 많은 걸 알아낼 수 있다.

1장
첫 번째 승리: 외부의 적

    우리는 해를 입었을 때 외부의 적과 마주친다. 일상생활에서 모든 종류의 해악이 우리에게 닥칠 수 있다. 누군가가 우리와 우리가 사랑하는 사람을 모욕하거나 학대하고, 사취하거나 폭행하고, 따돌리거나 협박한다. 고문을 가하거나 살해하기까지 한다. 우리의 재산을 강탈하거나 훼손하거나 파괴한다. 이러한 행위를 저지르는 사람은 적의 일반적 정의, 즉 '서로 증오하고 상대방을 해치거나 해치고자 하는 사람'에 딱 들어맞는다. 우리는 그 가해자에게 적이라는 이름표를 붙이고 그에 걸맞게 취급하는 것이 충분히 합당하다고 느낀다.

    다른 사람들 역시 학대를 당하고 해악을 입는다. 그들과 동일시할 경우, 우리는 그들을 해친 자도 적으로 간주한다. 책과 영화, 텔레비전 드라마에는 수많은 적이 등장한다. 거기에서 나쁜 사람이 착한 사람에게 나쁜 짓을 저지른다. 당연히 우리는 자신을 착한 사람과 동일시하고 그가 나쁜 사람을 잡아내서 곤경을 면할 날을 애타게 기다린다.

외부의 적은 그들만이 아니다. 이 세상에 산재하는 수많은 문제와 우리가 그 문제의 원인으로 지목하는 사람들 역시 우리에게 큰 고통을 가하는 외부의 적이다. 최고 부유층의 주머니만 불려 주는 경제 불균형, 산업폐수로 환경을 오염시키는 기업, 우리의 사회적 권리와 헌법적 권리를 우습게 아는 정치가, 각자의 편협한 목표를 최우선시하는 이익 단체 들이 그것이다. 어디로 눈을 돌리든지 우리는 서로 적대적인 두 집단을 찾아낼 수 있다.

굳이 멀리 갈 것도 없다. 이웃이나 근처 학교만 보아도 외부의 적이 한둘이 아니다. 총을 난사한 십 대나 테러리스트에 관한 기사가 오늘의 헤드라인을 차지한다. 하지만 훨씬 더 은밀하고 만연한 문제는 집단 따돌림bullying이다. 이것은 급속히 확산되어 전염병 수준에 이르렀다. 인종, 종교, 국적, 사회 계층, 성적 취향, 심지어 말다툼이나 '잘못된' 옷차림까지도 학대와 공격을 부를 수 있으며, 때로는 치명적인 결과를 초래한다.

단지 신문을 펼치거나 텔레비전을 켜기만 해도 세계 도처의 적들과 대면한다. 어느 나라의 지배층이 자국민을 학살하거나 다른 나라를 공격하는 것을 볼 때 우리는 그 잔학 행위에 크게 분노하며 가해자의 파멸을 간절히 원한다. 내 조국이 가해자가 되는 경우도 있는데, 나는 이라크의 수도인 바그다드를 폭격한 미국의 '충격과 공포shock-and-awe'

작전을 떠올린다. 내 조국이 폭력을 행사해 같은 인간들에게 괴로움을 줄 때, 우리는 슬픔과 죄책감을 느낀다. 이때 우리는 나쁜 자들을 궤멸시키려는 열망과 그 죄책감 사이에서 괴로워한다.

우리는 해를 입지 않으려고 애쓴다. 하지만 단순히 자기를 방어하거나 해악에서 도망치는 것은 일시적인 해결책일 뿐이다. 그 해악은 머잖아 우리를 찾아낸다. 쉽게 해를 입지 않는 확실하고 유일한 방법은 적을 바라보는 시각을 바꾸고 해를 입는 모든 순간을 기회로 바꾸는 법을 배우는 데 있다. 그 순간을 이용해서 자신과 타인에게 이익을 가져다주는 법을 배워야 한다. 어떻게 하면 힘을 키우고 인내의 방패를 빛나게 닦으면서 동시에 누군가가 우리를 해치지 못하게 막을 수 있을까? 어떻게 하면 흥분과 공격, 두려움, 분노라는 충동적 대응을 자제하는 법을 배울 수 있을까? 우리가 이 목표를 달성하기 위해서는 적이 필요하다. 달라이 라마는 우리가 적에게 감사해야 한다고 말했다. 적은 우리에게 인내와 용기와 결의를 가르치고 우리가 평온한 마음을 키울 수 있도록 도와주기 때문이다.

적을 물리치기 위해서는 우리를 지금 해치고 있고 해치려고 하는 자들, 이전에 해쳤거나 앞으로 해칠지도 모를 자들에 대한 증오와 두려움을 없애야 한다. 대부분의 사람들에게 이것은 버거운 요구다. 적어도 처음에는 그러하다. 적과의 싸움을 끝내는 것은 점진적 단계에 따라 천천히 행하는 것이 가장 좋다.

분명히 말하지만 그냥 가만히 앉아서 누구든 원하는 대로 자신을 해치게 놔두라고 권하고 있는 게 아니다. 절대 그렇지 않다. 그것은 자기 학대이며, 아무에게도 도움이 되지 않는다. 적을 상대할 때는 먼저 우리를 해치려고 하는 자를 피하기 위해 할 수 있는 모든 것을 해야 한다. 그렇게 해서 그가 그 나쁜 계획을 실행하지 못하게 막아야 한다. 하지만 그를 피할 수 없을 경우에는 스스로 자기 자신을 방어해야 한다. 그러나 회피와 방어 사이에 중도中道가 있다. 최선의 전략은 분노가 일기 전에 미리 효과적으로 행동하고 적에게 우리를 해칠 기회를 아예 주지 않는 것이다.

이 모든 전략에서 우리는 그 자를 잠재적 위험으로 간주하고 줄곧 지켜본다. 고속도로에서 우리를 향해 달려오는 트럭을 지켜보는 것과 다르지 않다. 우리는 그 트럭의 경로를 예상하고 충돌을 막기 위해 트럭을 피한다. 하지만 그 트럭을 증오하지는 않는다. 트럭을 적으로 삼지 않는다. 단지 길가로 물러나 안전하게 머무는 것에만 신경 쓸 뿐이다.

적을 증오하지 않기란 어렵다. 인정한다. 상처를 입으면 우리는 자동적으로 희생을 당했다고 느끼고 분노나 증오, 두려움으로 반응하기 마련이다. 따라서 의문이 생긴다. 적어도 외부의 적에 관한 한, 어떻게 하면 그 적에게 똑같이 되갚아 주지 않고도 그를 물리칠 수 있을까? 공격을 받고 있다고 느낄 때 어떻게 하면 충동적 대응을 피할 수 있을까?

충동적 대응을 피하고 신체적, 언어적 공격을 자제하기 위해서는 그 상황을 명확하게 파악해야 한다. 그러므로 적을 대할 때는 비판적 지혜가 필요하다. 이 강력한 지성이 적과 맞선 우리를 도와줄 수 있다. 상황의 본질을 꿰뚫는 이 비판적 지혜의 날카로운 분석은 우리가 어설픈 충동적 대응에 갇히지 않게 해 주기 때문이다.

집단 따돌림

집단 따돌림 현상은 증가 추세에 있으며 험담에서부터 외면, 물리적 폭력에 이르는 다양한 행동으로 표출된다. 집단 따돌림 수법에는 경멸하는 웃음, 악의적인 조롱, 빤히 노려보기, 침묵으로 대응하기 등 많은 것이 있다. 이 현상에 관한 통계치는 다양하지만 대다수의 학생이 일생 동안 한두 번의 집단 따돌림을 경험한다는 것에는 의문의 여지가 없다. 한 자료에 따르면, 전체 학생의 77퍼센트가 따돌림을 겪는다.[1]

학교 운동장과 사무실, 인터넷상은 물론이고 심지어 정부 기관과 종교 조직 내에서도 집단 따돌림이 하나의 생활 방식으로 되어 가고 있다. 인종이

---

1) 집단 따돌림 통계치: http://www.bullyingstatistics.org/content/bullying—statistics.html

나 종교, 성별, 능력 등을 이유로 특정 개인을 따돌리기도 한다. 단독적인 잔학 행위와 적대 행위가 순식간에 집단 따돌림으로 발전할 수도 있다.

집단 따돌림은 우리 대 그들 사고의 심층에 존재한다. 그곳에서 지극히 평범한 불친절한 행동이 피해자의 신체나 성격에 대한 악의적 공격으로 만개한다. 가해자의 깊은 불안에서 주로 비롯되는 집단 따돌림은 배척과 공격을 통해 작동한다. 자신의 약함을 인정하는 대신에 가해자는 손쉬운 표적을 잔인하게 공격함으로써 불안을 통제한다. 피해자를 자처하는 개인과 집단이 집단 따돌림의 가장 적합한 표적이 되는 경향이 있다. 집단 따돌림 사건에서는 가해자의 친구나 구경꾼이 합세해서 피해자를 놀리거나 가해자를 부추기는 경우가 믿기 어려울 정도로 많다.

사회적 고립도 일종의 집단 따돌림이다. 일반적인 따돌림보다는 포착하기 어렵지만 고통스럽기는 마찬가지다. 나는 그것을 백인 친구가 입양한 중국인 딸을 통해 가까이에서 목격했다. 그 아이가 진보적인 도시 학교에 등교한 첫날, 공교롭게도 선생님이 학생들에게 그들이 엄마나 아빠와 신체적으로 어떤 면에서 닮았는지를 말해 보라고 했다. 울면서 집에 돌아온 아이는 "나 혼자만 아무 말도 못했어요." 하고 말했다.

나도 어릴 때 그 아이와 같은 경험을 했다. 그때 아빠가 정신병원에 입원해 계셨다. 수업에 들어온 선생님마다 나와 반 아이들에게 아빠의 직업이 무엇이냐고 물었지만 나는 아무 할 말이 없었다. 그런 일을 겪을 때마다 소외감과 수치심이 깊어만 갔다.

체제system는 개인 못지않게 괴롭힘을 가할 수 있다. 사회체제는 고정관념을 통해, 계층 구분을 통해, 가장 은밀하게는 다양한 형태의 사상 통제를 통해 집단 따돌림을 조장한다. 안타깝게도 그것은 구성원들에게 일부러 잘못된 정보를 주입하고 그들의 자연스러운 사고를 억압하는 광신적 종교 집단이나 전체주의 체제에서만 발생하는 것은 아니다. 사회학자 그레고리 베이트슨Gregory Bateson은 1950년대에 발표한 선구적 저서에서 그러한 복합적 메시지들의 파괴력을 입증해 보였다.

우리가 겉모습 뒤에 숨은 속마음을 알아차릴 때, 이러한 인지 부조화가 정서적 학대일 수도 있다. 이것은 감히 진실을 말하지 못하는 가족들이 종종 무의식적으로 행하는 술책이다. 아이를 때리면서 너를 위해 때리는 거라고 말하는 부모를 생각해 보라. 또는 엄마는 만사 평안하다는 듯이 행동하지만 아이들은 엄마의 그 화사한 미소 뒤에 엄청난 괴로움이 감춰져 있음을 분명히 알고 있다. 중독 재활 프로그램은 이 은밀한 수치심을 '거실에 있는 코끼리'라고 부른다. 모든 사람들이 보고도 못 본 척 외면하는 크고 분명한 문제라는 뜻이다.

누군가를 침묵으로 대하며 따돌리거나 모욕하거나 그의 현실감을 훼손하는 행위는 반드시 적을 만들어 낸다. 진실을 열어 보이는 것은 우리에게 힘을 되찾아 주지만 가해자와 정면으로 맞서는 것은 위험할 수 있다. 내가 가정 폭력 쉼터에서 일할 때 피해 여성들에게 기본적으로 해 준 조언은 '남편 모르게 학교에 가서' 경제적 독립을 가능케 해 줄 기술을 배우라는 것이었다.

가해자와의 심리적 분리는 그를 이해시키려고 시도하는 것보다 더욱 중요하다. 가해자가 짓밟은 자존감을 되찾는 것은 내면의 작업이다. 여기에는 그의 이해나 허락이 필요하지 않다.

자신을 지키고 자기주장을 하는 것은 큰 용기를 요구한다. 수많은 목소리가 정반대로 하라고, 즉 벌어지고 있는 일을 회피하고 감추고 부인하라고 우리에게 종알거리기 때문이다. 내가 아는 여성은 시아버지가 중증 알코올 의존자였다. 하지만 시어머니는 대단히 고상해서 그런 것에 대해 한마디도 하지 않는 부류에 속하는 사람이었다. 최근에 이 여성이 남편과 함께 시댁에 갔을 때 시아버지는 저녁 식사는커녕 침대에서 일어나지도 못했다. 그 여성이 시아버지가 또 술을 드시느냐고 묻자 시어머니가 말했다. "그런 얘기는 하지 말자."

이렇듯 우리가 사랑하는 사람들은 침묵으로 일관함으로써 우리를 따돌리기도 한다. 하물며 사회는 말할 것도 없다. 따돌림의 대표적인 특징은 모욕이다. 누군가가 우리의 주관적 현실을 의심하거나 부정하는 것은 모욕적이다. "자, 행복을 보장하는 이 알약을 삼켜." 올더스 헉슬리Alduous Huxley의 소설 『멋진 신세계Brave New World』의 등장인물들처럼, 현실이 힘들거나 비참할 때 사람들은 우리에게 그렇게 말한다.

무엇을 믿어야 할지 확신하지 못하므로 우리는 수치심과 자신이 무가치하다고 느끼고, 자기 부정self-abnegation의 악순환에 갇힌다. 이 악순환은 거짓 정보를 연료로 작동한다. 자신의 감정이 진짜라는 것을 인식하고 인정하는 것은 치유 효과가 상당하다. 진실은 우리가 빼앗겼던 힘을 되찾아 준다. 그 힘을 가지고 우리는 세상 속에서 다시 효율적으로 살아간다.

분명히 말해 두자. 비판적 지혜는 맹렬하다. 가차 없고 결연하고 광포하기까지 하다. 하지만 동시에 섬세하고 다정하다. 불화佛畵에서 비판적 지혜는 '부드러운 덕德'을 뜻하는 문수보살Manjushri, 文殊菩薩의 검으로 그려진다. 문수보살의 검은 극도로 예리하며 황금 칼자루와 푸른 강철 칼날로 만들어졌고 칼끝에서는 불길이 타오른다. 이 날카로운 검은 비판적이고 분석적인 지혜를 나타낸다. 비판적 지혜가 최고 수준에 이르면 문수보살의 분노한 형상인 '금강을 수호하는 두려운 자Diamond Terrifier'를 뜻하는 바즈라바이라바Vajrabhairava— 또는 '죽음을 근절하는 자Death-Exterminator'를 뜻하는 야만타카Yamantaka— 로 표현되기도 한다. 이 지혜로운 보살Bodhisattva, 菩薩은 '죽음을 죽인 자'로서 불멸의 생을 상징한다(3장에서 우리는 이 야만타카의 도움으로 은밀한 적을 물리칠 것이다). 비판적 지혜의 그 드넓은 덕과 부드러운 면을 보여 주기 위해 문수보살은 '초월적 지혜Transcendent Wisdom'를 뜻하는 아름다운 여신인 반야바라밀Prajñaparamita, 般若波羅蜜로도 표현된다. 초월적 지혜가 깨달음을 낳기 때문에 반야바라밀은 모든 부처님의 어머니로 알려져 있다. 이 여신은 그 수많은 손에 활과 화살, 칼과 홀scepter 같은 무기뿐만 아니라 경전과 연꽃도 함께 들고 있다.

이쯤에서 "어째서 비판적 지혜는 광포한 걸까?" 하고 질문할 것이다. "지금 우리는 적에게 적의로써 대응하지 않으려고 애쓰고 있지 않은가?" 그것도 맞는 말이다. 하지만 통찰은 광포해야 한다. 그래야만 두려움과 분노, 격노, 증오, 보복, 악의를 물리칠 수 있다. 그것들 모두 적을 만드는 재료들로 우리가 처한 상황의 실상에 대한 오해에서 생겨난다. 따라서 비판적 지혜는 실상을 곧장 정확하게 관통할 만큼 반드시 광포해야 한다. 그래야만 우리가 자신의 미혹confusion, 迷惑을 꿰뚫어 볼 수 있다.

그렇다면 우리가 처한 상황의 실상은 무엇인가? 다시 말해서 일어날 수 있는 최악의 일은 무엇인가? 적이 우리에게 끼칠 수 있는 가장 심각한 해악은 무엇인가? 적은 우리를 모욕하고 상처 주고 심지어 죽일 수도 있다. 그렇다, 우리는 그것을 직시해야 한다. 우리가 그런 결과를 겁내는 것은 바람직하다. 그것은 건강한 두려움이며 우리가 얼른 움직여서 위험한 적을 피하도록 해 준다. 우리는 적을 피할 수 있다. 하지만 두려움과 분노를 통제하고 냉정을 유지한다면 우리는 그 적으로부터 자신을 훨씬 더 효과적으로 지킬 수 있다. 이것을 가능케 하는 한

가지 방법은 다양한 결과를 시연해 보고 최악의 결과도 상상해 보는 것이다. 놀랍게도 이 방법은 각 결과에 대해 심사숙고하도록 돕는다.

한 예로 누군가에게 모욕을 당했을 때 우리는 대체로 분노한다. 하지만 모욕이 해로우면 얼마나 해롭겠는가. '모욕을 당한 것이 우리에게 영원히 해를 끼칠까?', '그냥 웃어넘길 수는 없을까?' 모욕이라는 게 원래 과장된 표현이지 않은가 말이다. 우리는 적이 내뱉은 모욕적인 언사만큼 그렇게 몹쓸 인간이 아니다. 그리고 그 모욕이 그걸 우연히 들은 사람들에게 미칠 영향에 대해서도 걱정할 필요가 없다. 보통 그들은 모욕을 가한 사람을 안 좋게 보기 때문이다. 어린아이들이 자주 쓰는 "돌멩이와 몽둥이는 내게 상처를 줄 수 있지만 말로는 나를 다치게 하지 못해!"라는 말에 담긴 지혜를 생각해 보라.

돌멩이와 몽둥이 같은 물리적 종류의 해악은 어떠한가? 물론 우리는 스스로를 보호해야 한다. 하지만 상처를 입었을 때, 그 괴로운 상처에 분노까지 덧칠하는 것이 뭐 그리 이롭겠는가. 달라이 라마는 티베트에서 함께 지낸 하인에 대해 이야기해 준다. 그는 존귀한 달라이 라마가 쓰는 오래된 자동차를 고치려고 애쓰고 있었다. 차를 고치는 동안 그의 손등은 자꾸 긁혀서 피부가 벗겨지곤 했다. 결국 화가 폭발한 그는 손등을 긁힐 때마다 제 머리로 자동차를 들이받았다. 하인을 진정시키기 위해 달라이 라마는 그의 행동에 담긴 유머를 일깨워 주었다. "그래 봐야 그 자동차는 전혀 아프지 않을 걸세."

　분노는 종종 적보다 더 많이 우리를 아프게 한다. 적이 우리를 다치게 한다면 그 상처만으로도 아주 고통스럽다. 우리는 그 상처에 대한 지나친 걱정과 두려움에 사로잡혀서 스스로를 해치지 않도록 해야 한다. 자신의 모든 능력을 최대한 발휘해서 적과 맞설 수 있어야 한다.

　하지만 정말로 극단적인 해악을 상상해 보자. 적은 우리를 죽일 수도 있다. 죽음에 대해 생각해 본 적이 있는가? 어쨌든 우리는 언제든 죽을 수 있다. 적이 아니어도 그냥 사고로 죽기도 하지만 우리는 대체로 이 사실을 부인하며 살고 있다. 하지만 죽음에 대한 두려움은 무의식 속에 늘 존재하며 우리가 살아 있음을 온전히 느끼지 못하게 방해한다. 죽음이 무엇을 의미하는가? 죽음에 임했을 때 무슨 생각을 하겠는가? 어쩌면 사후 세계를 철석같이 믿으며 죽은 후에 예수님이나 부처님, 그 밖의 신이나 천사의 축복을 받으며 천국으로 들어갈 거라고 생각할지도 모른다. 지옥을 예상하면 두렵겠지만 그 위험을 모면할 확실한 방법이나 도움의 손길을 찾아냈을 것이다. 어쩌면 무신론자여서 죽음 후에는 자신이 그냥 소멸할 거라고, 영영 의식이 없는 무無로 화할 거라고 생각할지도 모른다. 어느 경우에 해당되든 언젠가는 죽음이 닥치겠지만, 살아 있는 동안 죽음을 예상하며 지나치게 걱정하면서 그 적에게 무력하게 사로잡히는 것은 하등 도움이 되질 않는다.

　어쨌든 우리가 실제로 두려워하는 것은 죽음이 아니라 죽어 가는 과정이다. 우리는 삶에서 죽음으로 건너가는 그 과정이 몹시 고통스러울 거라고 예상한다. 물론 어떤 대가를 치르더라도 목숨을 보전하고자 하는 것은 우리의 본능이다. 하지만 죽음이 무엇인지에 대해서는 아직 연구된 바가 없으며, 이 사실은 그 본능을 더 큰 위험 요소로 강화시킨다. 공포로 마비되거나 분노로 이성을 잃으면 목숨을 보전하거나 삶을 향상시키기가 훨씬 더 어려워진다. 우리는 전혀 대응하지 못하고 무기력한 피해자로 남기도 하고 비효과적으로 공격해서 그 적을 물리치지 못한다. 때로는 훨씬 더 나쁘게, 충동적으로 대응하기도 한다. 그러므로 우리는 자신이 예상하는 비현실적인 결과에 대한 지나친 걱정과 두려움에서 벗어나야 한다. 그럴 수 있다면 바로 그 비현실적 결과를 피할 가능성이 높아진다. 마크 트웨인Mark Twain은 다음과 같이 말한다. "나는 수많은 문제를 걱정했지만 그중 대부분은 결코 일어나지 않았다."

우리는 죽음보다 고통을 훨씬 더 많이 두려워한다. 고통과 정면으로 마주칠 때 그러하다. 다행히도 적의 손에서 육체적 고문을 견뎌야 하는 지경에 처하는 사람은 그리 많지 않을 것이다. 하지만 육체적 고문에 어떻게 대처할지를 상상하는 것은 우리의 유연성 향상에 이로울 수 있다. 육체적 고통에 대처하기 위한 대부분의 실용적인 방법들이 '자제'를 권한다. 가해자나 고문자에 대한 분노를 자제하라고 가르친다. 분노 같은 충동적 대응은 그 고통을 악화시킬 뿐이며 고문자를 자극해서 더 지독한 해악을 끼치게 만들기 때문이다. 증오 또한 고통을 줄이는 데 털끝만큼도 도움이 안 된다. 투옥되어 끔찍한 상황을 견뎌야 했던 티베트 수도승들이 살아남을 수 있었던 이유는 교도관을 향한 분노에 사로잡히지 않았기 때문이다. 분노를 품는 대신에 지금 고문자가 가하는 그 고통 덕분에 자신이 앞으로 겪을 고통을 더 잘 견딜 수 있을 거라고 생각한다면 고통을 견디는 일이 일종의 성취처럼 느껴질 것이다. 게다가 '모든 것은 돌고 돈다.'는 자명한 진리를 터득했다면, 더 나아가 '카르마'라고 부르는 인과법칙을 알고 있다면 우리는 지금 적이 가하는 고통이 바로 그 자신이 미래에 또는 내세에 겪을 고통이라고 생각할 수 있을 것이다. 지금 이 순간 그 적이 부지불식중에 느끼고 있을 죄책감은 더 말할 필요도 없다. 이 관점을 지닌다면 가해자에게 연민을 느낄 수도 있으리라. 십자가에 달린 예수는 이렇게 간청했다. "아버지, 저들을 용서하소서! 저들은 자기들이 무슨 일을 저지르고 있는지를 알지 못하나이다."

적이 우리에게 끼치는 해악의 대부분은 정서적 고통이다. 하지만 여기서도 우리는 '고통 없이는 얻는 것도 없다.'는 모토를 확장할 수 있다. 그리고 종류를 불문하고 자기에게 가해진 모든 괴로움을 이용해서 적에 대한 증오로 에너지를 허비하지 않는 능력을 키울 수 있다. 적에게 분노하지 않는 법을 배울 수 있다면 우리는 가장 훌륭한 보호막으로 스스로를 무장할 수 있다. 그 보호막은 바로 인내이다. 인내라는 방패를 갖출 때 우리는 더욱 강해지고 유연해진다. 고통을 가하려는 적의 노력을 더 잘 물리칠 수 있게 된다.

그러나 적을 향한 분노를 자제하지 못하게 막는 장애물이 있다. 그것은 바로 우리가 격렬하게 분노하지 않으면 적이 우리를 짓밟을 거라는 생각이다. 그런 사고방식에 따른다면 분노는 방어벽이다. 분노는 대항할 힘을 부여하며 분노가 없는 사람은 나약하다. 하지만 당신의 경험을 주의 깊게 들여다보면 진실을 간파할 수 있다. 분노는 우리를 교묘하게 속이고 흥분시킴으로써 우리가 강하다고 느끼게 하지만 실제로는 우리의 판단력을 훼손하고 순간적인 분노 폭발에 에너지를 즉시 소모하게 하여 우리를 약화시킨다. 신경과학 연구에 의하면 분노는 코르티솔 같은 해로운 호르몬을 분비시켜서 우리의 건강을 해친다. 혈류를 따라 돌고 도는 코르티솔이 순환계를 손상시킨다.

누군가를 향한 적의를 극복한다는 것이 그에게 굴복한다는 뜻은 아니다. 오히려 그 반대이다. 공격을 당할 때 증오하거나 분노하지 않고 대처한다면 우리는 자신을 더욱 효과적으로 보호할 수 있다. 무도武道에서는 상대를 제압할 힘을 얻기 위해 분노를 초월해야 한다고 가르친다. 모든 무도가의 말처럼 분노할 경우 균형을 잃고 금세 지치고 적의 공격에 더욱 취약해진다. 또한 지나친 두려움도 이와 동일한 결과를 초래한다.

공격을 당할 때 두려움이 이는 것은 당연하다. 하지만 그때 느끼는 두려움이 유익한 종류의 두려움이라면 우리는 그 공격에 훨씬 더 유능하게 대처할 수 있다. 우리의 안전을 실제로 위협할 공격에 대해 경고하면서 건설적인 대응을 촉구하는 두려움은 유익하다. 하지만 우리를 마비시키는 편집증적인 두려움은 우리가 훌륭한 판단에 따라 행동하지 못하게 방해하고 에너지를 소진시킨다. 이 두려움은 유익하지 않다.

치명적인 경쟁

오늘날 경쟁은 유혈 스포츠와 다르지 않으며, 경기장이나 링에서만 벌어지는 것도 아니다. 정신분석가 카렌 호나이Karen Horney는 과잉경쟁hyper-competitiveness이라는 개념을 하나의 신경증적 성격 특성으로 소개했다. 그녀가 말하는 과잉경쟁적 대처 전략의 특징은 '사람들을 밀치고 나아가는 것'이다. 이것은 사람들을 향해 나아가는 것 또는 사람들에게서 멀어지는 것과는 대조된다. 그녀가 관찰한 것들은 현재 우리 문화에서 뚜렷하게 목격된다. 극단적인 우리 대 그들 분리 행동은 외로운 세상을 만들었다. 시시각각 새로운 적수가 등장해서 우리를 밀치고 나아간다. 그래서 우리는 그를 폄하함으로써 자신의 힘을 가늠하는 악순환에 갇히고 만다. 어느 해 동계올림픽 아이스댄싱 경기를 텔레비전으로 지켜본 적이 있다. 한 커플이 정교한 안무를 채 마치기도 전에 해설자가 "예술성이 부족해요!"라고 큰 소리로 말했다. 이처럼 다른 사람의 노력을 폄하함으로써 자신의 지위를 높이는 행동을 우리 문화는 정상적인 것으로 간주한다. 하지만 그 행동이 부여하는 우월감은 허무하다. 반면에 경쟁자들 간의 상호 존중과 상호 인정은 연대감을 낳는다.

예전에 위빠사나 명상 협회에서 우리 조직위원들을 위한 장기 명상 수행을 행한 적이 있다. 그 기간 중 한 위원의 제안에 따라 우리는 둘씩 짝지어서 오목과 비슷한 게임을 했다. 참여자마다 자기 점수를 계산해야 했다. 우리는 짝이 된 상대방과 경쟁해서 더 많이 득점한 쪽이 이길 거라고 생각했다. 하지만 한 팀은 생각이 달랐다. 그들은 서로 경쟁하지 않고 둘의 점수를 더하면 그 합산 점수가 다른 모든 참여자들의 점수보다 높을 거라고 생각했다. 둘이 승자와 패자로 나뉠 수밖에 없다고 믿은 다른 참여자들과 달리, 이 협동적인 팀은 서로 싸우듯 게임하지 않기로 했다. 그리고 그들의 점수는 다른 사람들보다 월등히 높았다. 둘이 힘을 합치기로 결심했기 때문이다.

경쟁은 선천적인 것으로, 인간의 생존 무기 중 하나이다. 하지만 그 경쟁이 적의를 조성한다면 우리는 경쟁의 힘을 의심해 봐야 한다. 바로 그렇게 할 때 공감적 기쁨sympathetic joy이 생겨난다. 공감적 기쁨이란 타인의 행복을 함께 기뻐하는 마음을 뜻한다. 경쟁적인 마음 상태에 갇혀 있다면 다른 사람이 행운을 얻을 때 우리는 그로 인해 자신의 행운이 그만큼 줄어든다고 생각한다. 이것은 사실이 아니며 절대 그렇지 않다. 하지만 질투와 선망에 사로잡히면 판단력이 흐려진다. 자신에게 승산이 전혀 없을 때조차도 극단적인 경쟁심은 내가 꼭 이길 것처럼 느끼게 한다.

그러나 다른 사람의 성공에 공감적 기쁨을 느끼면 이야기가 달라진다. 우리는 그의 행운과 행복을 온전히 진심으로 받아들일 수 있다. 그렇기 때문에 "이럴 수가, 네가 그걸 차지하다니. 그건 원래 내 거였어! 내 몫이어야 했는데 네가 뺏어간 거야." 하는 내적 독백에 골몰하지 않는다. 그 대신 다른 사람의 성공이 결코 내 몫이 아니었음을 인정하고 수용하며 크게 기뻐할 수 있다. 결핍의 시각에서 삶을 바라본다면 자기가 가진 것보다 갖지 못한 것을 강조하는 마음 상태가 적이 된다. 이어서 자기가 원하는 것을 가진 누군가가 적이 된다. 하지만 다른 사람의 행복에 기뻐할 수 있다면 우리는 그 기쁨과 만족이 우리가 움켜쥘 수 있을 때 기필코 움켜쥐어야 하는 한정된 것이 아님을 깨닫는다. 우리는 그 기쁨과 만족을 언제든지 누릴 수 있다. 왜냐하면 그것들은 우리가 허락하기만 하면 저절로 흘러나오는 내적 특성이기 때문이다.

공감적 기쁨에 쉽게 이르는 길은 연민이다. 즉 고통이나 괴로움에 응해 마음이 움직여서 그 괴로움이 사라지기를 염원할 때 우리는 공감적 기쁨에 이른다. 연민은 힘과 활기를 부여한다. 불교 승려 냐나포니카 테라 Nyanaponika Thera는 다음과 같이 말한다. "육중한 빗장을 풀어 해탈에 이르는 문을 열고 편협한 마음을 우주만큼 넓혀 주는 것이 바로 연민이다. 연민은 마음을 무겁게 짓누르는 무기력을 거둬 간다. 연민은 저 밑의 자아에 집착하는 사람들에게 날개를 달아 준다."[2] 경쟁에 열중하는 사람의 삶을 자세히 들여다보라. 그러면 그가 줄곧 견디고 있는 고충이 분명하게 보이면서 부와 지위가 얼마나 하잘 것 없는지를 깨닫게 된다. 인간으로서 겪는 괴로움이라는 측면에서 우리가 적에게 공감할 수 있다면 이기고 지는 것은 그리 중요해 보이지 않는다.

몇 년 전에 워싱턴 시에 있는 한 초등학교에서 명상 수업을 진행했었다. 그 학교 복도 벽에는 '당신이 대접받기를 원하는 대로 남을 대접하라.', '정당하게 행동하라.', '다른 사람의 몸과 마음을 해치지 마라.' 등의 교훈이 새겨져 있었다. 나는 그중 한 교훈이 새겨진 곳에 이르러서 발을 멈추었다. '모든 사람이 함께 놀 수 있다.'

모든 사람이 함께 놀 수 있다. 이것은 지금 내가 고수하는 행동 원칙이다. 우리는 의견이 서로 다를지도 모른다. 우리는 말다툼을 벌이거나 경쟁을 할 수도 있다. 하지만 어떤 경우라도 모든 사람이 함께 놀아야 한다. 누구든지 인생을 누릴 자격이 있다.

---

2) Nyanaponika Thera, The Four Sublime States: Contemplations on Love, Compassion, Sympathetic Joy and Equanimity, Access to Insight, 2011.04, http://www.accesstoinsight.org/lib/authors/nyanaponika/wheel006.html

내가 만드는 적

다른 사람들에 대한 우리의 관점은 과거에 그들과 어떻게 상호작용을 했는가에 영향을 받는다. 그리고 우리는 그 상호작용 방식에 따라 그들을 적으로 간주한다. 적에 대한 우리의 관점이 그들의 특성을 객관적으로 반영하는 경우는 극히 드물다. 그 관점은 대체로 우리 자신의 혐오감이 투영된 것이다. 과거에 누군가가 우리를 해쳤으므로 현재 우리는 그 사람을 두려워한다. 누군가가 싫어하는 짓을 우리가 행했으므로 현재 그 사람은 우리에게 분노한다. 우리는 해악이나 상처, 위협으로 간주하는 것들에 대한 정신적 틀을 지니고 있다. 그리고 도발이 있든 없든 간에 우리는 그 틀을 사람들에게 투영하고 그들을 적으로 바꿔 버린다. 누군가가 불쾌하거나 위협적으로 보이면, 즉 우리가 정한 위험한 사람 틀에 그가 딱 들어맞으면 우리는 그가 우리를 해치려 한다고 믿는다. 그러므로 당장에 그를 제거하려고 한다. 만약 그를 제거할 수 없다면 우리는 절망하고 분노한다. 이런 감정은 그를 적으로 보려는 우리의 관점을 강화한다.

우리는 우리의 적을 만드는 사람이 바로 '나'라는 말에 절대 수긍하지 않는다. 어쨌든 내가 새로 정리한 잔디를 짓밟으며 달린 것은 '나'의 자동차가 아니다. 내가 사랑하는 사람에 대한 험담을 퍼뜨린 자는 '나'가 아니다. '나'는 동료의 고객을 가로채고 몹시 즐거워하는 인간이 아니다. 하지만 적을 제거하려고 한다면, 적어도 그를 능가하고 지배할 작정이라면 우리는 적을 만드는 일에 자기도 한몫했음을 인정해야 한다.

누구나 불쾌하고 위협적인 사람이 될 수 있으며, 마찬가지로 누구나 유쾌하고 호의적인 사람이 될 수 있다. 무척 사랑하는 사람을 생각해보라. 돌아보면 그가 상처를 준 순간이 기억날 것이다. 그리고 그에게 화를 내거나 그가 화를 낸 순간이 있을 것이다.

그렇다면 '적'은 고정된 정의가 아니다. '나'를 해쳤다고 믿고 있는 누군가에게 영원히 붙어 있는 이름표가 아니다. 적은 어떤 사람이 우리가 원하는 것을 행하지 않거나 원치 않는 것을 행할 때 우리가 그 사람에게 일시적으로 붙여 놓은 정체identity다. 하지만 그가 무엇을 행했든 행하지 않았든 간에 적을 만드는 행위는 항상 우리에게 그 책임이 있다.

적 만들기

기독교도 집안에서 자란 한 친구는 아주 어릴 때부터 "이웃을 네 몸처럼 사랑하라."는 말을 들을 때마다 마음이 하늘 높이 치솟곤 했다고 말했다. 그렇게 고양된 후에는 예외 없이 난해한 질문이 이어지곤 했다. "하지만 어

분노를 다스리는 붓다의 가르침

떻게?"

정말로 '어떻게' 해야 하는가? 실제로는 이웃을 증오한다면, 이웃이 무섭다면, 그리고 그들에게 그냥 영 호감이 안 생긴다면 어떻게 할 것인가? 만약 자신을 증오한다면, 하루를 돌아보니 그날 자신이 한 행동들이 상당히 못마땅하다면, 그리고 결코 우호적이지 않은 세상을 접할 때 항상 경계심과 적의와 단절감과 고독을 느낀다면 어떻게 할 것인가? 우리는 그런 반응들을 자신의 습관화된 대처 양식을 관찰함으로써 이해할 수 있다.

우리는 인간을 이분화하려는 강렬한 충동이 있어서 그들을 상반된 두 범주로 나누려고 든다. 고정관념은 생존 가능성을 높이기 위해 고안된 진화적 메커니즘으로, 위험한 세상에서 용케 살아가기 위한 일종의 속기술速記術인 것이다. 허술하지만 서로 연관된 수많은 특성을 의미하는 글자들로 이루어진 질서정연한 지대를 만듦으로써 우리는 혼란스러운 삶을 어떻게든 관리하려고 애쓴다. 우리는 그렇게 사전에 만들어 놓은 분류 체계를 일반화해서 특정 계층과 집단과 국가의 모든 구성원들에게 적용한다.

이때 문제가 생긴다. 모든 사람들을 깔끔하게 분류해서 각 범주에 집어넣고 나면 우리는 그 이름표 너머를 보려고 하지 않는다. 우리는 자신이 속한 집단을 기준, 즉 내집단Ins으로 정하고 그 밖의 모든 사람들을 타인, 즉 외집단Outs으로 규정한다. 자기 가족이나 소속 집단을 표준으로 정해 놓고 다른 사람들은 다소 열등한 범주에 집어넣은 후, 자부심을 북돋운다. 하지만 그렇게 함으로써 '우리 대 그들' 마음 상태에 갇히고 만다. 사실상 적을 끝

첫 번째 승리: 외부의 적

없이 양산할 수밖에 없게 된다.

우호감은 적 만들기의 악순환을 중단시킬 수 있다. 편견에 대한 최근 연구 결과로 서로 다른 인종 집단 사이에서 상호 간의 신뢰가 의심만큼이나 빨리 유행하고 퍼져 나갈 수 있음이 드러났다.[3] 우호감은 '확장된 접촉 효과 extended-contact effect'라는 것을 통해 유익한 바이러스처럼 상대 집단 속으로 침투한다. 매사추세츠 대학교 연구진에 따르면 이 효과는 대단히 강력해서 편견을 한 시간여 만에 증발시킬 수 있다. 타인, 즉 '적'과 평화롭게 접촉하는 것이 열쇠다. 팔레스타인과 이스라엘 난민 캠프인 오세 샬롬─사네아 Oseh Shalom-Sanea가 한 가지 예다. 이 캠프는 이스라엘과 팔레스타인 아이들과 그 가족들이 자연스러운 환경에서 서로 대화하고 함께 활동하면서 시간을 보낼 수 있도록 한다. 이와 같은 조직들은 어떤 식으로 대규모 계획을 세우면 우리 대 그들 장벽을 허물 수 있는지에 관한 실마리를 제공한다.

정말로 공감적인 사람이 되고자 한다면 우리는 세상을 보는 시각을 넓힐 수 있어야 한다. 달라이 라마가 데스몬드 투투Desmond Tutu 대주교에게서 기독교에 대해 배우고, 투투 대주교가 달라이 라마에게서 불교에 대해 배운 것을 기억하라. 이 두 영적 지도자 중 어느 누구도 상대방을 개종시키려고 하지 않는다. 연대감을 느끼기 위해 상대방의 의견에 억지로 동의하지도 않는다. 그 두 지도자는 각자의 종교 전통과 교리와 교인들에게 누구보다 충

---

3) Tolerance over Race Can Spread, Studies Find, 〈The New York Times〉, 2008.11.06, http://www.nytimes.com/2008/11/07/us/07race.html?_r=0

실하지만 각자의 종교에 의해 제약을 받지 않는 절친한 친구다.

관심의 폭을 넓히고 '우리 대 그들' 경계선을 지워 없애는 최고의 방법은 선행을 하는 것이다. 무료 급식소에서 배고픈 사람들에게 음식을 제공하는 봉사활동이나 이웃과의 진심 어린 대화 등 아주 간단한 선행도 외견상 우리와 달라 보이는 사람들과의 분리감을 줄여 줄 수 있다. 우리는 자신의 이기적 관심사보다 더 큰 문제에 참여하고 동조함으로써, 사회심리학자 조너선 하이트의 말처럼 "'나'를 끄고 '우리'를 켬으로써" 간단한 인간적 접촉을 통해 소외를 극복한다. '이웃을 네 몸처럼 사랑'하는 마음 상태에서는 갈수록 더 많은 사람이 이웃으로 보이기 시작한다. 그리고 우리는 그들을 사랑하는 법을 실제로 배운다.

세상 사람을 우리와 그들로, 나와 타인으로 나눠 놓으면 타인 영역은 잠재적 적으로 가득하다. 지금 사랑하는 타인도 나중에는 적으로 바뀔 수 있다. 그가 어떤 식으로든 우리를 해치거나 언짢게 한다면 우리는 즉시 그를 겁내고 혐오할 것이다.

그렇다면 외부의 적을 어떻게 대해야 할까? 우리는 그를 인간으로 보고 그의 관점에서 자기 자신을 보아야 한다. 그러면서 자신의 편견과 집착을 알아차리고, 적이 그 편견과 집착에 응해서 행동하고 있음을 깨달아야 한다. 부록 272쪽의 '외부의 적과 협력하기' 수행은 당신이 외부의 적을 어떻게 만드는지, 어떻게 하면 그 과정을 역행할 수 있는지를 알려 준다.

　결론적으로 말해서 외부의 적은 우리의 주의를 분산시키는 요인이다. 우리를 증오하는 것 같은 자에게만 주의를 집중할 경우 우리 내부에 존재하는 진짜 적을 외면할 수도 있다. 하지만 적의 증오를 기회로 여길 수 있다면 그 증오는 우리의 성장을 촉진하는 자극제이자 현실에 안주하는 우리를 깨우는 선물이 된다.

2장
두 번째 승리: 내부의 적

Victory over the Inner Enemy

＂

내부의 적은 정말 많다. 편집증적 욕망, 타오르는 분노, 고질적인 질투, 지나친 경쟁심, 어리석은 자만, 완고한 망상, 독선적인 확신 등이 그것이다. 이 힘들은 중독성이 있다. 내부에서 우리를 제멋대로 조종하면서 우리의 활기를 높여 주고 우리 존재를 확장시키는 것처럼 보인다. 하지만 곧이어 우리를 낙담케 하고 상황을 훨씬 더 악화시킬 뿐이다. 불교에서는 그 힘들을 '번뇌煩惱'라고 부른다.

＂

용서의 힘

나를 해친 사람을 어떻게 용서할 수 있을까? 내게 피해를 주거나 내 가족에게 상처를 준 사람이나 일부러 폭력적으로 행동한 사람들이 나와 다르지 않음을 인정하고 수용하는 것이 가능할까? 어떤 경우라도 용서가 반드시 필요한가? 용서는 우리가 행하려고 애쓰지만 거의 매번 부족하거나 불만을 남기거나 과거사로 그냥 놔둘 수 없는 절대적인 영적 행위인가?

이 질문들에 대한 간단명료한 대답은 없다. 감상적으로 용서에 접근해서는 안 된다. 용서는 종종 힘들고 복잡한 영적 수행으로서 우리로 하여금 마치 쓰디쓴 알약을 삼키듯 강렬하고 자기 파괴적인 마음 상태를 초월할 것을 요구한다. 게다가 우리는 용서라는 단어를 의무적인 뜻으로 사용해서 강제적이고 까다로운 행위로 묘사한다. 예컨대 용서하기 전에는 우리가 결코 치유되지 않을 거라는 말도 듣는다. 우리는 용서가 부정적 감정들, 특히 절망과 분노를 표현하고 배출하는 것을 포함하는 애통의 과정임을 잊고 있다. 그 고통스러운 감정들을 회피하려고 애써 봐야 아무 소용이 없다. 진실하지 않거나 강요되거나 때 이른 용서는 진정한 비통과 분노보다 심리적으로 더 큰 손상을 가할 수 있다.

다큐멘터리 영화 〈용서Forgiveness: A Time to Love and a Time to Hate〉를 제작한 헬렌 휘트니Helen Whitney는 이렇게 말했다. "우리는 용서가 마치 단 한 종류인 것처럼 말한다. 그러지 말고 우리는 '용서'에 대해 이야기해야 한다. 용서하는 방법은 용서받아야 할 사람의 수만큼이나 많다. 우리 문화는 용서를 단일하고 보편적이고 바람직한 것으로 바꾸고 싶어 하는 경향이 있다. 하지만 용서는 그것보다 훨씬 더 복잡하다."

이 말을 이해하는 것이 중요하다. 모든 유형의 치유가 그렇듯이 용서도 그 나름의 시간표를 갖고 있으므로 용서를 재촉하거나 조작해서는 안 된다. 자신에게 '내려놔!'라고 강요할 수 없는 것처럼, 자신에게 '용서해!'라고 강요할 수 없다. 우리가 할 수 있는 것은 용서가 가능한 환경을 조성하고 자신이 느끼고 있는 감정과 그 상황을 온전히 인정하는 것이다. 우리는 자신의 고통과 분노를 스스로 정직하게 인정한 후에야 용서를 미루고 싶지 않다고 느끼게 된다. 용서가 다른 사람을 위해 자기를 희생하는 이타적 행위라는 생각을 단념한다면 우리는 연민이 자기 연민에서 생겨난다는 것을 잊고 만다. 다른 사람에게 마음을 열 수 있으려면 먼저 자신의 상처부터 돌봐야 한다는 것을 잊는다.

많은 사람들이 용서를 이타심과 혼동하며 자신은 어째서 용서를 행할 수 없을 것 같은지 의아해한다. 선의를 지닌 사람들은 자신의 고통스러운 경험을 극복하고 '바람직한 것'을 행하려고 시도한다. 이때 그 용서 과정에서 자기 자신을 제외시키면 용서가 불가능하다는 것을 깨닫는 이들이 많다. 용서는 우리가 다른 사람에게 손을 내밀 수 있을 때 손을 내미는, 자기 자신을 향한 자비로운 행위이다. 용서를 이렇게 이해할 때 우리는 용서가 단일하고 보편적인 것이 아니라는 헬렌 휘트니의 말뜻을 이해할 수 있다. 어떤 상황이든지 각각 그 나름의 효과적인 해결책을 필요로 한다. 자신의 동기가 완벽하게 순수해지고 감정의 잔재가 과거의 것이 될 때까지 기다린다면 우리는 조금 용서할 수 있게 된다. 이에 반해 용서를 생존 도구이자 영적 행위로 간주한다면 용서에 필요한 우리의 자격과 자기 기대는 현실적인 규모로 크게 줄어든다.

일부 그릇된 행위는 그 결과가 치명적이어서 용서에 대한 그 어떤 편리한 관점에서도 쉽게 수용할 수 없는 것이 사실이다. 하지만 이 말이 적의 그 악행을 우리가 극복할 수 없음을 뜻하는 것은 아니다. 한 홀로코스트 생존자는 다음과 같이 말한다. "나는 절대 잊지 않을 겁니다. 절대 용서하지 않을 거예요. 하지만 내 아이들에게는 증오하지 말고 사랑하라고 가르쳤어요."

그런 종류의 트라우마에서 살아남은 후 자녀에게 증오 대신 사랑을 가르친 행위는 인간의 타고난 선함을 보여 주는 증거이다. 그런 '구분된 용서compartmentalized forgiveness' 속에서 우리는 자신의 고통스러운 진짜 감정을 존중하는 동시에 적이 끼친 해악을 실제로 극복한다. 오사마 빈 라덴Osama

Bin Laden의 사망 소식을 들었을 때 어느 9·11테러 생존자가 보인 반응은 그 구분된 용서에 대해 알려 준다. 저널리스트 앤드류 설리번Andrew Sullivan의 블로그에 인용된 그의 글은 다음과 같다.

……첫 번째 비행기가 충돌했을 때 나는 세계무역센터 1타워의 62층에 있었다. 그리고 내가 세계무역센터 5동에 위치한 경찰 지휘 본부에 있을 때 2타워 건물이 무너졌다. 나는 가톨릭 신자이다.

일요일 밤에 뉴욕 메츠와 필라델피아 필리스 야구 경기를 보다가 채널을 돌렸다. 모든 사람들이 이미 알고 있는 소식을 대통령이 '발표'하고 있었다. 그것을 지켜보는 내 감정은 지극히 단순했다. 그 개자식은 내 친구들, 동료들, 뉴요커들, 미국인들, 나와 같은 인간들을 죽였다. 악랄하게도 그는 수천 명을 자극해서 맹목적인 니힐리즘 nihilism(허무주의)을 신조로 삼도록 만들었다. 표면적으로는 '자비로운 자, 너그러운 자' 알라의 이름으로 그 짓을 저질렀다. 그가 이 세상에 끼친 그 모든 고통을 아직 다 산출하지 못했으며, 아마 우리 생애에는 다 산출하지 못할 것이다. 그 일요일 밤에 나는 소파에 앉아 큰 컵에 위스키를 따르고 나를 죽이려 했던 그 사내의 죽음에 축배를 들었다…….

그러고는 2층으로 올라가서 잠든 세 아이를 살펴보았다. 맏이는 2002년에 태어났다. 나는 아이들에게 입을 맞추었다. 그리고 나서 아내 옆에 앉았다. 내일이면 나와 결혼한 지 꼭 십 년이 되는 아름다운 아내는 지금 넷째 아이를 임신 중이다. 아주 긴 시간 동안 아내는 결혼한 지 오 개월 된 남편이 무너진 세계무역센터 건물에 깔려 죽었다고 생각했다. 나는 아내의 배 위에 손을 올려놓고 눈을 감고 기도했다. '오사마 빈 라덴이 그리스도의 충만한 사랑을 알게 되기를.'[4]

내 지인들 중에도 살면서 폭력을 접한 적이 있는 이가 수없이 많다. 한 친구는 조카가 살해되었고 다른 친구는 조카딸이 살해되었다. 딸이 살해된 친구도 있다. 폭력적인 관계에서 탈출했거나 성폭행을 당한 사람이 수십 명에 달한다. 끔찍한 성적 학대나 육체적 학대 속에서 어린 시절을 보낸 사람이 한둘이 아니다. 나는 그들을 통해 적을 대할 때 우리가 닫힌 마음과 편협한 정신을 지닌 복수의 주체가 될 필요가 없다는 것을 배웠다. 우리에게 잘못을 저지른 사람들의 몰락을 위해 여생을 바칠 이유가 없다. 복수에 집착하는 대신에 우리는 아이들을 위해, 여성과 노인을 위해, 취약한 모든 사람을 위해 변화를 촉진하는 일에 헌신할 수 있다는 것을 그들이 보여 주었다.

어떤 이들에게 그것은 범죄자를 괴롭힐 방법을 궁리하는 대신에 사회적 약자를 보호하는 일에 전념하는 것을 의미했다. 그들은 바닥까지 절망한 이들이나 사회적 지지와 위엄을 완전히 빼앗기고 철저히 소외되었다고 믿어서

---

4) Forgiving Bin Laden, CTD, The Dish, 2011.05.05, http://dish.andrewsullivan.com/2011/05/05/forgiving-bin-laden-ctd-1/

다른 사람을 사납게 공격하는 이들을 옹호하려고 애쓴다. 이렇게 행동하지 않으면 우리는 항상 문제의 일부로 남아서 정의의 이름으로 폭력을 영속시키고 개인적 원한과 응징에 대한 유혹에 충동적으로 따르게 된다고 이 행동가들은 말한다.

보복 행위에 우리의 인생을 허비할 이유가 없다. 그 강렬한 복수욕과 분노에 대한 집착을 내려놓을 수 있다면 우리는 연민의 힘을 실제로 경험할 수 있다. 강한 연민은 새로운 삶과 열린 마음과 치유와 사랑을 향해 우리의 등을 떠민다. 이렇게 하여 적은 우리의 가장 훌륭한 영적 스승이 되는 것이다.

2장

두 번째 승리: 내부의 적

살다 보면 분노를 결코 참을 수 없는 순간이 참으로 많다. 누군가는 우리를 자극하거나 공격하고, 우리는 이 거친 세상에서 두려움에 간혀 무력해지는 것을 면하는 유일한 방법이 분노라고 생각한다. 우리들에게 또는 다른 사람들에게 벌어지고 있는 일을 도저히 견딜 수가 없다. 그래서 우리는 분노를 폭발시킨다. 때로는 그 과열된 행동이 도움이 되는 것 같다. 우리는 원하는 결과를 즉시 얻을 수 있지만 그럼에도 기분은 별로 좋지 않다. 우리는 그 지나치게 격렬한 대응이 언젠가 더 많은 문제를 야기할 것임을 안다. 우리는 녹초가 된다. 친구가 될 수도 있는 사람을 놓치고 만다. 우리는 훨씬 더 위험할 수 있는 적들로 자신의 세계를 채워 나간다. 습관적인 분노의 부정적 결과와 부작용을 여러 번 체험하면서 점차 성숙해짐에 따라 우리는 우선순위를 바꾼다. 그 충동적이고 감정적인 대응을 어떻게든 자제하자고 결심한다. 통제할 수 없는 내적 충동에 이리저리 휘둘리는 것도 지긋지긋하다. 그래서 그 강렬한 힘을 정말로 지배해야겠다고 결심한다. 그리고 그 힘에 지배되지 말자고 다짐한다. 이제 우리는 내부의 적을 직시할 준비를 마친 것이다.

내부의 적은 정말로 많다. 우리의 마음속에는 수없이 많은 강렬한 힘이 숨어 있다. 편집증적 욕망, 타오르는 분노, 고질적인 질투, 지나친 경쟁심, 어리석은 자만, 완고한 망상, 독선적인 확신 등이 그것이다. 이 힘들은 중독성이 있다. 내부에서 우리를 제멋대로 조종하면서 우리의 활기를 높여 주고 우리 존재를 확장시키는 것처럼 보이지만 곧이어 우리를 낙담케 하고 상황을 훨씬 더 악화시킬 뿐이다. 불교에서는 그 힘들을 '번뇌煩惱'라고 부른다. 산스크리트로 클레샤kleśa, 빨리어로 키레사kilesa에 해당하는 번뇌의 어원은 동사 클리시klish로서 '뒤틀리다' 또는 '괴롭히다'를 뜻한다. 번뇌는 우리에게 틀림없이 해악을 끼치기 때문에 적이 될 자격이 충분하고도 남는다.

분노는 그 모든 중독적인 힘들 중에서 가장 최악의 적이다. 분노의 파괴력은 상상을 초월한다. 나의 스승 타라 툴쿠Tara Tulku는 핵폭탄의 가장 중요한 요소는 증오가 부추긴 분노라고 말하곤 했다. 인간으로 하여금 버튼을 누르고 열쇠를 돌려서 극한의 물리적 파멸을 촉발하도록 몰아붙이는 것은 분노로 폭발한 증오이다. 중대한 결과로 이어질 행위를 평가할 때는 '생각이 곧 행위'라는 점을 인지하는 것이 중요하다. 생각은 동기를 일으켜 물리적 행위를 유도하는 선에서 끝나지 않는다. 생각 자체가 물리적 행위이다. 다만 포착하기 어려울 뿐이다. 생각은 물리적 세계에 영향을 미치며, 마음속으로 행동하는 사람들의 인생에 점진적으로 긍정적 또는 부정적 변화를 일으킨다. 실제로 생각이 가장 강력한 행위라는 통찰을 기반으로 하는 세계 도처의 영적 전통과 심리적 전통 들은 정신과학을 활용해서 부정적 생각의 악영향을 줄이고 생각을 긍정적 방향으로 유도하려고 애쓴다.

분노는 표적을 철저히 말살하려는 소망이다. 분노는 갈수록 거세지는 파괴적인 불길이다. 이 불길은 사람들이 사납게 공격하고 인생을 무자비하게 파괴하며 환경을 파괴하고 적으로 간주된 자의 생활을 파괴하도록 만든다. 불교 가르침에 따르면 깨달은 존재에 대한 찰나의 증오도 억겁에 걸쳐 부정적 결과를 낳으며, 증오한 그 자는 지옥에서 한 철을 보내야 한다.

분노는 일종의 강한 중독이다. 우리는 한 가지 마음 상태로서, 그리고 세상 속에서 행동하는 한 가지 방식으로서 분노에 중독된다. 하지만 조금이라도 평화롭고자 한다면 우리는 분노와 증오가 치명적일 수 있는 충동이며 우리가 극복해야 하는 것임을 반드시 인정해야 한다. 모든 중독이 그렇듯이 이 정신적 충동에서 벗어나겠다고 진정으로 결심하기 위해서는 그 충동의 위력을 철저히 파악해야 한다.

분노를 다스리는 붓다의 가르침

분노가 불의에 맞서 행동을 취하도록 우리를 자극한다는 식으로, 그것이 때때로 쓸모가 있다는 생각 때문에 혼란에 빠져서는 안 된다. 비판적 판단과 윤리적 의무는 우리가 행동을 취해 불의를 바로잡도록 독려한다. 그리고 분노가 그 판단과 의무에 들어맞을 경우에 분노는 그 불의를 중단시키는 경향이 있다. 하지만 중독성 물질들은 바로 그런 부류의 합리화를 통해 우리를 붙잡고 놔주지 않는다. 헤로인이 때때로 죽음을 앞둔 환자에게 진통제로 쓰이기 때문에 헤로인 중독은 별로 나쁘지 않다고 말하는 것과 똑같다. 분노와 증오는 가치 있는 목적에 결코 도움이 되지 않으며, 긴요한 취지와 목적에도 불구하고 그것들은 단연코 파괴적이다. 때로 분노와 증오의 부정적 결과가 즉각 드러나지 않더라도 그러하다. 이것을 우리는 분명히 알아야 한다. 모든 중독과 마찬가지로 우리는 분노가 자신에게 해롭다고 판단한다. 그러나 분노를 없애겠다고 단호히 결심하는 수준에 이르기 위해서는 이 분노에 대해 정확히 알아야 한다. 분노는 짜증과 불만, 좌절 등이 쌓이고 쌓이다가 결국 그 감정들의 원인으로 지목된 상대를 해치려는 참을 수 없는 충동으로 폭발할 때 생겨난다. 분노에 사로잡히면 우리는 자신의 말과 생각과 행동을 더 이상 지배하지 못한다. 일단 그렇게 되면 우리는 그 분노를 '표현'하지 못한다. 흔히 말하듯이 감정을 소위 건강하고 정당하게 해소하지 못한다. 그 대신에 우리는 저도 모르게 격렬한 분노의 도구가 되고 만다. 분노를 더 이상 통제하지 못하고 제 자신이 분노의 결과가 되어 버린다. 감정을 매번 통제할 수 있고 상대방이 화를 돋울 때조차 침착하게 행동할 수 있다면 일부러 그렇게 격렬하게 분노할 사람이 누가 있겠는가. 우리는 항상 명확하게 판단하는 동시에 자신의 행위를 자의로 결정하는 것을 선호하지 않겠는가. 우리가 격렬한 분노에 휩싸여서 분별력을 멀리 내던졌을 때 분노와 증오가 격렬하게 폭발한다. 이런 종류의 '미친' 분노, 즉 광기 어린 격분은 지나는 길에 놓인 모든 것을 파괴한다. 특히 우리의 정서적 균형을 철저히 파괴한다.

분노 중독에서 벗어나는 첫걸음은 그 악순환을 반드시 끊고 말겠다고 결심하는 것이다. 이 단계에서 우리가 즉시 단호하게 결심하도록 도와줄 적임자가 있다. 8세기 인도의 현자로서 그 유명한 나란다 불교 대학에서 불성佛性을 연구한 샨띠데바Shantideva이다. 그는 『입보리행론 Bodhicharyavatara』의 저자로 명망이 높다. 원래 산스크리트로 쓰인 이 책은 서양에서 큰 인기를 끌었고 이미 여러 개 언어로 번역 출간되었다. 인내와 자비에 대한 샨띠데바의 가르침에는 모든 존재를 향한 자비심을 키우는 불교의 최고 수행법이 포함되어 있다.

티베트불교 전통에 의하면, 그 가르침은 생존한 선사들을 통해 부처님 시대에서부터 오늘날까지 결코 끊긴 적 없이 대대로 전해져 내려왔다. 그리고 그 계보에서 샨띠데바는 아마도 말과 글에 가장 능한 선사였으므로 그 가르침을 책으로 남겼을 것이다. 14대 달라이 라마는 그 가르침을 후대로 전하는 현존하는 선사로 여겨지며, 자비에 대한 달라이 라마의 설법에 감명을 받은 사람은 그 살아 있는 전통을 만난 것이다.[5] 분노하는 것은 음식을 먹여주는 손을 깨무는 것과 같다고 가르침으로써 샨띠데바는 우리가 분노를 끊도록 동기를 부여한다. 그는 광기 어린 분노를 우리가 보살, 즉 우리의 행복만을 염원하는 존재에게 분노하는 것에 비유한다. 이것은 분명코 스스로를 파괴하는 짓이다. 우리가 잘되기만을 바라는 누군가에게 어째서 분노하겠는가? 그것은 예수나 성모 마리아, 모세, 무함마드, 더 나아가 신에게 분노하는 것과 같다. 달리 말해서, 모든 선善의 근원으로 간주되는 존재에게 분노하는 것과 같다.

　분노와 증오는 많은 이들이 모든 악惡의 정점으로 여기는 것과 연결되어 있다. 모든 문화적 상상 속에서 악마, 즉 악의 화신은 사악한 행동을 통해 고통과 고뇌를 가하는 것을 즐긴다. 다른 사람들을 해치는 악마의 동기는 분노와 증오라는 정신적 충동으로 이루어져 있다. 때문에 악은 분노와 증오에 그 뿌리를 두고 있음이 분명하다. 그러므로 분노와 증오는 모든 악행의 근원이라 할 수 있다. 불교의 카르마 이론에

---

5) 샨띠데바의 『입보리행론』의 적절한 영어 번역본은 매우 많다. 그중에서 달라이 라마가 쓴 A Flash of Lightning in the Dark of Night: A Guide to the Bodhisattva's Way of Life(Shambhala, 1994)를 추천한다. 이 밖에 텐진 로버트 서먼의 Anger: The Seven Deadly Sins(Oxford University Press, 2004)와 Infinite Life: Awakening to Bliss Within(Riverhead Trade, 2005)은 『입보리행론』의 일부 내용에 대한 해설서라고 할 수 있다. 『입보리행론』의 국내 번역서로 『샨띠데바의 입보리행론』(청전 스님 옮김, 담앤북스, 2013)이 있다.

따르면 분노와 증오에 중독된 자는 결국 서른두 가지 지옥 중 한 곳에 떨어진다. 불교 문헌에는 그 지옥들이 정말 끔찍하고 잔인하게 아주 자세히 묘사되어 있다.

분노와 증오는 상대방이 고통과 괴로움을 느끼기를 원한다. 반면에 자애와 연민은 상대방이 기쁨과 행복을 느끼기를 원한다. 자애는 분노와 정반대의 것으로 다른 사람들이 행복하기를 간절히 바라는 마음이다. 하지만 내부의 적을 물리치기 위해 분노 중독에 대처하는 법을 배우는 이 시점에, 우리가 자애를 목표로 삼는 것은 너무 까마득하다. 분노와 증오가 즉시 자애와 연민으로 바뀌기를 바라는 것은 비현실적이다. 그 중간 목표가 바로 인내다. 지금은 포용하고 참고 견디고 마침내 용서하는 중간 지점을 목표로 삼아야 한다. 상처를 받을 때 또는 상처를 받는다고 생각할 때 우리는 여전히 분노할 것이다. 하지만 그 분노를 참아 내고 그 상처와 가해자를 포용하면서 복수하려는 충동을 자제할 수 있다면 우리는 분노에 휩쓸리지 않을 것이다. 그리고 어쩌면 그 해악을 용서할지도 모른다. 인내는 증오의 정반대로서 분노를 해독한다. 그리고 그 인내를 기반으로 자애가 얼마든지 솟아날 수 있다. 따라서 내부의 적을 물리치기 위해서는 인내를 키우겠다는 긍정적인 결심이 필요하다.

분노

분노의 반대는 자애다. 그것은 자신과 타인을 향한 끝없이 다정한 마음이다. 분노와 증오는 우리로 하여금 지금 일어나고 있는 것과 격렬히 맞서 싸우게 한다. 이 싸움은 그것과 계속 분리되기 위한 노력의 일환이다. 우리는 분노로 인해서 지금 이 순간에 일어나고 있는 것을 결코 견딜 수 없는 것으로 규정한다. "나는 이걸 그냥 이대로 참을 수 없어!"라고 외친다.

분노는 수많은 형태로 나타난다. 죄책감, 두려움, 적대감에서부터 초조, 실망, 불안에 이르기까지 그 형태가 다양하다. 우리는 분노와 그 감정에 대한 자신의 반응을 오해하는 경향이 있다. 우리는 분노를 겁내지 말고 있는 그대로 인정해야 한다. 그리고 분노에 따라 행동하는 것, 더 나쁘게는 분노에 휘둘리는 것이 해롭고 때로는 끔찍한 결과를 초래할 수 있음을 이해해야한다. 때때로 그 인정과 이해의 균형을 맞추기가 어렵지만 완전한 인간이되기 위해 우리는 자신의 감정과 반응 양식을 매 순간 정확하게 알아차려야한다. 감정을 인정하기가 불가능할 경우, 우리는 그 감정과 거리를 두기 위해 종종 자기기만에 빠진다. 분노 같은 강렬한 감정들을 온전히 인정할 수있을 때에야 우리는 자신을 더 잘 이해하게 된다.

부처님은 "유독한 원천에서 생겨나 강렬한 절정에 이르는 분노는 치명적으로 감미롭다."라고 말했다. 사실이다. 그러나 치명적인 감미로움은 고통을 동반한다. 분노 폭발이 주는 만족은 찰나적이다. 하지만 자신의 분노를 부인하는 것에서 생겨나는 단절감과 소외감도 분노 못지않게 고통스럽다. 그 단절감과 소외감 때문에 우리는 주변 세상과 멀어진다. 분노에 압도될 때 우리는 가해자나 해로운 상황과 자신을 떼어 놓음으로써 고통을 줄이려 한다. 하지만 이것이 외로움을 일으키고 벽을 쌓아서 우리를 충동적 대응과 분노 속에 가두어 버린다.

부처님은 분노가 산불처럼 스스로를 태워서 활활 타오른다고 말했다. 분노는 우리에게 상실감을 남기고 행복을 파괴하며 결코 원치 않는 곳에 우리를 내던진다. 우리는 그곳에 갇혀서 오도 가도 못한다. 분노의 지배를 받을 때 어떤 일이 벌어지는지 생각해 보자. 먼저 우리는 적—문제나 개인이나 상황—에게서 떨어져 나와 그 적을 집요하게 응시한다. 이 분노 상태에 갇히면 시야가 좁아져서 출구가 보이지 않는다. 옛 격언인 '이것 역시 지나가리라'와 같은 무상無常의 진리도 까맣게 잊는다. 그로 인해 '이건 원래 이렇고 영원히 이럴 거야'와 같은, 영속성을 고수하는 틀 속에 자신과 그 적을 가둔다. 대안을 살펴보는 것은 물론, 지금 직면한 고충이나 고통보다 더 큰 진리를 상상할 수 없는 우리는 결국 무력감을 느끼며 무너진다.

하지만 분노도 그 나름대로 쓸모가 있다. 우리가 잔학 행위나 불의에 직면했을 때 타오르는 분노는 무관심의 안개를 걷어 낼 수 있다. 내면의 악과 대면할 때 격렬한 분노는 그 이기적인 악이 활발해지지 못하게 변화를 꾀하도록 우리를 격려하기도 한다. 특정 상황에서 우리가 관심도, 이해도, 인정도 받지 못한다고 느낄 때 절망에 찬 분노는 우리를 흔들어 깨우고 자신을 명확하게 표현할 용기를 준다. 분노는 맹점을 없애서 우리가 사회적 규칙들 그 너머를 보게 도와줄 수 있다. 분노한 사람은 때때로 조직 내에서 권력자에게 진실을 말하거나 위선을 거부하는 유일한 사람이다. 요컨대 우리가 독선적 분노나 폭발적 분노에 갇히지 않으면서 진실을 추구하는 분노의 힘을 활용할 줄 안다면 분노는 긍정적인 힘이 될 수 있다. 하지만 분노의 그 모든 잠재적 장점에도 불구하고 분노를 능숙하게 활용하는 것은 규칙보다는 예외에 가깝다. 자주, 사실은 거의 항상 분노는 우리의 정신을 위축시키고 마음을 닫아걸게 만들며 우리를 혼란하고 비통하고 외롭게 만든다.

마음챙김을 수행하면 분노와 협력하는 수많은 방법이 훤히 보인다. 대체로 우리는 자기 대화에 골몰하고 자신을 분노와 동일시한다. "그 사람은 이렇게 했으니까 나는 저렇게 할 거야. 내가 그렇게 복수하면 그는 망할 거야." 아니면 자기 비난의 길에 들어선다. "나는 정말 쓸모없는 인간이야. 완전히 구제불능이야. 내가 여전히 화를 참지 못한다는 걸 믿을 수가 없어. 난 십 년 동안 심리치료를 받았어. 그런데 어떻게 아직도 화를 못 참는 거지? 그 심리치료법이 틀린 거 같아."

하지만 마음챙김을 행할 때는 이렇게 말할 수 있다. "아, 화가 나는군. 이건 그냥 화야." 이런 종류의 균형을 유지할 수 있다면 분노를 풀어헤쳐서 그 본질을 들여다볼 수 있다. 그러면 무엇이 보일까? 분노의 복합적이고 조건화되고 항상 변하는 본질이 보인다. 분노 속에 여러 가지 감정, 즉 슬픔과 두려움과 무력감과 불안 등이 서로 얽히고설켜 있는 것이 보인다. 그 감정들 중 어느 것도 유쾌하지 않다. 하지만 적어도 그것들은 우리가 하나의 생명체를 대하고 있음을 알려 준다. 이어서 우리는 말로 표현하거나 행동하기로 결심한다. 그리고 맨 위층의 분노만이 아니라 그 밑에 깔린 감정들을 모두 인정할 때에 그 결심을 실행할 수 있다.

분노의 본질을 통찰함에 따라 무상의 본질도 지각하게 된다. 또한 대단히 견고하고 결코 통제할 수 없을 것 같은 감정들이 덧없음evanescence을 인식한다. 그 감정이 곧 지나가리라는 것을 안다면 우리의 마음을 장악한 그 감정의 힘을 차차 줄일 수 있다. 우리는 그동안 충동적으로 서둘러 대응하느라 지금껏 그 사실을 알아차리지 못했다. 우리는 분노가 일어나자마자 열다섯 가지의 후회스러운 행동을 저지르는 대신, 바로 그 순간에 내면에서 일어나고 있는 것을 세세하게 감지하는 본능적 감각을 키워야 한다. 이때 마음챙김을 통해 자신의 충동적 대응을 즉시 바꿀 수 있다.

분노와 증오라는 강박적 충동을 없애겠다는 결심을 다지는 데는 많은 것이 필요하지 않다. 분노가 처음 폭발해서 그것에 휩쓸리는 순간 자신이 무엇을 느끼는지를 숙고하고 그 분노가 진정된 후에도 내면에서 곪아가는 증오로 인해 자신이 얼마나 아픈지를 숙고하기만 하면 된다. 분노에 굴복하거나 증오하는 게 정당하다고 믿으면 우리의 마음은 계속 동요한다. 어떤 즐거운 것에 주의가 쏠려서 잠깐 유쾌할 때에도 증오하는 개인이나 상황이 불쑥 생각나서 그 좋은 기분을 망치게 된다. 그 존재만으로도 우리를 행복하게 하는 손자나 친구나 연인이 갑자기 짜증스럽게 느껴진다. 그들의 애정이 지겨워지고 그들과 함께 있는 게 시간 낭비 같다. 우리의 마음이 분노의 대상을 파괴할 방법에 대해 궁리하려 할 때 그런 일이 불가피하다. 적에게 복수하지 못했다는 좌절감에 울화가 치밀어 밤에 쉽게 잠들지도 못한다. 하지만 우리를 분노케 한 그 적은 증오에 찬 우리의 생각의 피해자이기도 하다.

생리학적인 측면에서 분노 및 증오 상태는 스트레스 호르몬인 코르티솔을 분비시킨다. 코르티솔은 세포 조직을 파괴하고 혈액 성분을 바꾸고 순환계를 손상시킨다. 번번이 짜증을 내고 분노하는 사람은 고혈압과 뇌졸중, 심장마비를 겪을 위험이 있을 뿐만 아니라 관절염에도 쉽게 걸린다. 분노의 과학을 철저히 탐구하고 분노가 파괴적 감정들의 원조라는 것을 명확히 인지할수록 그 강박적 충동의 손아귀에서 벗어나야겠다는 결심이 강해진다. 샨띠데바는 분노와 증오에 갇힌 마음을 '상처 난' 마음이라고 부른다. 분노와 증오는 우리의 몸과 마음과 영혼에 상처를 입힌다.

누군가가 상처를 입힐 때 우리가 느끼는 분노는 두 번째 상처라고 샨띠데바는 말한다. 내부에서 우리에게 또 한 번 상처를 입히는 것이다. 상처를 입힌 적을 향한 분노가 내부에서 복수욕을 들쑤시고 있을 경우, 당신의 마음은 결코 편히 쉬지 못한다. 평소에 당신을 즐겁게 해 주던 것들도 당신이 분노하는 순간에는 모든 매력을 잃는다. 사랑하는 사람, 맛있는 음식, 재밌는 오락, 감각적 쾌락 등 희열을 주는 것들에 대해서도 흥미가 사라진다. 정말로 분노할 경우, 당신의 마음은 그 상처를 자꾸만 헤집으면서 똑같이 또는 더 잔인하게 갚아 줄 방법을 궁리한다.

분노는 불과 같아서 뜨겁게 폭발하고 모든 것을 태운다. 증오는 드라이아이스와 같아서 차갑게 얼어붙어 있다가 가해자가 다가오면 다시 폭발한다. 분노는 중대한 상호 호혜reciprocity가 존재해야 하는 인간관계를 망쳐 놓는다. 생계나 품위를 우리에게 의지해야 하는 이들에게 줄곧 분노를 터뜨린다면 그들은 점차 우리를 증오하게 되면서 해치거나 파괴할 기회를 노릴 것이다.

우리에게는 사랑하는 가족이나 가까운 친구, 동업자, 동료 들이 있다. 하지만 그들에게 주기적으로 불같이 화를 낸다면 그 폭발적 분노는 진정한 애정을 희석하거나 파괴하기까지 한다. 나는 이것을 누구보다 잘 알고 있다. 어렸을 적에 성질이 아주 고약했던 나는 형이 괴롭힐 때마다 나를 지키기 위해 분노를 폭발시키곤 했다. 그런 식으로 차차 분노에 중독되었다. 하지만 형을 실제로 위협하거나 해치려는 파괴적 의도나 그럴 만한 힘은 없었다. 사실 형은 내 우상이었기 때문에 내가 격렬하게 분노하면 할수록 나의 분노는 오히려 하찮게 취급되었다. 중독성 물질들이 이와 비슷하다. 중독성 물질을 과용하고 그것에 점차 의존하게 되면 그것은 더 이상 당신을 자극하지 못한다. 그 자극이라는 게 결국은 속임수이다. 분노와 증오는 당신을 도와주고 힘을 북돋우는 것처럼 보이지만 결국에는 당신이 처한 상황을 악화시키면서 당신을 약화시킨다. 만약 분노와 증오를 줄곧 가슴에 품고 그것에 의해 시야가 제한된다면 당신은 안으로부터 서서히 무너진다.

최근에 나는 오랜 친구를 만났다. 많은 견해를 공유하는, 특히 대중을 잘못된 길로 이끄는 몇몇 세계 지도자들에 대한 견해를 공유하고 있는 친구이다. 하지만 내 친구는 그들을 향한 분노와 증오를 지나치게 오랫동안 품어 왔다. 분노가 치받아서 고함을 지를 때는 물론이고 교인들에게 설교할 때조차 감정이 폭발하는 그는 얼굴이 잔뜩 일그러지면서 혼란하게 뒤엉킨 여러 가지 감정이 고스란히 드러났다. 친구의 아름다운 얼굴이 격렬한 분노로 벌겋게 달아오른 것을 보며 나는 몹시 슬펐다. 친구는 기분이 좋지 않았고 그의 말을 듣고 있는 사람들의 기분도 좋지 않았다. 내 친구는 분노와 증오에 철저히 갇혀 있었기 때문에 교단을 효과적으로 개혁할 계획을 추진할 수가 없었다. 가치 있는 방법으로 대의에 이바지하기가 불가능해지자 그 친구 자신이 문제의 일부가 되었다. 이런 종류의 격노가 폭력적 혁명이 이전 체제보다 훨씬 더 압제적인 지배를 낳는 이유를 설명할 수 있을 것이다.

적은 분노와 증오의 도구가 되어 우리에게 공격을 가한다. 우리가 분노로 반격하면 악독한 증오는 우리들 속에서 또 하나의 먹잇감을 찾아낸다. 적과 똑같이 우리도 분노의 도구가 된다. 그리고 증오라는 그 악마는 우리가 서로를 파괴하는 것을 지켜보며 무척 즐거워한다. 분노와 증오가 개입할 때마다 승리는 항상 그것들의 몫이다. 이 악순환에서 빠져나오는 유일한 방법은 분노 자체가 진짜 적이라는 것을 깨닫는 것이다. 우리의 진짜 친구, 즉 행복을 찾기 위해 반드시 물리쳐야 하는 적은 바로 분노이다.

분노가 가장 큰 적이라는 것을 깨달으면 행복을 찾기 위한 싸움은 간단해진다. 주적主敵이 내부에 있으므로 그 적을 공격하고, 그 뿌리를 찾아내고, 그 적의 징후를 간파하고, 그 적에 맞서 스스로를 무장하고, 그 적을 근절하는 작업을 행할 수 있다. 그러면 그 적의 해악에서 벗어날 수 있으며, 그 커다란 적을 조금씩 정복해 가면서 원하는 행복을 찾을 수 있다.

이것이 불교 심리학의 근본적인 발견이다. 우리는 끝없는 괴로움 앞에서 체념할 이유가 없다. 외부의 적은 물론이고 더 위험한 내적 충동과 욕구 앞에서 무력해질 이유가 없다. 만사 포기하고 그저 욕망에 따라 이리저리 휩쓸릴 이유가 없다. 당신이 예전에는 의식하지 못했던 것을 의식하게 된다. 자신의 충동을 간파하고 그것이 어디서 생겨나는지를 알게 된다. 그러면 그 원천을 봉쇄하고 그 강렬한 힘을 긍정적 용도로, 당신 자신의 행복과 사랑하는 이들의 행복을 위해 재활용할 수 있다.

분노를 다스리는 붓다의 가르침

인내

흔히 생각하는 것과 달리 인내는 무작정 참는 것을 뜻하지 않는다. 생에 관해 훨씬 더 큰 그림을 그리는 것을 뜻한다. 인내는 우리가 온갖 부침浮沈과 우여곡절과 환희와 비극을 겪으면서 계속 살아갈 수 있고 번성할 수 있다고 깨닫는 것을 포함한다.

인내를 키운다는 말은 무감각해지거나 무력감에 굴복한다는 뜻이 아니라, 우리에게는 잇달아 펼쳐지는 사건을 통제할 힘이 없다는 단순한 진리를 기억하는 것을 뜻한다. 인내는 삶의 폭풍우 한복판에 있는 평온한 알아차림awareness으로, 역경에 처해서도 계속 앞으로 나아갈 힘을 준다.

이 특성은 불교의 가르침 중에서 평정심equanimity과 비슷하다. 평정심은 자신이나 타인에게 일어난 것 또는 일어나지 않은 것에 일희일비하지 않는 마음이다. 물론 우리는 일희일비한다. 지혜의 목소리와 같은 평정심은 삶이 일련의 흥망성쇠로 가득하며 우리가 그것을 통제할 수 없음을 일깨워 준다. 다른 사람들의 괴로움을 덜어 주고 행복을 늘려 주기 위해 우리는 할 수 있는 모든 것을 하고 또 해야만 한다. 하지만 결국 우주는 우리가 조종할 수 있는 대상이 아니다. 그리고 변화가 일어날 때에도 그 속도는 우리의 일정표에 따르지 않는다. 이것을 인정할 때 우리의 연민을 깨닫게 되며, 세상을 바꾸려는 우리의 노력을 현실적이고 지속 가능한 것으로 이끌 수 있다.

두 번째 승리: 내부의 적

나는 래리 브릴리언트Larry Brilliant에게 줄곧 감명을 받는다. 1970년대에 인도에서 의사로 활동한 그는 천연두 퇴치 운동을 성공적으로 이끈 중요한 인물이다. 래리는 힌두교도들이 천연두 신에게 도와 달라고 기도하는 사원을 찾아가서 당국에 신고하지 않은 환자들을 찾아냈다. 기온이 섭씨 45도까지 치솟는 열기 속에서도 정글 속 오지 마을을 돌아다녔고, 코끼리의 몸통과 인력거 옆면에 공중위생 정보를 그려 넣었다. 그리고 환자 수천 명을 치료하고 예방접종을 실시했다. 1980년 세계보건기구가 지구상에서 천연두가 완전히 박멸되었다고 선언했을 때, 래리는 친구들에게 아주 인상 깊은 엽서를 보냈다. 한쪽 면에는 마지막 천연두 환자의 참혹한 사진이 실려 있었고, 다른 한쪽 면에는 그의 영적 스승의 축복blessing이 적혀 있었다. 그 축복은 세계 전역으로 울려 퍼진 영광의 찬가였다.

몇 년 전, 뉴욕 시의 거리를 걷고 있었다. 그날 아침에 텔레비전 뉴스를 통해 테러 공격이 예상되며, 증오와 분노 때문에 천연두가 무기로 바뀌어 이 세상에 환생할 거라는 소름끼치는 전망을 들은 후여서 내 머릿속은 온통 그 생각뿐이었다. 그때 문득 래리가 떠올랐고, 그가 보낸 엽서도 기억났다. 자신이 일생 동안 애정과 심혈을 기울여 이룬 업적이 위협에 처하고 어쩌면 말짱 허사가 되는 것을 지켜봐야 할 때 그가 느낄 절망에 대해서도 생각했다. 그날 늦게 래리에게 전화를 걸었다. 소멸된 질병을 테러리스트들이 되살려 낸다는 생각에 경악하면서도 그의 빛나는 영혼은 놀랍도록 의연했다. 래리는 이렇게 말했다. "한 번 없애 봤으니까 또 없앨 수 있어."

분노와 증오를 없애겠다고 진정으로 결심했다면 그 정신적 충동의 역학을 이해할 필요가 있다. '대죄deadly sin, 大罪'로 간주되는 분노를 단순히 자제하라고 요구하는 많은 종교 전통과 샨띠데바의 가르침에는 큰 차이가 있다. 샨띠데바는 분노를 자제하라고 말하지 않는다. 그가 쓴 『입보리행론』은 우리가 분노에 대한 의문을 철저히 파고들어 분노가 증오와 협력했을 때 어떻게 작용하는지를 자각하게 돕는다. 이것은 더욱 능동적인 접근법이다.

중독의 일종으로서 분노는 우리의 자제력을 앗아가는 능력도 갖고 있다. 습관적인 강렬한 분노가 우리의 이성과 상식을 허물고 몸과 말과 마음을 제 도구로 삼을 때 우리는 극도로 흥분해서 자제력을 잃는다. 우리는 마음챙김을 통해 매 순간을 알아차림으로써 분노가 어떻게 생겨나는지를 관찰할 수 있으며, 분노가 경고도 없이 그냥 폭발하지는 않는다는 것을 금방 알아낼 수 있다. 명치끝이 뻐근하고 목구멍이 꽉 막히며 때로는 속이 울렁거리고 열기가 확 뻗치는 등, 몹시 불편한 느낌이 들기 시작하는 구간이 있다. 우리는 신체적으로, 정신적으로 극심한 불편을 경험하는데, 분노가 실제로 생겨나기에 앞서 일종의 정신적 불편감 또는 좌절감이 존재하기 때문이다. 그 느낌은 원치 않는 어떤 것이 일어나고 있다거나 하고자 하는 어떤 것이 방해받고 있다는 알아차림과 함께 생겨난다. 그 못마땅한 상황에 점차 짜증이 일어나지만 이 시점에서는 아직 이성을 유지한다.

이때 해결책은 마음이나 말 또는 몸으로 최대한 빨리 개입해서 그 내적 불편감을 풀어내거나 외적 상황에 적극 맞서는 것이다. 지금은 강력하고도 격렬하게 행동에 나설 때이다. 그 불편한 느낌을 억지로 자제할 때가 아니다. 좌절이 분노로 폭발하기 전까지 우리의 의식은 대체로 명료하다. 분노를 자극한 전후 사정에 대한 우리의 판단은 아직 이성적이며, 따라서 효과적으로 행동할 기회가 있다.

외적 상황에 대해 우리가 말로 또는 몸으로 행할 수 있는 어떤 것이 있다면 그것을 단호하게 즉시 행할 수 있다. 그 단호한 태도 때문에 몇몇 사람들은 우리의 행동을 분노에서 비롯된 것으로 여길지도 모른다. 하지만 사실 우리는 아직 분노하지 않았고 자제력을 잃지도 않았다. 마음챙김을 하면서 충동적 대응이 주도권을 잡기 전에 발생하는 짧은 간극을 찾아내고, 이성적 판단과 뚜렷한 목표와 적절한 자제를 토대로 단호하게 행동하여 무예가처럼 우아하고도 침착하게 대응할 수 있다. 하지만 외적 상황과 연관된 사람들을 효과적으로 통제하지 못해 말이나 몸으로 아무것도 행할 수 없을 때가 있다. 그런 경우에 마음의 방향을 돌려서 불편감과 좌절감을 가라앉히고 그 느낌을 이용해서 그 상황에 대한 정신적 면역력을 키울 수 있다. 우리가 겪은 온갖 해악이 가져온 고통을 이용해서 내면을 성장시키는 동시에 이성을 유지하거나 분노를 억제해서 얼음장 같은 증오가 내면에서 곪아가지 않도록 할 수 있다. 우리는 마음의 방향을 바꿔서 인내를 크게 키우고 가해자에게 공감하여 그의 처지를 폭넓게 이해하고 그를 가해자로 만든 원인, 즉 그가 분노와 증오에 갇힌 이유를 알아내겠다고 결심한다. 그리고 자신은 결코 그렇게 행동하지 않을 것이며, 어느 누구에게도 결코 그런 고통을 주지 않겠다고 굳게 결심한다.

우리가 이성을 유지하고 분노를 자제할 때 그 능동적 결심은 대단히 효과적인 행동으로 표출된다. 그때 그 결심은 우리가 자제력을 잃고 과잉 대응할 때보다 훨씬 더 강한 힘을 발휘한다. 항상 그렇듯이 어떤 행동을 하든지 우리는 그 결과를 좌우할 수 없다. 어쨌든 우리가 가장 겁내는 일은 일어날 것이다. 하지만 그럴 경우에도 우리는 돌아서서 내적 세계에, 자신의 마음에 개입할 수 있다.

결과에 상관없이 필히 항상 유쾌하고 활기차야 한다. 이 말은 실제로는 분노가 치밀고 있을 때도 표정을 꾸미고 불편감과 좌절감을 억누르며 유쾌한 척 가장하라는 뜻이 아니다. 이 방법은 아무 효과가 없다. 하지만 단호하게 행동하고 효과적으로 개입해서 외적 상황을 바꿀 수 있다는 희망이 아직 존재할 경우에 우리는 적당히 강력하게, 필요하다면 공격적으로 행동해서 목적을 이룰 수 있다. 하지만 외적 상황에 대해 할 수 있는 게 하나도 없을 때, 상황이 극도로 심각해서 개입해 봐야 아무 소용이 없을 때가 있다. 이럴 때는 내부로 방향을 틀어서 그 상황을 바라보는 자신의 관점을 바꿔야 한다. 그렇게 하면 충동적으로 대응하지 않게 된다.

우리는 '내가 원하는 대로 돌아가지 않는 상황을 어떻게 하면 나의 관점으로 바꿀 수 있을지' 궁금해한다. 관점을 바꾸는 방법은 수없이 많다. 우선 우리가 누리는 축복을 세어 봄으로써, 상황이 훨씬 더 나쁠 수 있었다고 생각해 봄으로써 그 상황을 다르게 지각할 수 있다. 또는 자신을 괴롭히는 대상을 더 깊이 들여다보면서 그것에 대한 나의 해석을 의심해 볼 수도 있다. 항상 무의식적으로 작동하는 해석interpretation 은 객관적 사실처럼 보이는 것에 대한 우리의 지각에 영향을 미친다. 더 현실적으로 지각하기 위해서 우리는 비판적 탐구를 통해 지금 실제로 일어나고 있는 것에 대한 자기 확신을 떨쳐 낼 수 있다. 그러면 그것에 대한 감정이 바뀌기 시작하면서 여유가 생기게 되고, 소망과 갈망을 가로막는 장애물 같은 것들을 오히려 유익하게 활용할 수 있는 방법이 보인다. 그리고 힘과 인내를 키울 수 있는 기회가 생긴다. 일어나고 있는 것에 대한 자기의 확신을 일단 꿰뚫어 보면 당신은 그 상황을 다른 시각에서 보고 특정 장애물을 극복해야 할 도전으로 간주할 수 있다. 적어도 자신의 분노가 그 상황을 개선하지 못하리라는 것을 깨닫게 된다. 분노는 좌절과 불행을 배가할 뿐이다.

중독 행동을 다루고 있는 이 상황에서 어떤 방법을 적용하든 관점의 전환은 대단히 중요하다. 마약 중독자들은 마약이 불쾌한 감정을 없애 줄 거라는 생각에 속아 넘어간다. 분노에 대한 우리의 반응도 마찬가지다. 분노가 불쾌한 상황을 극복하는 데 도움이 될 거라고 생각한다. 불쾌한 상황에 맞닥뜨리면 분노가 우리 내부에서 이렇게 소리치기 때문이다. "말도 안 돼! 이 상황을 결코 받아들일 수가 없어! 나는 거세게 폭발해야 돼. 그러면 이 강렬한 분노가 저 장애물을 제거해서 이 상황을 깨끗이 정리해 줄 거야." 이러한 해결책이 과거에는 효과가 있었을지도 모른다. 하지만 이제는 우리가 느끼고 있는 고통에 대해 반드시 다른 해결책을 찾아봐야 한다.

본디 빛나는 마음Our naturally radiant mind

부처님은 참으로 아름다운 가르침을 남겼다. "마음은 본디 찬란하다. 마음은 빛을 발한다. 우리를 찾아와 괴롭히는 번뇌가 마음을 빛나게 한다." 나는 불교의 가르침이 지닌 포용성에 항상 숨 막히게 감동한다. 부처님은 이 사람의 마음은 찬란하고 청정하지만 저 사람의 마음은 찬란하지 않다고 말하지 않았다. 그는 모든 사람의 마음이 찬란하고 청정하다고 말했다. 그리고 부처님은 우리를 찾아오는 번뇌 때문에 우리가 나쁜 사람이라고 말하지 않았다. 오히려 그것 때문에 우리가 괴로워한다고 말했다.

우리는 그 번뇌를 잘 알고 있다. 그중에서도 특히 분노, 탐욕, 집착, 질투, 두려움에 대해 잘 안다. 때때로 번뇌가 찾아든 순간, 우리는 그것에게 사로잡힌다. 번뇌는 그 순간을 장악하고 규정한다. 그리고 우리의 자아감, 즉 현재 내가 누구인지, 앞으로 누구일지에 대한 느낌을 규정한다. 우리는 번뇌가 찾아온 것에 겁을 먹거나 괴로워하며 그것의 방문을 이번에도 막을 수 없었다는 것에 몹시 실망하기도 한다. 그런데 그것을 정말로 막을 수 없었을까?

그 해로운 방문객에게 무력하게 지배당하든, 그것을 멀리 밀어내든 간에 우리는 괴로워한다. 번뇌의 손아귀에 사로잡히면 우리는 그 해로운 마음 상태와 동일시되면서 그 부정적 감정을 다른 사람을 향해 폭발시킨다. 이로써 우리는 세상 속에서 적을 만든다. 아니면 '난 정말 질투가 심해. 계속 이럴 거야. 이게 진짜 내 모습이야'라는 생각에 빠져서 자기 자신을 적으로 만든다. 그 방문객에게 굴복하면 우리는 그 상황에서 결정권을 상실한다. 즉 부정적인 마음 상태에 갇혀 버린다.

다음번에 분노나 두려움 같은 부정적인 힘negative force이 찾아오면 실험 삼아 관점을 바꿔 보라. 그 손님을 적으로 생각해서 거부하지 말고 그 비위를 맞추며 접대하지도 말고 그것을 단순히 '괴로움'으로 바라보라. 그렇게 하면 우리가 맺게 되는 그 분노나 두려움과의 관계가 크게 달라진다. 연민에 근거한 관계를 맺게 된다. 우리는 자신의 생각과 감정을 적대시하지 않는 마음을 키우는 동시에 그 생각과 감정에 굴복하는 것을 피할 수 있다.

정신적 습관에 대한 중독은 마약과 알코올, 음식 같은 물질이나 도박과 강박적 성행위 같은 행동에 대한 중독보다 미묘하다. 우리는 어떤 정신적 습관이 본성의 명령이라고 생각하기 때문에 그것을 절대 거부하지 못한다. 분노 중독자로서 우리는 쾌감, 즉 분노 표현이 주는 황홀은 물론이고 분노에 따라 행동한 후의 지독한 환멸도 경험했다. 분노에 찬 그 행동은 상황을 악화시켰을 뿐이다. 하지만 분노가 유혹하는 순간, 우리는 그 기억을 멀리 밀어 놓는다. 쾌감을 느낄 희망에 부풀기 때문이다. 분노를 적으로 인식하는 것이 무엇보다 중요해지는 지점이 바로 여기이다. 그리고 이 지점에서 분노를 길들이는 수행yoga이 시작된다. 분노를 없애겠다는 굳은 결심을 반드시 되새길 필요가 있다.

여기에는 샨띠데바의 가르침에 유머를 약간 곁들인 조언이 적절할 것이다. 분노와의 싸움에서 유머는 언제나 훌륭한 무기가 된다. "어떤 것에 대해 당신이 뭔가를 할 수 있다면 어째서 걱정하고 불행해하는가? 어떤 것에 대해 당신이 할 수 있는 게 하나도 없다면 어째서 걱정하고 불행해하는가?"

어째서 어떤 것에든 걱정하고 불행해하는가? 좌절할 때는 분노가 폭발하기 전에 외적 상황에 미리 개입해서 자신이 할 수 있는 것을 유쾌하고 활기차게 행하면 된다. 외적 상황에 대해 할 수 있는 게 전혀 없을 때는 내적 세계에 개입해서 좌절에 비통bitterness을 추가함으로써 불행을 배가하지 말라고 스스로에게 일러 주면 된다.

심리적 통찰 및 깨달음을 통해 분노에 접근하는 방법과 분노 억제를 목표로 삼는 통상적인 접근법은 여기서 차이가 발생한다. 특히 여성은 분노와 공격성을 억제하도록 양육되고 사회화된다. 그러는 동안 그들은 일반적인 억압을 자주 겪으며 끝없는 좌절 속에서 살아야 한다. 진보적이라는 서양 문화에서도 여성은 여전히 남성의 지배를 받는다. 깨어 있는 사람들이 이것에 분노하는 것은 정당하다. 그러므로 여성이 분노를 억제해야 하느냐 또는 표출해야 하느냐는 중요하지 않다. 필요할 경우, 여성은 능숙하고 단호하게 자기 권리를 주장함으로써 스스로를 지키고 자기 견해를 옹호할 수 있어야 한다. 이것이 중요하다. 나쁜 일이 행해지는 것을 목격하거나 좋은 일을 하려다가 좌절될 때, 여성들은 예의상 또는 규칙 위반이 겁나서 대응을 거의 항상 자제한다. 하지만 그럴 경우, 그들의 좌절이 차곡차곡 쌓이다 견딜 수 없는 지경에 이르고, 결국 분노로 폭발한다. 이때쯤이면 그들의 격렬한 행동은 원치 않은 반격을 도발할 가능성이 크다. 강력하고 단호하게 행동하면서도 냉철한 이성을 유지할 때 가장 효과적으로 대응할 수 있다. 이 지혜는 여성과 남성 모두에게 유익하다.

내 아내는 그 지혜에 통달했다. 사무실에서 겪은 어떤 일 때문에 분노한 채 귀가한 나는 그 일을 아내에게 시시콜콜 털어놓는다. 아내는 일을 하던 중에 고개를 들고는 이렇게 말한다. "그 일로 나까지 화나기 전에 그냥 입 다무는 게 어때요?" 아내의 반응에 나는 즉시 입을 다문다. 아내가 내 말에 귀 기울이지 않는 것에 화가 나려고 한다. 하지만 나는 화를 내는 대신에 긴장을 풀고 크게 웃으며 평화를 지키는 것을 배웠다. 어쨌든 내가 어떤 일 때문에 분노했는지는 결코 중요하지 않다. 그리고 내가 겪은 일을 계속 지껄이게 놔둠으로써 결국 아내도 나만큼이나 분노할 것이고, 그녀는 그 일에 대처하면서 내가 저지른 잘못을 찾아내서 분노한 목소리로 그것을 지적했을 것이다. 그러면 우리는 과거의 일을 놓고 말다툼을 벌이며 낮에 겪은 분노 상황을 쓸데없이 고스란히 되살려 냈을 것이다. 그러는 대신에 아내는 내가 그 분노 사건을 내려놓고 다시 유쾌해지도록 도와주었다. 이 방법을 통해 그 심오한 지혜를 따름으로써 우리는 항상 행복하면서도 유쾌함을 잃지 않을 수 있었다.

산띠데바는 분노라는 내부의 적에 맞서기 위해 우리가 키울 수 있는 세 종류의 인내에 대해 이야기한다. 포용하는 인내, 통찰하는 인내, 용서하는 인내가 그것이다.

포용하는 인내

때때로 우리는 이를 악물고 괴로움과 고통을 묵묵히 받아들인다. 체력이나 건강, 지성을 키우기 위해서다. '고통 없이는 얻는 것도 없다.'는 말은 여기서 가장 중요하다. 나는 다리를 튼튼하게 하려고 2킬로미터를 달리고, 근육을 유연하게 하려고 고통스러운 요가 자세 취한다. 혀에 익도록 외국어 단어를 억지로 여러 번 발음한다. 이 모든 상황에서의 불편을, 더 나아가 고통까지도 기쁘게 받아들일 수 있다. 이건 마조히즘이 아니다. 고통을 일으키는 것이 내 의도가 아니기 때문이다. 내가 고통을 기꺼이 허락하는 이유는 정해 둔 목표를 이루기 위해서다. 이것이 포용하는 인내이다. 이 인내는 분노 폭발의 문턱을 점점 더 멀리 밀어냄으로써 우리가 분노를 예방하도록 해 준다.

고통과 좌절에 예민하게 충동적으로 대응해서는 안 된다. 때로는 주변 상황이 우리를 그냥, 저절로 행복하게 해 준다. 하지만 화를 돋울 때가 훨씬 더 많다. 상황은 대개 엉뚱한 방향으로 흘러간다. 완전히 뒤엉키고, 갑자기 문제가 터지고, 우리를 낙담케 한다. 다른 사람들은 항상 자기만의 계획이 있다. 그리고 그들은 우리를 행복하게 해 줄 방법을 모를 때가 많다. 또는 행복하게 해 주려고 애쓰지만 결국엔 정반대의 결과를 낳는다. 고통을 통해서도 행복을 얻을 수 있다. 이 태도를 지닌다면 우리가 기쁨을 통해 훨씬 더 많은 행복을 얻으리라는 것은 말할 필요도 없다. 그렇다고 그 이득을 얻고자 불필요한 고통을 자초할 필요는 없다. 일상생활에 존재하는 고통만으로도 충분하다.

안타깝게도 행복해하기보다 괴로워하기가 훨씬 더 쉽다. 괴로움의 원인이 행복의 원인보다 그 수가 훨씬 더 많기 때문이다. 괴로움을 해독하는 긍정적인 해결책을 찾아내지 못한다면 우리는 더 많이 괴로울 수밖에 없다. 그렇다면 논리적으로 따져 본다면 행복을 더 많이 얻는 방법은 괴로움의 원인을 찾아서 행복의 원인으로 바꾸는 것에 있다. 이 점을 명심한다면 쓰디쓴 괴로운 경험을 억지로 삼키는 대신에 그것을 이용해 초월한 마음에 이를 수 있다. 이 마음은 완벽한 자유를 지향하며 피상적 기쁨과 일시적 행복을 흔쾌히 포기한다. 이를 통해 오랫동안 확실하게 누릴 수 있는 진정한 행복을 얻는다.

하지만 그 수준에 이르는 것은 말처럼 그렇게 쉽지 않다. 도대체 어떻게 해야 괴로움의 원인을 행복의 원인으로 바꿀 수 있을까? 먼저 목표를 바꾸는 것이 관건이다. 진정한 행복을 상상하면서 지금껏 괴로움이라고 알고 있던 것에서 반드시 벗어나고, 그렇게 벗어나는 순간을 천 배로 늘려라.

그런데 애초에 괴로움에서 그렇게 벗어날 수 있다고 누가 말했을까? 부처님과 예수님, 그리고 수세기 동안 그 밖의 수많은 위대한 영적 스승과 철학자들이 그렇게 말했다.

그런데 어떻게 하면 괴로움에서 그렇게 벗어날 수 있을까? 좋고 나쁜 모든 것에 대한 충동적 대응을 바꿈으로써 가능하다. 달리 말해서 일상적인 즐거움에 지나치게 흥분하지 않고, 일상적인 고통에도 지나치게 흥분하지 않도록 포용력을 키워야 한다. 고통을 포용하는 것은 고통이 일으키는 분노에서 해방되는 작은 첫걸음이다. 우리는 그 포용을 진정한 인내의 일부로 만든다. 진정한 인내는 일상적인 스트레스하에서 갈수록 강해진다. 고통을 포용하는 불편을 통해 우리는 끈질기게 견디는 능력을 갖춘다. 이 능력은 위압적인 주변 상황으로부터의 내적 해방으로 이어지고, 진정한 행복을 가능케 한다. 우리가 인내를 키우는 이유는 일시적인 즐거움을 얻기 위해서가 아니다. 괴로움에 초연하고 괴로움을 초월하기 위해서다. 괴로움을 초월한다는 말은 모든 종류의 괴로움에 대한 두려움에서 벗어난다는 뜻이다. 우리는 무슨 일이 닥치든지 괴로워하지 않는다. 이것이 오래 지속될 수 있는 유일한 행복이다.

인간은 상황에 적응하고 익숙해지는 능력이 매우 뛰어나다. 거의 모든 것을 포용하고 견딜 수 있다. 처음에는 도저히 견딜 수 없어 보이는 것도 결국에는 견디게 된다. 그것을 아주 조금 견디고 이어서 조금 더 많이 견딘다. 이렇듯 견디는 양을 차차 늘려가며 반복하다 보면 그걸 도저히 견딜 수 없다는 느낌이 마침내 사라진다. 가렵다고 긁으면 더 가렵거나 그 부위가 아프다. 하지만 가려워도 긁지 않고 견딘다면 그

분노를 다스리는 붓다의 가르침

가려움은 결국 사라진다.

우리는 보통 일상생활에서 마주치는 불편에 좌절한다. 통제할 수 없는 불편에도 좌절감을 느낀다. 일상적인 작은 좌절이 쌓여서 분노 폭발로 이어질 수 있다. 비를 증오하고 바람을 저주한다. 이런저런 질병에 걸렸다고 온몸을 뒤틀며 분노하고, 이런저런 폭력과 사고에 괴로워한다. 극한의 괴로움에 처했을 때 우리는 하늘에, 운명에, 부처님에게, 예수님에게 대고 주먹을 휘두르거나 자기 부모를 비난한다. 하지만 그게 무슨 도움이 되겠는가. 좌절과 분노로 대응하는 것은 대자연이나 신성한 힘에 어떤 영향도 미치지 못한다. 통제할 수 없는 상황을 바꾸지 못할뿐더러 충동적 대응은 이미 느끼고 있는 고통에 괴로움과 스트레스를 더할 뿐이다. 충동적으로 대응하는 대신에 통제 불가능한 상황에 요령껏 적응하고 긍정적 습관의 힘을 이용해서 분노의 습관을 없앨 수 있다.

괴로움

괴로움은 적으로 쉽게 바뀐다. 극심한 정서적 고통이나 육체적 고통을 겪고 있을 때 어떻게 해서든 그 고통을 피하기를 원하면서 인간으로 사는 것을 저주한다. 괴로움이 몰려오면 대체로 그 괴로움과 맞서 싸우지만, 이것은 더 많은 고통을 부를 뿐이다. 괴로움이 주변 사람을 향해 몰려갈 때 최선을 다해 그것을 피할지도 모른다. 우리는 공감하려는 열망과 곤경에 처한 사람을 도우려는 소망을 타고났지만, 공감과 선행은 말처럼 쉬운 게 아니다. 다른 사람의 괴로움을 덜어 줄 방법을 언제나 알고 있는 것도 아니다. 사실은 알지 못할 때가 더 많다. 우리가 해 줄 수 있는 것은 그 사람 곁에 머물러 그의 괴로움을 지켜보면서 관심을 갖는 것뿐이다. 이것은 대단히 어려울 수 있다. 목격자로서 역할을 견디는 것이 얼마나 어려운지를 절감할 때 곤경에 처한 사람을 외면하기도 한다. 무력한 자신에게 절망하면서 그 괴로움을 그냥 그대로 내버려 두면서도 불안감이나 죄책감에 짓눌리지 않아야 하는 난제에 겁을 먹는다.

우리는 자신을 향한 한결같은 자애심loving presence, 즉 내부의 적과 마주쳐도 자신에게 다정하고 자신을 신뢰하는 마음을 키워야 한다. 그 마음을 갖추기 전에는 타인의 고통을 지켜보기가 어렵다. 자기도 모르는 사이에 그들의 욕구를 외면하기 시작한다. 또는 "너는 곧 괜찮아질 거야.", "이 곤경에도 배울 게 있을 거야.", "이 일로 너는 더 강해질 거야." 따위의 뻔한 말로 그들과 거리를 둔다. 에이즈가 급속히 퍼지던 초반에 바로 그 문제에 대해 한 친구가 들려준 이야기가 생각난다. 치유 모임 자리에서 카포지육종Kaposi's sarcoma(면역이 억제된 환자의 피부에 생기는 종양)으로 온몸이 뒤덮인 한 남성이 몹시 분노했다. 어떤 자원봉사자가 방글거리며 뉴에이지풍의 판에 박힌 문구를 재잘거린 게 화근이었다. "당신이 청하지 않으면 어느 누구도 당신을 괴롭힐 수 없다는 걸 기억하세요!" 죽음을 앞둔 그 남성은 이 공허한 조언에 응해서 벌떡 일어나 분노를 폭발시켰다. 그 남성의 괴로움을 그냥 지켜보면서 견디는 것을 배운 사람들 대신, 무작정 그를 즐겁게만 해 주려 하는 착하지만 미련한 사람들만 있다면 그 남성은 언제까지나 소외감과 외로움을 느낄 것이다. 그에게 필요한 건 사탕발림이 아니었다. 괴로움을 겪고 있는 그 남성은 자신에게 닥친 재앙 앞에서도 단순하고 진실하고 의연하게 존재하는 것을 무엇보다 열렬히 갈망했다. 다른 사람들이 열린 눈으로 자신을 지켜봐 주기를 원했다.

이와 비슷한 사례를 나도 목격한 적이 있다. 여섯 달 전, 비극적인 상실을 겪은 후 괴로워하던 한 여성이 조언을 청했다. 그녀의 말인즉슨, 친구들이 갈수록 짜증을 내고 그녀가 '그걸 벌써 잊었어야' 한다는 뜻을 은연중에 내비치고 있다고 했다. "제 친구들은 하나같이 남부럽지 않게 살아요. 그 친구들에게는 지금까지 어떤 것도 잘못된 적이 없어요. 친구들 눈에 저는 끔찍한 일, 자기들과는 전혀 상관없는 나쁜 일을 상징하는 사람이 되었어요." 맞는 말이다. 그 친구들은 자신을 보호하기 위해 그 여성을 외면했고, 괴로움을 칸막이 삼아 그들을 둘로 나누었다. 그 여성을 '타인', 즉 나쁜 일을 겪는 사람으로 바꿈으로써 그 친구들은 그들 자신과 인간 조건 사이에 가상의 안전지대를 끼워 넣었다.

그 친구들이 그렇게 완벽하게 살았다는 말은 상당히 미심쩍다. 내 경험으로 보건대, 사람들이 떠벌리지는 않지만 닫힌 문 뒤에서는 별의별 일들이 일어난다. 물론 나는 그녀에게 그렇게는 말하지 않았지만, 나도 예상치 못한 말을 해 주고 있었다. "당신은 새 친구가 필요한 것 같군요. 아니면 제 친구들을 만나 봐야 해요. 그들은 하나같이 만신창이거든요."

이 말은 결코 사실이 아니다. 내 친구들이 만신창이라 해도 대다수의 사람들과 비슷한 정도이다. 나와 친구들은 각자의 괴로움을 정직하게 털어놓는 것에 익숙하다. 모든 인간은 정기적으로 난제에 직면한다. 풀리지 않는 고민, 걷잡을 수 없는 공포, 깊은 불안, 통렬한 슬픔을 겪는다. 하지만 이 중 어느 것도 문제가 되지 않는다. 진정한 문제는 우리가 곤경에 처한 것이 우리에게 뭔가 잘못된 게 있다는 뜻이라고 믿을 때 생겨난다. 즉 우리가 대단히 완벽하거나 똑똑하거나 약삭빠르거나 매번 행운을 잡는다면 앞으로는 결코 괴로움을 겪지 않을 거라고 굳게 믿을 때 문제가 생긴다. 그런 믿음이 일상적인 괴로움을 적으로 바꾼다.

전작에서 나는 어린 시절에 겪은 괴로움에 대해 썼다.[6] 아빠는 정신질환자였고, 엄마는 내가 아홉 살 때 돌아가셨다. 그 후로 나는 소외감과 절망감에 시달렸다. 그 책을 읽고 나서 로버트 서먼이 내게 말했다. "당신이 겪은 괴로움을 수치스럽게 여겨서는 절대 안 됩니다." 그의 말에 나는 깜짝 놀

---

6) Sharon Salzberg, Faith: Trusting Your Own Deepest Experience(Riverhead Trade, 2003). 이 책의 국내 번역본으로 『행복해지고 싶다면 자신부터 믿어라』(박윤정 옮김, 명진출판, 2005)가 있다.

랐다. 그리고 깨달았다. 그때까지 엄청난 수치심을 품고 살아왔으면서도 나는 그걸 모르고 있었다. 로버트는 1961년에 일어난 사고로 한쪽 눈을 잃었고 그 경험을 계기로 깊은 진실을 찾는 일에 다시 열중하게 되었다고 했다. 그 후에 그의 스승인 게셰 완걀Geshe Wangyal이 그에게 이렇게 말했다고 한다. "네가 겪은 일을 결코 수치스러워하지 마라. 너는 한 개의 눈을 잃었지만 천 개의 지혜의 눈을 얻었다." 이러한 사고방식을 통해 불행을 깨달음에 이르는 하나의 방편으로써 이용할 수 있다.

주변을 둘러보면 극심한 압박과 고통 속에서도 참으로 강인하고 용감한 사람이 있는 반면, 어떤 사람은 사소한 곤경에도 쉽게 굴복한다. 우리는 영웅을 칭찬하고 겁쟁이를 경멸한다. 이 태도는 우리가 용기를 키우겠다고 굳게 결심하도록 자극할 수 있다. 용기를 키우는 것은 군인을 훈련시키는 것과 매우 비슷하다. 신병들은 엄청난 역경을 헤쳐 나가면서 전투에 대비한다. 그렇게 훈련하는 이유는 그 역경이 그들이 앞으로 직면할 위험에서 생존할 가능성을 극대화하기 때문이다.

우리는 지금 정신적 중독들, 특히 분노 중독과 전쟁을 치르고 있다. 치열한 전투에서 거센 공격을 당하지 않으면서 승리하기를 바랄 수는 없다. 분노는 우리를 무기로 삼아 우리 자신뿐만 아니라 주변 사람들까지도 맹렬하게 후려친다. 분노와 맞서 싸울 때는 분노가 나를 공격하리라는 것을 예상해야 한다. 따라서 결심을 굳게 다지고 단호하게 실행해야 한다. 분노는 공격을 가하면서 우리가 괴로워하기를 원한다. 하지만 괴로움에 분개하거나 불쾌해하지 않고 그것을 포용하고 견디는 법을 배웠다면 우리는 이미 충분히 강인해졌다. 따라서 분노가 어떻게 공격해 오든지 전부 막아 낼 수 있다. 분노는 우리를 이기지 못하며 폭발시키지도 못한다. 이제 우리는 끝까지 견디고 기꺼이 포용할 수 있는 지점에 이르렀으므로 자유에 이르는 길을 찾아냈다고 할 수 있다.

분노와의 전투에서의 영웅적 행위는 전쟁터에서의 영웅적 행위에 비유할 수 있다. 분노와 두려움 같은 정신적 중독은 소중한 적이다. 그 적의 패배는 자유라는 참으로 소중한 결과를 가져온다. 이 정신적 중독을 극복하는 유일한 방법은 그 전투에서 우리가 겪는 고통을 전부 초월하는 것이다. 진정한 영웅은 일상의 이기적인 걱정 근심을 초월하고 죽음에 대한 공포까지도 초월한다. 분노를 연료로 삼아 싸우는 전사들은 분노의 추종자이다. 그들을 부추겨서 전쟁터로 내몰면서 분노는 그들의 자유를 이미 빼앗았다.

분노를 간파하고 정복한 경험을 이용해서 괴로움을 대하는 태도를 바꿀 수 있다. 괴로움은 인격을 성숙시켜서 자만과 교만을 극복하게 돕는다. 괴로움을 겪은 덕분에 우리는 괴로워하는 다른 사람과 자신을 동일시하고 그의 처지에 진정으로 공감할 수 있다. 이 태도를 갖지 못하면 결코 연민을 키우지 못한다. 연민은 행복의 주요 열쇠이다. 역설적이지만 다른 사람이 괴로움을 극복하도록 돕는 일에 열중할수록 자신의 괴로움에 덜 열중하게 되고 저절로 더 행복해진다.

하지만 어쨌든 우리는 괴로움을 결코 원하지 않기 때문에 그것의 원인을 알아내려고 한다. 이 과정에서 우리의 부정적인 행동과 태도가 진짜 적, 즉 괴로움의 진짜 원인이라는 것을 깨닫는다. 그 원인은 그나마 통제할 수 있는 것들이다. 그러므로 우리는 괴로움을 겪지 않기 위해 부정적 행동과 태도를 삼가고 긍정적 행동과 태도를 키우려고 한다.

이것을 이해한다면 이제 인내의 첫 번째 단계에 확실히 올라선 것이다. 괴로움을 자각하는 훈련을 통해 그것을 포용하는 수준에 이르렀다. 즉 괴로움을 자극제로 이용해서 초월적 자유에 이르는 법을 배우고 익혔다. 인내를 키우는 과정에서, 즉 분노를 물리치는 싸움에서 괴로움을 통해 자만과 교만을 물리치는 법도 알아냈다. 그럼으로써 괴로움을 겪는 다른 존재들과 자기 자신을 동일시하고 그들의 괴로움에 공감할 수 있으며 그들이 행복하고 괴로움에서 벗어나길 원하게 된다.

하늘같이 크고 넓은 마음

연민에 대해 가르치면서 부처님은 "마음을 자애로 가득 채우고 하늘만큼 크게 넓히라."라고 일렀다. 우리의 마음이 하늘만큼 크고 넓고 무한하고 자유롭고 활짝 열려 있다고 상상할 수 있는가? 드넓게 열린 마음과 정신은 유연하고 강인한 영혼의 핵심 요소이다. 그 마음은 일상에서 접하는 성공이나 실패에 좌우되지 않는 행복을 가져온다. 조건 없는 행복은 고통을 배제하지 않고 지혜와 자애로 감싸 안는다. 이 근본적인 행복은 괴로움을 해독한다. 그리고 우리는 그 행복을 언제든지 누릴 수 있다. 그게 불가능해 보이는 상황에서도 충분히 가능하다.

미국에서 경비가 가장 삼엄하다는 교도소에서 일어나고 있는 일을 생각해 보자.[7] 미국에서 가장 난폭하고 정신이 불안정한 남자 죄수들은 앨라배마 주 바이블 벨트Bible Belt 깊숙한 곳에 위치한 윌리엄 E. 도널드슨 교도소 William E. Donaldson Correctional Facility에 감금된다. 1천5백여 명의 죄수들 중 약 3분의 1이 가석방 없는 종신형을 선고받았고, 감방 스물네 개는 사형수용이다. 이 교도소는 수감자 폭력의 전례가 있는데, 수감자들 간의 폭력과 교도관을 향한 폭력이 모두 일어난다. 실제로 교도소의 일부 구역에서는

---

7) 그 뒷이야기는 미국 공영 라디오 방송에 실린 데비 엘리엇(Debbie Elliot)의 2011년 2월 8일자 기사 〈At End-Of-The Line Prison, An Unlikely Escape〉(http://www.npr.org/2011/02/08/133505880/at-end-of-the-line-prison-an-unlikely-escape)와 데이비드 타이텔(David Tytell) 박사와의 사적 대화에 소개되어 있다.

감방의 강철 문에 난 작고 네모난 구멍을 통해 음식을 밀어 넣는다. 음식을 전달하는 직원을 보호하기 위해서다.

독방 건물에서의 일상도 난폭하고 가혹하기는 마찬가지이다. 하지만 교도소 체육관 안에 들어서면 이야기가 달라진다. 일 년에 세 번, 열흘간 체육관은 위빠사나, 즉 통찰명상의 공간으로 바뀐다. 그 기간 동안 약 스물네 명의 재소자가 새벽 네 시에 일어나 체육관으로 와서는 길게는 열일곱 시간 동안 명상을 한 후 오후 아홉 시에 감방으로 돌아간다. 고엔카 프리즌 트러스트S.N. Goenka's Prison Trust에서 나온 자원봉사자들의 안내에 따라 재소자들은 엄격하게 채식을 하고 흡연을 자제하고 독서와 글쓰기도 삼가며 철저히 묵언 수행을 한다. 그들은 가끔씩 명상 교사와 일대일로 대화한다. 이것을 제외하고 그들이 행하는 '대화'는 내적 대화나 자신의 몸과 마음에서 일어나는 것을 관찰하는 것뿐이다.

"몇몇 재소자들은 대단히 불쾌한 깨달음에 이릅니다." 명상 교사 중 한 명인 칼 프란츠Carl Franz가 미국 공영 라디오 방송National Public Radio의 〈모닝 에디션Morning Edition〉 기자에게 말했다. "사람의 마음은 일종의 판도라의 상자입니다. 모든 사람의 마음이 그렇지요. 그리고 중범죄자 서른세 명에게 각자 자신의 과거, 마음, 기억, 후회, 힘들었던 어린 시절, 각자가 저지른 범죄를 직시하게 만든다면 그 상자 속에 갇혀 있던 많은 것들이 튀어나옵니다."

그렇지만 그 변화는 놀랍다. "위빠사나 명상을 시작하기 전에는…… 저는 아마 이 교도소에서 가장 분노에 찬 남자였을 겁니다." 살인죄로 복역 중인 그레이디 뱅크헤드Grady Bankhead가 말했다. 그는 사형되기 고작 몇 시간 전에 종신형으로 감형되어서 사형수 감방에서 나왔다. 그에게는 분노할 이유가 충분했다. 그가 세 살 때 엄마가 집을 나갔다. 그와 남동생에게 곧 돌아오겠다는 말을 남기고 그녀는 시골집을 떠났다. 그 후 뱅크헤드가 엄마를 다시 만난 것은 사형수 감방에 수감된 후였고 그 사이에 남동생은 세상을 떠났다. 명상의 도움으로 뱅크헤드는 자신의 분노의 뿌리를 보게 되었다. 그는 "저희는 끔찍한 짓을 저질렀기 때문에 자신의 인생에서 균형을 되찾아야 합니다."라고 말했고, 다른 재소자도 그 말에 동의했다. "명상으로 제 인생이 바뀌었습니다."

명상을 하는 재소자들처럼 끊임없는 미혹과 불안과 후회로 괴로워하면서 살아갈 이유가 없다는 것을 깨달을 수 있다. 우리는 자기 스스로 만든 감옥에 갇혀 있을지도 모른다. 하지만 그 감옥에서 빠져나와 더 큰 평화와 평정과 기쁨 속에서 살아갈 수 있다.

연민 수행은 우리가 자신의 분노와 불행과 고통보다 더 큰 존재라는 것을 일깨워 준다. 괴로움을 겪은 우리는 세상을 더 좋은 곳으로 바꾸기를 원하며, 겁내지 않고 단호하게 행동할 수 있다. 우리의 시야는 강한 도덕력을 자양분으로 삼아 점차 광대해진다.

예전에 나는 마일스 호튼Myles Horton을 만난 적이 있다. 그는 민권운동가를 위한 교육 기관인 하이랜더 민중학교Highlander Folk School를 설립한 인물이다(1955년 미국 앨리배마 주 몽고메리에 사는 흑인 여성 로자 파크스Rosa Parks는 버스에서 '백인에게 자리를 양보하지 않았다'는 이유로 경찰에 체포됐다. 이 일을 계기로 미국 흑인들의 역사적인 버스 승차거부 운동이 일어났다. 이 사건은 로자가 그 민중학교에서 강의를 들은 지 두어 달 후에 일어난 일이다). 무슨 일을 하느냐는 질문에 내가 자애명상을 언급하자 마일스는 이렇게 말했다. "아, 마티Marty(마틴 루터 킹)가 내게 말하곤 했어요. '자네는 모든 사람을 사랑해야 돼.' 그러면 나는 이렇게 말했지요. '아니, 그러지 않을 거야. 나는 사랑받을 자격이 있는 사람만 사랑할 거야.' 그러면 마티는 껄껄 웃으며 '아니야, 그래서는 안 돼. 모든 사람을 사랑해야 돼'라고 말했어요."

마일스가 이 이야기를 하면 사람들은 이렇게 말하곤 했다. "그래서 어떤 일을 겪었는지 보세요. 마틴 루터 킹은 결국 암살당했어요." 마치 그것이 인과법칙을 보여 주는 예라는 듯이, 그가 모든 사람을 사랑하려고 하지 않았다면 암살당하지 않았을 거라는 듯이 말이다. 하지만 우리는 정말 그렇게 믿고 있는 것인가. 마틴 루터 킹이 사악하고 편협하고 증오에 찬 마음을 지녔더라면 암살되지 않았을 거라고 믿는 것인가.

통찰하는 인내 Insightful patience

포용하는 인내에 이르렀다면 당신은 분석적 마음챙김을 동원해서 그 수준을 한 단계 높일 수 있다. 즉 비판적 지혜의 현실적 통찰을 기반으로 능동적으로 자제하는 수준에 들어선다. 분노는 항상 지각에 의해 선정된 표적을 대상으로 타오른다. 습관적으로, 심지어 본능적으로 자기를 제한하고 상대방을 밀어낼 때 우리는 지각에 의지해서 표적을 정한다. 우리가 누군가에게 분노하는 순간, 그 사람과의 관계는 우리 대 그들로 바뀐다. 그리고 이제 그가 나와 똑같은 감정과 욕구를 지닌, 나와 똑같은 인격체라고 생각하지 않는다. 그가 나를 어떻게 해쳤는가의 측면에서만 그를 본다. 그 적의 의도에 온통 주의를 집중하고는 그를 해치려는 나의 무자비하고 악의적인 의도를 점차 그에게 투영한다. 이어서 그 적이 무슨 짓을 저지를지에 대해 편집증 환자처럼 골몰한다. 그러고는 그 위협을 없애기 위해 필사적으로 애쓰며 분노를 폭발시켜서 그를 선제공격한다.

그 분노는 저절로 생겨나는 것처럼 보인다. 하지만 우리는 그 분노가 실제로는 특정한 틀 내에서 습관적으로 작동한다는 것을 알아차릴 수 있다. 우리는 그 사람이 우리를 해치겠다고 과거에 결심했거나 현재 그렇게 결심하고 있거나 앞으로 그렇게 결심할 사람으로 지각한다.

바로 이 지각을 토대로 그를 적으로, 표적으로 선정한다. 하지만 마음챙김을 통해 자기 자신과 그 적과 그 상황을 자세히 주시하고 철저히 분석할 때, 적 또한 자신의 무의식적 충동에 떠밀려서 행동하고 있음을 알아차린다. 우리가 무의식적 충동에 떠밀려 행동하는 것과 똑같다. 우리도 그 적도 내적 충동의 피해자인 것이다.

박테리아와 바이러스와 유독 물질은 우리의 육체에 질병을 일으키지만 그렇게 하려는 의식적 의도는 전혀 없다. 망상과 애욕, 증오, 질투 등 정신적 중독도 마찬가지다. 그 중독들은 개인이 분노를 폭발하도록 몰아붙이지만 전부 무의식적으로 작동한다. 해치려는 의도가 전혀 없다. 분노 중독의 마수에 걸린 사람들은 분노를 일부러 터뜨리는 게 아니다. 단지 극도로 흥분해서 폭발할 뿐이다. 때때로 우리는 특정 상황에서 마음대로 분노할 수도 있지만 이렇게 생각하기도 한다. '이 상황에서는 화가 날 수밖에 없어. 하지만 나는 화내지 않을 거야.' 이렇듯 분노를 폭발시키기 전에 노선을 바꿀 약간의 틈이 항상 존재한다. 하지만 일단 분노에 굴복하면 분노는 그 본성을 드러내서 우리를 장악하고 우리의 자유의지와 현명한 판단력을 빼앗는다. 분노가 갈수록 격렬하고 포악해진다. 의도하지 않아도 그렇게 된다. 산불이 나무를 태우려고 작정하지 않고 그냥 나무를 태우듯이 우리와 우리의 분노도, 적과 그의 분노도 자발적인 의도 없이 작동한다. 그러므로 분노 자체 외에는 아무도 비난할 수가 없다.

이 진실은 애욕과 질시와 교만 같은 부정적인 모든 습관에도 해당된다. 기계적으로 작동하는 그 내적 충동의 본질을 통찰한다면 우리는 비판적 마음챙김을 통해 내면을 주시함으로써 그 본질을 뚫고 들어가 그 충동에서 해방되는 수준의 통찰에 이른다. 다른 사람들의 파괴적 감정과 미숙한 행위에 들어 있는 의식적 선택이라는 개념을 꿰뚫어 볼 수 있다. 그러한 알아차림을 통해 분노와 증오라는 정신적 중독에서 벗어날 수 있다. 그리고 이 세계가 인간 사이에 존재하는 원인cause, 因과 조건condition, 緣들의 네트워크라는 시각이 서게 된다.

이 상호 연결된 네트워크에는 우리를 해칠 의도를 지닌 개인적 특성, 확인 가능한 자유의지가 전혀 없다. 따라서 우리가 겪는 괴로움의 원인과 관련하여 우리의 분노가 겨냥할 진짜 표적이 존재하지 않는다. 적을 향한 분노가 비현실적이라는 것을 보기 시작한다. 적을 파멸시킨다 해도 얻을 것은 하나도 없다. 세상을 인연因緣의 네트워크로 보는 시각을 확장할 때, 그 네트워크에서 해방되는 수준에 서서히 단계적으로 다가가기 시작한다.

하지만 여기에 다른 것도 작용한다. '나'의 자아와 나의 적, 즉 나를 해친 자의 자아에 대해 생각해 보자. 분명하게 확인할 수 있는 '나'가 존재하는 것 같다. 그러므로 당연히 적에게도 독립적인 자아가 존재한다고 믿는다. 하지만 적의 내면을 대충 관찰해 보기만 해도 결과는 실망스럽다. '자아'를 찾아봐도 도무지 찾을 수가 없다. 자아는 뇌 속에 있을까, 특정 뇌세포일까? 심장 속에 있을까? 만약 그렇다면 어느 부위에 있을까? 심장을 둘러싼 근육에 있을까? 심실 중 한 곳에 있을까? 우리가 자세히 찾을수록 자아는 더욱 모호해지는 듯하다. 그리고 이것을 알아차리는 순간에 우리의 확신이 흔들린다. 적의 악의적 의도에 대한 확신이 점차 약해지면서 그를 조건의 피해자로 보게 된다.

'불멸의 영혼' 또는 '본질적 자아'의 실재에 대한 종교적 또는 철학적 주장은 그 영혼을 상대적 세계를 근본적으로 초월하는 절대적 실체로 제시하는 경향이 있다. 그런 영혼은 당연히 환원 불가능하고 결코 변하지 않고 비관계적인, 즉 초인suprahuman, 超人이다. 그러므로 동서양의 비판적 분석가들, 즉 불성佛性 연구자들과 현대 신경과학자들은 그런 절대적 실체는 다른 주체들 및 환경과 관계를 맺으며 사고하는 주체 또는 행동하는 주체로 간주될 수 없다고 주장한다. 이것을 토대로 현대 과학자들은 영혼 따위는 존재하지 않으며 개별화된 존재들의 전생과 내생도 존재하지 않는다고 추론함으로써 그들의 철학적 유물론을 확언한다. 불성 연구자들이 내놓은 이론은 다양하다. 일부 연구자는 영혼이라는 단어를 '매 순간 변하는 연속적 흐름(산스크리트로 saṃtāna)'이라는 말로 간단히 대체한다. 그리고 가장 진보적인 과학자들은 매 순간 변하는 연속적 흐름을 수용해서 '극도로 미묘하고 파괴될 수 없는 점(산스크리트로 sukshma-anakshara-bindu)'으로 부른다. 이 점은 개체의 윤회적 특성들, 즉 업業을 생에서 생으로 전달하는 역할을 한다.

자아와 그 층과 수준에 대한 이 주장들은 한층 더 발전할 수 있다. 인도와 티베트의 불교 대학에서 발달한 정교하고 복잡한 탐구와 비판적이고 형이상학적인 추론을 이용함으로써 그 일이 가능할 것이다. 하지만 여기서 우리의 목표를 위해 그 정도까지 나아갈 필요는 없다. 인도와 티베트의 불교 전통에 따르면 '영혼' 또는 '자아' 또는 '정체성'으로 불리는 영구적이고 절대적(비관계적)이고 결코 변치 않는 실체는 찾을 수 없다고 말하는 정도로 충분하다. 고정된 정체성을 갖고 있다는 생각은 환상illusion이다. 누구나 알다시피 환상은 관계적이고 조건적인 행위 과정인 생각하기, 말하기, 몸 움직이기에 관여하지 못한다. 인도 철학의 일부 학파의 주장대로 자아가 영구적이라면 자아는 어떤 것도 행할 수 없을 거라고 샨띠데바는 말한다. 자아가 그 자체를 변화시키지 않고 뭔가를 행한다는 게 불가능하기 때문이다. 샨띠데바는 자아가 영구적이라는 주장은 허공도 '자아'로 간주해야 한다는 불합리한 결론으로 이어진다고 지적한다. 허공은 분명히 결코 변하지도 않고 고정되어 있기 때문이다.

이렇듯 적의 내부에는 의식적으로 작용할 수 있는 절대적 자아가 존재하지 않는다는 실상을 통찰하게 된다. 이 비판적 통찰은 분노가 작동할 수 있는 틀을 실제로 마련해 주는 지각을 깨뜨림으로써 우리의 인내를 강화한다. 그 틀은 적의 '진짜 자아Real Self', 그가 의식적으로 끼친 해악, 우리의 진짜 복수욕을 토대로 세워진다. 하지만 적과 해악과 복수욕, 이 모든 것은 단지 우리의 정신적 습관을 이루는 요소들로서 경험적 의식에 떠오르는 생각들일 뿐이다. 이제 나의 자아와 적의 자아 사이에서 벌어지는 해악과 복수의 드라마를 감내할 이유가 없다. 그 두 자아의 소위 객관성을 꿰뚫어 보면 '지금 벌어지는 일은 피할 수 없다.'는 생각에서 벗어날 수 있다. '그 일에 대응하는 것이 불가피하다.'는 생각에서도 자유로워진다. 그리고 '적이 우리를 해치려 하며 자신이 항상 해악을 입고 있다'는 믿음이 자꾸 흔들림에 따라 우리의 회복력과 유연성이 크게 증가하기 때문에 우리는 다르게 반응한다. 견디기 불가능할 정도로 괴로운 어떤 것에 분노가 폭발할 수밖에 없다는 느낌이 들기 전에, 우리는 이제 인내할 수 있고 자신의 지각과 반응에 더욱 주의할 수 있다. 이제는 외적 상황과 내적 마음 상태를 다양한 각도에서 볼 수 있기 때문이다. 자신과 타인을 고정된 실체로 보지 않으면 어떤 것이 잘못되고 있거나 자신이 원치 않는 방향으로 흘러간다고 해도 그것을 다른 시각에서 보거나 적절한 행동을 취할 수 있다. 그것 때문에 좌절하고 분노하지 않는다.

통찰하는 인내를 키움으로써 우리는 내 뜻대로 되지 않는 것들에 대한 좌절이 분노로 폭발하지 않도록 막을 수 있다. 어떤 것이든지 다양한 원인으로 말미암아 조건이 무르익을 때 저절로 일어나서 그 결과를 낳는다. 세상만사의 이 연기conditionality, 緣起에 대해 숙고함으로써 항상 유쾌하고 활기찰 수 있다. 이제는 다른 사람들과 상황을 불가피한 적으로 간주할 이유가 없다. 그들에게 평온하고 침착하게 대응해서 그들의 진로를 부정적 방향에서 긍정적 방향으로 돌려놓을 수 있다.

결론적으로 어느 누구도 괴로움을 원치 않는다. 우리도 친구도 적도 마찬가지이다. 사람들이 항상 이성적으로 판단하고 결정한다면 어느 누구도 괴로움을 겪지 않을 것이다. 하지만 분노에 사로잡히는 한 원인을 끝없이 만들어 내고, 그 원인은 우리가 원하는 것과 상반된 결과를 낳을 것이다.

분노 중독에서 벗어날 때 모든 존재가, 우리의 적까지도 참으로 연약하다는 것을 깨닫기 시작한다. 괴로움은 미혹과 정신적 중독 때문에 생겨난다는 것을 깨닫는다. 인간은 미혹과 정신적 중독에 빠져 있고, 그것은 인간의 결정권과 자유의지를 모두 앗아 간다. 자신을 해치려는 사람에게 지금 당장 연민을 느끼기는 어렵다. 우리는 본능적인 싸움-도주fight-or-flight 반응에 사로잡혀 있다. 당연하다. 그리고 현실적으로 스스로를 보호해야 한다. 그러니 해악을 가하는 적에게 연민을 느낄 여유가 없을 것이다. 하지만 군이 분노를 폭발해야 할까. 분노에 허비할 기운을 아껴서 그 해악을 피하기 위한 가장 효과적이고 합리적인 반응을 강구하라. 아니면 그 적을 진정시킬 가장 효율적인 방법을 찾아내라.

적은 단지 그 자신의 분노의 도구일 뿐이다. 이제 이 사실을 알고 있으므로 적을 충동질하는 그 정신적 중독에만 분노할 수 있다. 그의 분노에, 분노 자체에만 분노한다. 분노에 대한 우리의 합리적인 분노는 포용하는 인내를 북돋운다.

역경을 통한 치유

절망에 빠진 시기에, 내 삶의 긍정적인 모든 것들과 단절되었다고 느꼈을 때 나는 라이너 마리아 릴케Rainer Maria Rilke의 『젊은 시인에게 보내는 편지』에 실린 구절에서 큰 도움을 받았다. 힘들어하는 한 젊은이를 위로하기 위해 릴케는 이렇게 썼다. "그러니 지금까지 본 적 없는 크나큰 슬픔이 솟아서 당신 앞을 가로막더라도 결코 겁내지 마십시오…… 그리고 깨달으십시오…… 삶이 당신을 잊지 않았다는 것을……."[8]

힘든 시기를 겪고 있을 때는 '정상적인' 삶이 나를 잊었다는 느낌이 든다. 마치 영혼이 산산이 부서진 사람들이 살고 있는 평행 우주에 갇힌 느낌이

---

8) Rainer Maria Rilke, trans. Stephen Mitchell, Letters to a Young Poet(New York: Modern Library, 2001) pp.92~93.

다. 하지만 치유는 가장 깊은 슬픔에서 솟아날 수 있음을 깨닫는 순간, 우리는 그 괴로운 세상과 신뢰와 다시 연결된다. '영혼이 부서지지 않은' 우주로 다시 들어설 수 있다. 연결의 알아차림은 괴로움을 긍정적 변화로 바꾸는 길이 열린다. 당연히 우리는 고통을 원치 않는다. 하지만 고통은 일어나고, 앞으로도 일어날 것이다. 그때 우리는 고통을 다르게 견디는 것을 배운다. 고통을 살아 있음의 불가피한 일부, 형제자매와 공유한 시련, 그들과 이어 주는 끈으로 여긴다. 결코 해결할 수 없을 것 같은 고질적인 문제나 물리칠 가망이 없는 적으로 여기지 않는다.

큰 슬픔이 적의를 양산하지 않고 우리의 삶과 가족과 공동체에 자양분을 주도록 바꾸는 것이 가능하다. 도덕적 성장과 영적 성장에 필요한 교훈을 주도록 바꾸는 것이 가능하다. 그리고 자유가 더 큰 맥락을 보고 수용하는 우리의 능력에 달려 있음을 안다. 고통의 한복판에서도 손상되지 않은 완전하고 온전한 것을 지향한다.

모든 것이 괜찮아지지는 않는다. 하지만 그 모든 것을 인생이라는, 자연이라는, 진리라는 광대한 이야기의 일부로 인정하게 된다. 모든 것이 유쾌해지지는 않는다. 별것 아닌 걸로 바뀌지도 않는다. 절대 그렇지 않다. 하지만 우리는 더 이상 트라우마에 갇히지 않는다. 이제는 일체감과 연결감을 훨씬 더 강하게 느끼기 때문이다.

2001년 9월 말, 뉴욕에서 명상 수업을 하고 있었다. 수업 중에 한 참석자가 말했다. "저는 소방관입니다." 바로 그 시점에서 우리는 그 도시에서 그 말이 정확히 무엇을 의미하는지를 모두 알고 있었다. 잠시 후 그가 말을 이었다. "그 높은 건물이 제 머리 위에서 무너졌습니다. 저는 달아났습니다. 하지만 제 동료들은 달아나지 않았어요. 저는 거기서 제 인생을 끝내고 싶지는 않았습니다. 계속 살아 나갈 방법을 찾고 싶었습니다."

그는 계속 살아 나갈 방법을 찾았을 뿐만 아니라 많은 사람들이 어둠을 헤치고 나오게 도와주었다. 그 소방관과 나는 좋은 친구가 되었다. 그를 마지막으로 본 것은 세계무역센터 자리 근처에서 9·11테러 10주기 추모 행사의 일부로 내가 주도한 프로그램에서였다. 그 소방관이 그라운드제로 바로 옆에서 열린 추모 행사에 기꺼이 참석했다는 것에 깜짝 놀랐고 크게 감동했다. 이 말을 하자 그는 그 자리에 새 건물이 올라가고 있는 걸 보는 것이 자신에게는 정말로 중요하다고 말했다. 그 자리에 난 구멍을 바라보는 것은 그를 갈가리 찢는 고통이었다. 그는 삶이 계속되고 있다는 것을 확인할 필요가 있었다.

용서하는 인내

우리가 키워야 하는 세 번째 인내는 가장 높은 수준인 용서하는 인내이다. 원치 않는 분노와 증오에서 완전히 벗어나기 위해서는 자신을 해친 모든 사람들을 용서하는 수준에 이르러야 한다. 그가 어떤 방법으로 해쳤는가는 중요하지 않다. 나쁜 일이 닥칠 때 가장 효과적인 행동은 그 나쁜 일의 근원이 마치 자기 내부에 있다는 듯이 그것을 추적하는 것이다. 가만히 앉아서 남들을 비난하는 것은 아무 도움이 안 된다. 그것은 무력감을 더할 뿐이다. 우리는 그들을 통제할 수 없기 때문이다. 우리가 통제할 수 있는 사람은 자기 자신뿐이다.

역설적으로 들리겠지만 피해자가 된 것을 극복하기 위해서 제 자신을 요령껏 즐겁게 비난할 수 있다. 통념과 달리 피해자가 나 자신일 때 피해자를 비난하는 행위가 나의 피해자 의식을 심화하지 않는다. 오히려 그 반대이다. 그 행위를 통해 우리는 피해자가 되지 않는 길에 들어선다. 자신에게 닥치는 것에 책임을 질 때 그것을 지배한다. 스스로에게 논리적으로 이렇게 설명한다. '그렇다, 나는 해를 입었다. 나는 종종 다른 사람들을 해치곤 한다. 과거에도 그들을 해친 적이 분명히 있었다. 그러므로 그 대가로 지금 내가 해를 입고 있는 것이다. 지금 나는 과거에 끼친 해악의 결과를 소멸시키고 있다. 이건 정말 대단하다. 이제 나는 어느 누구도 절대 해치지 않을 것이다. 그러면 해를 입지 않을 것이다. 과거에 끼친 다른 해악의 결과를 피할 수 있을 것이다. 그리고 나는 다른 사람들을 도와줄 것이다. 그러면 그건 내가 끼친 그 어떤 해악보다 더 큰 힘을 발휘할 것이다.'

우리는 자신의 과거와 현재의 행동을 돌아보고 지금껏 얼마나 이기적이고 무지했는지를 인정할 수 있다. 우리는 괴로움에서 습관적으로 달아난다. 가장 하찮고 얄팍한 외적 행복을 습관적으로 추구한다. 그 행복이 덧없다는 것을 알게 되더라도 그 습관을 버리지 못한다. 우리는 쾌감에 중독되고 갈망한다. 하지만 그렇게 얻은 것에 결코 만족하는 법이 없다는 사실을 부인한다. 분노를 이용해 제 욕망을 가로막는 장애물을 제거하면서 차차 분노에 중독된다. 그리고 그 분노의 명령에 따를 때 파멸로 내몰린다.

이제 우리는 자신을 괴롭힌 적을 책임질 수 있다. 그 적은 우리가 자신을 해칠 거라는 공포 또는 우리가 전생에 자신을 해쳤다는 무의식적 기억을 갖고 있다. 우리를 괴롭힌 행동은 그 공포나 기억에 따른 적의 본의 아닌 충동적 대응이다. 그렇기 때문에 우리는 그에 대해 책임을 느낀다. 그러므로 그를 향해 분노해서는 안 된다. 뿐만 아니라 우리가 과거에 그에게 잘못을 저질렀고 그가 큰 고통 속에서 살게 만든 것을 참회하고 슬퍼해야 마땅하다. 바로 이 지점에서 우리는 능동적으로 용서하는 인내의 영역으로 들어선다. 포용하는 인내와 통찰하는 인내 그 너머로 나아감으로써 우리는 괴로움에 대한 두려움에서 처음으로 벗어난다. 즐겁게 열렬하게 축하할 일이다. 우리는 복수하지 않고 용서하는 인내를 경험한다. 이 능동적인 용서는 동체대비universal compassion, 同體大悲(나와 남을 구별하지 않는 큰 자비심·연민을 뜻하는 말. : 편집자 주)에 이르는 황

금문을 열어 준다. 그곳은 현실적인 행복과 타고난 지복으로 충만한 경이로운 공간이다.

적은 우리에게 분노와 상처와 해악을 퍼붓는다. 하지만 그것은 우리가 포용과 통찰과 용서를 수행할 기회가 된다. 적이 우리를 난폭하게 대할수록 우리가 얻는 이익이 커진다. 적이 우리를 해치고 있을 때 그가 우리를 해치게 놓아둠으로써 우리도 그를 똑같이 해치고 있다. 그가 저지르는 악행의 결과가 그에게 불행한 미래로 돌아올 터이기 때문이다.

괴로움이 주는 이익을 고려하면, 적에게 복수하는 것이 실제로는 그를 도와주는 것이라는 결론에 이른다. 우리의 복수는 적에게 인내를 수행할 기회를 주기 때문이다. 이 합리화만큼이나 그럴듯한 설명이 또 있다. 적이 인내를 수행하는 법을 모른다면 해악과 괴로움은 그를 더욱 분노케 해서 악행을 저지를 가능성을 높일 뿐이다. 그럼으로써 그는 훨씬 더 깊은 나락으로 떨어진다. 이것이 실상이다.

누가 무슨 짓을 하든 인내하는 것을 배울 때 꼭 기억해 둘 게 있다. 외부 공격은 우리의 물리적 육체에 큰 고통을 가할 수 있다. 하지만 어떤 외부 공격도 우리의 미묘한 정신체는 해치지 못한다. 그 정신체의 본질 속에는 지복이 끝없이 흐른다. 우리의 육체를 볼모로 잡고 괴롭히면서 분노 중독에 빠뜨리는 것은 바로 우리의 '천박한 마음coarse mind'이다. 인내를 키우려고 애쓰고 있을 때 그것을 이해하면 도움이 된다.

우리는 그 천박한 마음과 육체와 때때로 탈동일시하는 것을 배울 필요가 있다. 고통에 개의치 않는 가장 수준 높은 인내를 키우고 분노에 대한 면역력을 높이기 위해서다. 그 수준에 이를 수 있는 방법은 당연히 한 가지뿐이다. 죽음에 대한 두려움에서 완전히 벗어났을 때에야 우리는 그 수준에 이른다. 그리고 관념적 사유와 경험적 관찰을 함께 이용해서 생사의 참된 이치를 진지하고 철저하게 탐구함으로써 우리는 죽음에 대한 두려움에서 벗어난다.

바른 말

인간의 상호작용은 결코 간단하지가 않다. 우리가 마주치는 가장 큰 문제 중 하나는 오해를 낳은 대화나 미숙한 소통이다. 이런 이유로 부처님은 서로 조화롭게 사는 법을 가르치면서 '정어正語'라고 부른 '바른 말'을 매우 강조했다.

우리의 소통 방식은 조화와 행복을 유지하는 것과 전적으로 관계가 있다. 상대방과의 소통은 각자의 추측에 근거한 험악하고 상반된 의견 교환으로 쉽게 변질된다. 그렇다면 어떤 말이 바른 말인가? 부처님이 삼았던 기준은 간단하다. '그 말이 진실한가?', '그 말이 쓸모가 있는가?' 진실을 말하라는 부처님의 가르침은 우리의 생각이 아무리 무례하고 잔인해도 그것을 전부 솔직하게 말로 표현해야 한다는 뜻이 결코 아니었다. 세심한 배려와 현명한 분별이 필수적이다. 진실한 말과 쓸모 있는 말을 하기 위해서는 마음챙김이 필요하다.

갈등을 겪고 있을 때에도 우리가 매 순간 깨어서 알아차리며 반응한다면 다른 사람들과의 상호작용이 놀라울 정도로 달라진다. 명상 수련생 엘리자베스는 관점을 바꾸자 상대방과의 상호작용 방식이 완전히 달라졌다고 했다. "그러니까 지금 내가 거짓말을 하고 있다는 거예요?" 남편을 향한 그녀의 고함이 다툼의 시작을 알렸다. 그들이 싸우고 있는 이유는 엘리자베스가 안과 진료를 예약해 두어서 남편이 데려가고 데려와야 했는데 진료 시간이 남편의 일정과 겹쳤기 때문이었다. 예약을 취소하면 한 달 후에야 진료가 가능해서 엘리자베스는 걱정이 컸다. 이미 석 달 전에 진료를 예약해서 그때부터 그들의 일정에 들어 있었다고 말하자 남편은 쌀쌀맞게 대꾸했다. "글쎄, 그랬다면 내가 알았겠지." 엘리자베스의 분노가 폭발한 것은 바로 그때였다. '어떻게 감히 내가 거짓말을 한다고 생각하는 거지?' 엘리자베스가 분노에 차서 고함을 지르자마자 남편은 즉시 돌아서서 요란하게 방을 나갔다.

이건 익숙한 패턴이라고 엘리자베스가 말했다. 비난을 지각하면 즉각 충동적으로 각자 자신이 옳다는 것을 입증하려고 애쓰거나 둘 중 하나가 돌아서서 나가는 식으로 대응하곤 했다. 싸움은 매번 '심장을 찌르는 아픔'을 남겼다. 그러던 어느 날 밤, 엘리자베스는 명상에 들었다. 명상 중에 '모든 것이 부질없다'는 말이 문득 떠올랐고 그 즉시 그녀는 더욱 자유로운 느낌이 들었다. 며칠 후, 아들과 언성을 높여 가며 언짢게 전화 통화를 마치고 나서 엘리자베스는 '모든 것이 부질없다'는 말을 놓고 명상을 시작했고 긴장이 눈 녹듯 사라졌다. 하지만 이번에는 '모든 것이 부질없다'는 말에 이어 다른 구절이 떠올랐다. '모든 것이 부질없으므로 곧 모든 것이 중요하다.' 이 말은 실제로 엘리자베스에게 깊이 생각할 주제를 주었다.

엘리자베스는 지금도 여전히 분노한다고 했다. "하지만 저는 명상에 들어서 '모든 것이 부질없다'는 말을 만트라처럼 외면서 '모든 것이 중요하다'는 진리를 계속 알아차려요. 그럴 때 제 마음은 내가 옳다는 생각을 점차 내려놓아요. 그러면 심장을 찌르는 아픔이 사라져요. 저 밖에서도 그리고 이 안에서도 전부 사라지죠." 이 말은 엘리자베스의 깨달음을 보여 준다. 분노할 때는 앙갚음할 목적으로 어떤 말도 해서는 안 된다는 것을 깨달은 것이다. 진실하지 않은 말이나 쓸모없는 말보다는 침묵이 나을 때가 있다.

엘리자베스가 명상 중에 깨친 역설을 달리 표현하는 한 가지 방법은 이렇게 자문하는 것이다. '이 순간에 실제로 가장 중요한 것은 무엇인가? 바로 지금 내게 그 무엇보다 중요한 것은 무엇인가?' 엘리자베스의 이야기는 요점을 제기한다. 즉 갈등을 겪고 있을 때 당신에게는 무엇이 더 중요한가? 자신의 옳음이 중요한가 아니면 행복이 중요한가? 자신이 옳다는 생각이 괴로움을 지속시킬 뿐이라면 당신은 그 생각을 완전히 내려놓고 자신의 옳음이 중요하지 않다는 것을 인정할 수 있는가?

나이 듦에 대해 내 친구는 '더 많은 게 일어나고 덜 중요해지는 것'이라고 훌륭하게 정의한다. 이러한 통찰은 엘리자베스의 깨달음과 비슷하다. 일시적이고 피상적인 만족을 줄 뿐 갈등과 고통을 지속시킨다면 모든 것이 부질없다. 하지만 더욱 광범위한 영적 측면에서 보면 모든 것이 중요하다. 그렇기 때문에 갈등을 겪고 있을 때 우리가 자신과 타인을 괴롭힐 가치가 있을 만큼 중요한 것은 하나도 없다.

상처 주는 말

말로 상처를 입을 때의 고통은 육체적인 것이 아니지만 분노의 원인이 될 수 있다. 모욕이나 비방, 경멸의 말을 들으면 우리는 종종 사납게 공격하고 극도로 분개한다. 하지만 말이 정서적 고통을 일으키는 것은 그 고통이 일어나도록 그냥 방치할 때에만 그렇다는 것을 필히 깨달아야 한다.

다른 사람들이 자신에 대해 나쁘게 생각하지 않기를 원하는가? 그렇다면 그들의 모욕이나 욕설에 분노하지 마라. 나를 자극하려는 시도를 무시하고 그들의 적의에도 불구하고 항상 유쾌할 수 있다면 그렇게 적대적인 자들도 나를 싫어할 이유가 없어진다. 하지만 그들의 험담을 무시할 경우 명예뿐만 아니라 직업까지 잃을 거라고 생각한다. 그러나 분노는 명예를 지켜 주거나 직업을 보장하지 못한다. 사실 분노는 종종 상황을 악화시키며 오히려 냉철하고 영리하게 행동할 때 명예와 생계를 유지할 가능성이 훨씬 더 크다.

습관적인 분노 폭발이나 부정적인 행동은 가장 지독한 부상이나 죽음보다도 끔찍한 재앙을 초래한다. 이것을 깨닫고 결코 분노하지 않겠다고 굳게 다짐할 때에 진실로 고결해질 수 있다. 무슨 일이 있어도 그 다짐을 지키겠다고 결심해야 한다.

이 시점에서 반드시 해야 할 일은 자신의 삶의 질에 대해 숙고하는 것이다. 내부의 적을 물리치기 위해서는 자기중심적인 삶을 뛰어넘어야 한다. 나의 말과 행동이 다른 사람들에게 미치는 영향에 대해 깊이 염려하며 습관적이고 이기적인 자기 몰두를 뛰어넘는 삶을 살아야 한다. 분노 억제에 투입한 에너지는 우리의 즉각적 목표를 향한 관심보다 훨씬 더 강한 힘을 발휘한다.

비난이 다른 사람을 향하는 한 그 비난에 개의치 않지만 우리가 표적이 될 때는 사정이 달라진다. 하지만 비난을 듣는 이유는 우리가 탐욕스럽거나 분노하거나 오만하거나 야박하거나 편견이 심하거나 속임수를 쓰기 때문이다. 사실상 그 비난은 이 정신적 중독들을 향한 것이지만 우리는 그 정신적 중독에 철저히 동일시되어 있으므로 그것을 없애기가 상당히 어렵다. 여기서 해결책은 마음챙김 수행이다. 서로 엮여서 상대적 자아relative self를 이루는 수많은 가닥들을 매 순간 세심하게 알아차려야 한다. 상대적 자아란 고정적이고 독립적이고 절대적인 자아absolute self가 없는, 항상 변하는 실제 자아를 말한다. 마음챙김을 통해 이 자아의 가닥들을 깨어서 자각함으로써 자신이 버리고 싶은 가닥들, 즉 내부의 적들과의 동일시에서 벗어날 수 있다. 우리를 해치는 개인을 멀리 떼어 놓는 것과 똑같다.

해악이 닥칠 때마다 통찰하는 인내를 이용해서 그 상황의 실상을 볼 수 있다. 망상은 비난을 낳는다. 분노해서 말로 우리를 해친 상대방도, 독설로 똑같이 반격한 우리도 분노를 말로 표현하는 것이 육체적 손상을 가하는 것만큼이나 해로울 수 있음을 통찰하지 못한다. 적이 불합리하게 공격했으므로 나는 결백하다고 생각하기 때문에 자신의 분노는 적이 가한 해악만큼 나쁘지는 않다고 주장할 것이다. 하지만 그 적이 나를 해친 더 깊은 이유는 과거 또는 전생에 내가 그에게 저지른 악행과 분노 때문일지도 모른다. 이 진짜 이유를 감안한다면 이제 나와 그 적은 공평해지고 내가 정당화한 분노, 그 폭발적인 힘이 진정된다. 내가 그를 해치고 그가 나를 해치는 이 해악의 악순환을 끊는 유일한 방법은 분노 폭발을 자제하고 그 맹렬한 힘을 굳은 결심으로 바꿔서 인내를 유지하는 것이다. 이렇게 우리는 아주 잠깐 멈춘다. 이 찰나적 순간은 습관적이고 충동적인 대응과 마음챙김에 기초한 현명한 대응 중에서 선택할 여지를 제공한다. 그리고 그 찰나적 순간은 계속 되풀이되면서 생의 연기를 이루는 끝없는 인과의 사슬에 연결되어 있다. 이것을 자각함으로써 그 짧은 순간의 무한성과 그 중요성을 깨닫는다.

그 찰나적 순간을 크게 열어서 그 무한성을 자각한다면 마음챙김 수행은 그 폭이 넓어지고 그 힘이 강해진다. 그리고 그 힘은 우리가 주의를 돌려서 긍정적인 것에 초점을 맞추도록 적극 돕는다. 처음에는 자신의 긍정성에 초점을 맞추지만 행복에 이르는 길로서 자신이 다른 사람들에게 긍정성의 본보기가 될 수 있음을 곧바로 깨닫게 된다. 끝없이 돌고 도는 상호 해악의 악순환은 끝없는 상호 이익의 선순환으로 바뀌고 인내와 자애가 그 동력을 제공한다.

관점을 바꿔서 찰나의 무한성을 깨닫는 것의 힘을 강조하기 위해 샨띠데바는 극단적인 비유를 든다. 우리가 극악무도한 죄를 지어서 사형 선고를 받았다고 하자. 사형 집행 직전에 왕이 개입해서 사형 집행인에게 목을 베는 대신 왼쪽 새끼손가락을 자르라고 명한다. 손가락이 잘리는 고통은 크겠지만 목숨을 부지했으므로 그 고통에는 기쁨과 안도가 뒤섞여 있다. 이와 똑같이 자신에게 가해진 해악에 응해서 즉각 분노와 증오를 폭발하는 것의 무한한 위험을 깨달을 때 우리는 충동적 대응을 자제하고 인내와 친절과 연민을 표현하는 것의 무한한 이익을 경험한다. 그러면 해악을 입으면서도 여전히 즐거울 수 있다. 왜냐하면 지금 상호 해악의 악순환을 끊고 있는 중이기 때문이다.

우리의 마음은 복수를 자제하기가 너무도 고통스럽다고 몹시 불평할 것이다. 그렇다면 그 불편한 마음을 통해 우리가 증오에 굴복해서 상대방을 더 많이 해칠 경우 그 고통이 훨씬 더 커지리라는 것을 더욱 명확하게 자각할 수 있다. 어떤 것이든 항상 더 나빠질 수 있다. 그러니 어떤 것이 더 이상은 나빠질 수 없다고 섣불리 단정하지 마라. "내가 분노를 터뜨리는 게 무슨 상관이 있겠어요?" 이 질문의 대답은 다음과 같다. "언제나 상관이 있다." 끝없는 윤회의 관점에서 보면 선하든 악하든 가장 사소한 것도 영원히 상관이 있다. 마음챙김 수행을 심화하고 확장함으로써 찰나의 무한성을 이와 같이 자각한다면 우리는 고통스러울 때도 기쁨을 느낀다. 우리의 마음이 그 고통을 더 수준 높은 자유에 들어서는 문으로, 고통에서 더 많이 벗어날 기회로 해석하기 때문이다.

질투 중독

분노는 질투의 사촌이자 협력자이다. 불교 심리학에서는 '공감적 기쁨'이 질투를 해독한다고 말한다. 나는 공감적 기쁨을 다른 사람들이 행운에 대해 느끼는 지극한 희열이나 환희라고 생각한다. 내 스승 중 한 분은 그런 기쁨을 게으른 자가 선업善業을 쌓고 깨달음을 얻는 방법이라고 일렀다. 누군가가 각고의 노력 끝에 정말로 위대한 일을 해냈을 때, 우리는 반사적으로 솟구치는 질투를 물리치고 그의 성공에 진심으로 크게 기뻐한다. 그럼으로써 아주 작은 노력으로도 자신을 위한 선업을 조금 쌓게 된다. 똑같은 이유로 누군가가 나쁜 짓을 행할 때 자신의 마음이 비뚤어진 기쁨에 무심코 빠지지 않도록 조심해야 한다. 예컨대 누군가의 완벽한 은행 강도질에 즐거워해서는 안 된다. 악행에 기뻐하는 행위가 악업惡業을 조금씩 쌓기 때문이다. 경쟁자가 칭찬을 들을 때 질투에 굴복한다면 이중으로 고통을 겪게 된다. 자신이 그 칭찬을 듣지 못해서 고통스러울 뿐만 아니라 그 고통에 추가된 불만이 나를 훨씬 더 불행하게 한다.

칭찬과 비난

최근에 어떤 강연을 하게 됐는데, 끝난 후 사람들이 다가와 나를 둘러싸고는 강연 내용이 정말로 큰 도움이 되었다며 고맙다고 말했다. 그렇게 많은 칭찬을 듣는 것은 당연히 굉장히 기쁘다. 이튿날 아침에 나는 그 행사를 주최한 사람을 만나서 함께 차를 마셨다. 그는 어젯밤에 그 강연을 들은 여성을 우연히 만났다고 했다. 그 행사에 마련된 모든 강연에 빠짐없이 참석한 그 여성은 그중 어느 것도 마음에 들어 하지 않았다는 것이다. 주최자가 그 여성에게 내 강연에 대해 어떻게 생각하느냐고 묻자 그녀는 솔직히 별로였다고 답했다. "특히 어떤 점이 별로였어요?" 하고 주최자가 묻자 그 여성은 "아, 강연 내용요." 하고 답했다. 그러니까 모든 게 별로였다는 거다.

이렇듯 세상에는 기쁨과 고통, 이익과 손해, 칭찬과 비난, 명예와 불명예가 공존한다. 외부 세상으로부터 전달되는 피드백의 변화에 따라 우리는 이쪽으로 끌려갔다가 저쪽으로 밀려난다. 우리는 기쁨과 이익, 칭찬, 명예를 열망한다. 고통과 손해, 비난, 불명예를 겪을 때는 분개한다. 인간으로서 우리가 칭찬과 비난에 약간 반응하는 것은 불가피하다. 하지만 일생 동안 우리가 상반된 것들을 수없이 번갈아 경험하리라는 것 역시 불가피하다. 이 이원성을 적으로 삼을 이유는 없다.

부처님의 가르침 중에 이것에 관한 이야기가 있다.

어느 날 한 남자가 부처님의 가르침을 배우러 사찰에 갔다. 그가 처음 만난 사람은 잠시 묵언 수행 중인 수도승이었다. 그는 부처님의 가르침에 대해 뭐든 일러주기를 청했지만 그 수도승은 입도 벙긋하지 않았다. 이에 크게 분노하며 그 남자는 휙 돌아서 가 버렸다. 다음 날 그는 다시 찾아왔다. 이번에는 부처님의 제자를 만났다. 심오한 깨달음을 얻은 것은 물론이요, 방대한 지식까지 갖춘 것으로도 유명한 제자였다. 부처님의 가르침을 알려 달라는 요청에 그 제자는 장황한 강론을 시작했다. 그 남자는 이번에도 불같이 화를 내며 휙 돌아서 가 버렸다.

셋째 날, 그 남자는 다시 찾아왔고 부처님의 다른 제자와 마주쳤다. 첫째 날과 둘째 날에 일어난 일에 대해 이미 들어 알고 있는 그 제자는 너무 장황하지는 않게 이것저것 조금씩 알려 주었다. 이번에도 그 남자는 격노하며 고함을 질렀다. "그렇게 심오하고 중요한 것을 어떻게 감히 그렇게 대충 말하는 거요!" 그러고는 휙 돌아서 가 버렸다.

그 남자를 분노케 한 제자들이 결국 부처님을 찾아가 그 이야기를 소상히 전했다. 억울해 하는 그들을 보며 부처님은 미소를 지었을 것이다. "이 세상에는 항상 그렇게 비난이 존재한다. 아무 말도 하지 않으면 말이 없다고 비난할 것이고, 말을 너무 많이 하면 말이 많다고 비난할 것이다. 이 세상에는 항상 비난이 존재한다."

다시 말해서 우리는 다른 사람들이 주는 칭찬에 전적으로 의지해서는 안된다. 이 세상은 언제든지 변할 수 있기 때문에 우리는 세상을 지배하거나 통제하지 못한다. 그러한 세상에 의지해서 자존감을 얻으려고 한다면 우리는 곤경에 처한다. 이 말은 다른 사람들이 어떻게 생각하든지 신경 쓰지 말라는 뜻이 아니다. 당연히 우리는 그들의 생각에 관심을 갖는다. 우리의 관대한 행동에 그들이 고마워하기를 원한다. 우리의 용기를 알아차리고 우리의 강점과 장점을 인정해 주기를 원한다. 누구든지 경멸보다는 존경을 원할 것이다. 이것은 인간의 본성이다. 하지만 문제는 '그들의 생각에 얼마나 관심을 갖는가?' 하는 것이다. 자신이 정직하고 성실하다는 느낌을 어디에서 얻는가? 자신에게 확신을 주고 위험을 감수하도록 해 주는 원천은 무엇인가? 우리가 작은 변화를 꾀하거나 자신을 표현하거나 도움을 베풀거나 그냥 나답게 살아가도록 힘을 주는 것은 무엇인가? 모든 사람에게서 칭찬과 존경을 받을 때에만 행복하다면 반박이나 비난의 기미만 보여도 행복하지 못하다면 우리의 자존감은 그리 오래가지 않을 것이다.

우리는 칭찬과 비난을 대하는 태도를 바꿈으로써 다른 사람들의 의견과 편견에 불쑥 끼어드는 습관에서 벗어날 수 있다. 부정적인 의견을 반사적으로 폄하하지 않고 그 의견의 진실성을 가늠할 수 있다. 우리는 열린 마음으로 비판을 수용함으로써 반대 의견으로부터 배우는 것이 있다. 자신이 아무리 완벽하다고 믿는다 해도 우리의 결점을 찾아내는 사람이 항상 있기 마련이다. 우리가 지혜를 통해 충동적 대응을 자제하기 전에는 다른 사람의 의견을 통제하지 못하는 것에 계속 분노할 것이다.

얼마 전에 나는 칭찬과 비난에 대해 또 하나의 교훈을 얻었다. 친구와 함께 워싱턴 시에 있는 한 강당에 앉아서 강연이 시작되기를 기다리고 있었다. 어떤 여성이 주홍색 표지가 산뜻한 내 책 『행복해지고 싶다면 자신부터 믿어라』를 들고 있는 것이 보였다. 나는 친구에게 "저기 봐, 저 분이 내 책을 갖고 계셔." 하고 말했다. 때마침 그 여성이 나를 알아보고 다가왔다. 나는 책에 사인을 해 주었다. 자기 자리로 돌아가면서 그녀는 이렇게 말했다. "선생님은 여신이세요." 순간 당황했지만 그런 과찬에 무척 행복했다.

채 일 분도 지나지 않아서 누군가가 저널리스트를 대동하고 나를 만나러 왔다. 그 저널리스트는 내가 지금껏 만난 모든 사람들 중에서 나를 만나는 것에 가장 시큰둥했던 사람으로 꼽을 만했다. "이분이 샤론 샐즈버그입니다. 들어 보신 적 있죠?"라는 동행인의 질문에 그 저널리스트는 따분해 죽겠다는 표정으로 대꾸했다. "아니요, 전혀!" 그러자 친구가 내 귀에 대고 소곤거렸다. "저 남자에게 네가 여신이라고 알려 줘."

고작 일 분이 못 되는 사이에 나는 여신에서 듣도 보도 못한 여자로 전락한 것이다. 결론적으로 평화는 밖에 있지 않다. 우리는 다른 사람들을 친절하게 대하고 기쁘게 해 주려고 노력할 수 있을 뿐, 모든 사람의 반응을 좌우할 수는 없다. 사실 어느 누구의 반응도 좌우하지 못하며, 이것을 깨달을 때 평화가 생긴다.

부처님에 대한 한 이야기가 이 지혜를 보여 준다. 어느 날 부처님이 사유지를 걷고 있을 때 한 남자가 불끈거리며 다가왔다. 그는 부처님의 얼굴에 대고 삿대질을 해 대며 이곳을 걸어갈 권리가 없다고 소리쳤다. 몹시 분노한 그를 보며 부처님 말했다. "당신이 누군가를 위해 귀한 선물을 준비해서 그에게 주었는데 그가 받지 않는다면 그 선물은 누구의 것입니까?" 그 남자가 대답했다. "그야 당연히 내 거죠." 그러자 부처님이 말했다. "바로 그렇습니다. 나는 분노라는 당신의 선물을 받지 않을 겁니다. 그러니 그 선물은 여전히 당신 것입니다."

어떤 선물은 받고 어떤 선물은 거절할지를 분별하는 것이 자유에 이르는 길이다.

칭찬과 명예에 대한 갈망은 여러모로 분노만큼 중독적일 수 있다. 그 갈망은 우리가 인생에서 정말로 의미 있는 것을 추구하지 못하게 주의를 분산시키는 내부의 적이다. 칭찬은 겉보기에는 이로운 듯하지만 우리의 주의를 돌려서 내적 성장과 영적 수행을 외면하게 만든다. 적은 우리에 대해 험담이나 거짓말을 하고 우리의 단점을 과장함으로써 우리의 명예를 훼손하려고 애쓴다. 하지만 실제로는 우리가 주의 집중을 유지하고 인생의 주된 목표를 계속 지향하도록 돕고 있다. 그러므로 이기적인 시각에서 보면 적을 보물처럼 소중히 여겨야 한다.

타라 툴쿠는 대단히 유머러스하고 독창적인 스승이었다. 그의 가르침에 정말 큰 충격을 받은 적이 있다. 오랫동안 불교를 공부하고 명상 수행을 한 후, 나는 어느 정도 진전을 보았다고 생각했다. 그러자 스승의 말인즉, 내가 이생에서 무엇을 행하는지를 실제로 알고 있다면,

텔레비전 상금쇼에서 1천만 달러를 차지하는 것보다 아침에 공양간 문 앞에서 가장 악독한 적을 만나는 것이 더 행복할 거라고 했다. 내가 그 수준에 이르기에는 아직 멀었다는 것을 나는 인정할 수밖에 없었다. 스승이 하고자 한 말은 적을 소중히 여기고 그가 끼치는 해악을 이용해서 초월적 인내를 키워야 한다는 것이다. 내부의 적의 지독한 집념을 고려하면 우리에게는 타라 툴쿠의 충고에 따를 기회가 아주 많다.

그것을 완벽하게 보여 준 인물은 달라이 라마이다. 그는 티베트와 그 국민의 가장 큰 적인 마오쩌둥에 대해 수십 년 동안 명상을 했다. 예전에 달라이 라마는 가장 존경하는 사람이 누구냐는 질문을 받았을 때 비폭력 저항을 주창한 간디를 언급했었다. 그러고는 마오쩌둥을 거론해 모든 사람을 놀라게 했다. 마오쩌둥은 폭력 저항을 주창했고 티베트의 자유를 말살했으며 티베트의 사찰과 환경을 파괴하고 수많은 티베트인들을 억압한 자였다. 나는 이러한 존경이 지나친 게 아닐까 하며 의아해했다. 혹 그 적을 향한 달라이 라마의 명상은 적을 존경하는 것에서 한 걸음 더 나아가 스스로에게 연민을 수행할 기회를 주고 있는 것일까? 마오쩌둥이 저지른 파괴적 행위의 부정적 결과로부터 그를 구제하려는 열망에 초점을 맞추지 않고 그가 티베트에 가한 해악을 이용해 달라이 라마 자신의 인내를 키우는 것에 중점을 두는 명상은 약간 이기적인 게 아닐까? 나는 이 모든 의문들의 답이 '그렇지 않다'임을 확신한다. 마오쩌둥이 무수한 존재에게 가한 그 끝없는 해악을 완벽하게 간파하고 있었음에도 달라이 라마는 그 적의 내면 깊은 곳을 꿰뚫어 보고 자신이 존경할 수 있는 면을 찾아낸 것이다. 그러한 수준의 통찰에 나는 아직 이르지 못한다. 하지만 그러한 통찰이 관세음보살Avalokiteśvara의 한량없는 자비 속에 존재한다는 것을 조금은 알고 있다. 관세음보살은 깨달은 자의 무한한 이타심을 상징하며 달라이 라마는 이 관세음보살의 현신이다.

적은 참기 어려운 것을 참고 견디는 인내를 수행할 기회를 준다. 이때 증오에는 자애로, 악행에는 선행으로 보답한다. 이것은 역사를 통틀어 모든 영적 전통의 위대한 모든 영적 존재와 성인과 대가들의 영역이다.

예전에 내가 인내를 주제로 강연하고 있을 때 누군가가 물었다. "그렇다면 폭력과 갈등으로 가득한 이 세상에서 그 인내의 영웅들은 지금 어디에 있는 겁니까?" 이 질문에 딱히 대답할 말이 없어서 잠시 머뭇거렸다. 그러고는 다소 기가 죽어서 말했다. "그들은 여기 있습니다. 다만 우리 눈에 안 보일 뿐이지요." 그때 문득 한 가지 기억이 떠올랐다. 아들과 벌인 싸움에 대한 기억이었다. 그 싸움은 어릴 적에 형제들과 벌인 싸움이나 이따금 아버지와 벌인 싸움과 별반 다르지 않았다. 그때나 지금이나 그 싸움에 개입해서 격렬한 분노를 진정시킨 사람은 가족 내에서 여성인 어머니와 아내였다. 그들은 오고 가는 고함과 주먹질 사이에 용감하게 뛰어들었다. 이렇게 순간적으로 영감을 얻은 나는

분노를 다스리는 붓다의 가르침

다음과 같이 말했다. "여성은 잔혹한 언사와 분노에 찬 공격을 중단시키는 영웅입니다. 여성은 우리 안에 있는 착한 천사에게 호소하고 격노를 진정시킵니다. 여성은 차가운 영웅입니다." 세상을 둘러보고 역사를 들추어 보면서 나는 그것을 더욱 확신하게 되었다. 오늘날 평화를 지키려고 시도하는 사람이 여성들밖에 없다는 말이 아니다. 이 말의 요지는 가정에서는 물론, 공적인 무대public arena에서도 예나 지금이나 여성은 협박이나 무력을 사용하지 않고도 조화롭게 사는 법을 찾아내는 사람이라는 것이다.

부처님은 모든 개인이 다른 모든 개인과 상호 의존한다는 것을 통찰했다. 따라서 온화하고 공정하게 자신을 주장하고 상대방의 주장을 인내하고 수용하는 긍정적 상호작용은 상호 이익을 가져온다. 이타심은 우리가 다른 사람들과 똑같다는 느낌에 근거한다. 그리고 우리에게 다른 사람들을 도울 도덕적 의무가 있다는 생각이 이타심을 강화한다. 이 이타심은 사실상 진화된 이기심이다.

다른 존재들이 행복해지도록 돕는 일에 오랫동안 진정으로 헌신한 사람을 우리는 보살이라고 부른다. 보살이 해악을 해악으로 응하지 않고 인내와 수용과 용서와 자비로 가해자를 포용할 때 적의와 파괴의 악순환이 멈춘다. 부처님은 모든 존재를 존중하고 공평하게 대했으며 적들도 여기에 포함되었다. 그러나 적들이 부처님이 했던 대로 항상 부처님을 대했을 거라고 생각하지 마라. 부처님은 그것을 결코 원망하지 않았다. 물론 가장 포악한 몇몇 적들은 부처님의 가장 헌신적인 제자가 되기도 했다.

우리가 적을 마치 부처님이나 예수님인 양 대한다면 참지 못하고 사납게 대응할 가능성이 훨씬 줄어들 것이다. 적에게 우리를 해치라고 권할 이유는 없다. 적이 해악을 가할 때 수동적으로 굴복할 이유도 없다. 하지만 분노와 증오와 질투라는 내부의 적과 그 적의 여러 사촌들이 공격을 가할 때마다 인내를 수행할 기회로 삼을 수 있다. 그리고 그 파괴적 감정을 극복하기 위해 필요한 것은 무엇이든지 행할 수 있다.

외부의 적이든 내부의 적이든, 우리의 적은 곧 깨달음을 얻을 기회이다. 이것을 간파하는 것이 통찰하는 인내다. 우리는 인내를 수행함으로써 분노와 증오라는 내부의 적을 물리치고, 그 과정에서 외부의 적을 대하는 태도를 바꿀 수 있다.

통제에 대한 근거 없는 믿음

우리는 종종 자신을 혹독하게 비난한다. 그 이유 중 하나는 살면서 겪는 일들을 자신이 지금보다 훨씬 더 잘 통제해야만 한다고 믿기 때문이다. 우리는 자신이 통제할 수 없는 것을 '적'으로 명명하는 경향이 있다. 사람과 상황 같은 외적인 것이든 생각과 감정 같은 내적인 것이든 마찬가지이다. 자신이 통제할 수 없는 것은 적이라는 믿음을 의심하기 시작할 때 우리는 자신과 타인을 적으로 만드는 것을 멈출 수 있다.

통제력에 대한 그릇된 통념을 허무는 열쇠는 연기와 무상의 진리를 인정하는 것이다. 부처님은 독립적인 것은 하나도 없으며 모든 것은 원인과 조건에 따라 생겨난다고 가르쳤다. 즉 원인과 조건이 결과를 낳는다. 특정 대화와 상호작용과 사건 들이 없었다면 지금 여기 앉아 이 책을 읽지 않을 것이다. 우리는 더 큰 전체의 일부로서 우주의 그 장엄한 운행을 조종하지 못한다. 기분 좋은 날, 우리는 제 행동을 얼마간 통제하지만 그 범위를 넘어서면 우리의 통제력은 매우 제한된다. 자기 몰두에 갇힌 눈으로 보면 우리는 근본적으로 혼자이고 고립되어 있다. 연결을 추구하며 통제하려고 손을 뻗지만 헛수고일 뿐이다. 하지만 통찰한 눈으로 상호 의존성을 바라보면 모든 것이 관계의 네트워크 속에 존재한다.

그리고 연기로 인해 확고하거나 고정되거나 불변하는 것이 하나도 없다. 우리는 분리를 초래하는 자신의 술책과 기만과 통제에 대한 강박적 노력을 내려놓고 생이 얼마나 유동적인지를 인정할 수 있다. 계절은 바뀌고 사물은 움직이며 사람도 변하고 상황도 달라진다. 우리는 무엇이든지 현실로 바뀔 수 있는 세상에 살고 있다. 치유를 포함해서 생의 모든 면은 제각기 그 나름의 리듬과 그 나름의 흐름과 그 나름의 움직임을 갖고 있다. 그리고 우리는 그 변화의 속도를 지시하지 못한다. 우리는 이 진리에 거칠게 저항하거나 아니면 이 진리를 지혜롭게 수용한다. 자신이 변화하는 거대한 현실의 일부라는 것을 지각할 때 생의 모든 것과 연결된다. 고립되고 고정되어 있다는 환상을 깨뜨리면 변화에 저항하지 않고 그것과 협력한다. 그리고 이 세상에 대고 주먹을 휘두르려는 욕구를 더 이상은 느끼지 않는다.

우리는 많은 것을 알고 있고 또한 많은 것을 아직 알지 못한다. 우리는 지知와 미지未知 사이의 공간에서 그 근본적인 진리를 발견한다. 우리는 어떤 일이 어떻게 끝날지 알지 못한다. 누군가가 질병에서 회복될지 여부를, 우리가 언제 어떻게 죽을지 알지 못한다. 하지만 언젠가 죽는다는 것을 안다. 우리 마음속에서 잠시 후에 어떤 생각이 떠오를지는 알지 못하지만 그 생각이 일시적이고 금방 사라지리라는 것은 안다. 특정 인간관계가 언제까지 지속될지는 알지 못하지만 복수가 고통을 가져오고 자애가 행복을 가져온다는 것을 안다. 특정 행위의 결과는 알지 못하지만 우리의 행위에는 결과가 따른다는 것을 안다. 모든 것은 서로서로 연결되어 있기 때문이다.

우리는 다음번 호흡이 어떻게 느껴질지는 알지 못한다. 하지만 우리의 목숨이 공기의 그 여린 흐름에 달려 있음을 안다. 취업 면접의 결과가 어떨지는 알지 못한다. 하지만 생겨나는 모든 것은 반드시 소멸한다는 것을 알고 있다. 내일 무슨 일이 일어날지는 알지 못하지만 한 가지 일이 그다음 번 일로 이어진다는 것은 안다.

우리는 모든 경험이 비영구적이고 서로 연결되어 있으며, 경험이 조건緣들로 말미암아 생겨난다는 것을 안다. 조건이 경험을 낳으며 그 둘을 결코 떼어 놓을 수 없음을 안다. 이 세상에 이렇게나 많은 괴로움이 존재하는지, 어떤 사람은 다른 사람들에게 왜 그렇게 나쁜 짓을 하는지 우리는 알지 못한다. 하지만 부처님의 말처럼, 증오로는 증오를 결코 중단시키지 못한다는 것을, 오직 자비만이 증오를 중단시킬 수 있음을 안다. 미래가 어떻게 펼쳐질지 우리는 알지 못한다. 하지만 힘과 행복과 지혜를 어디에서 찾아야 하는지는 알고 있다. 해변에 앉아 있을 때 파도의 리듬이 분명히 느껴지듯이 우리는 일상 사건들의 흐름 밑에 존재하는 이 진리의 리듬을 분명히 느낄 수 있다. 우리가 통제할 수 없는, 항상 변하는 불확실한 이 세상 속에서도 우리는 적대감과 두려움에서 벗어날 수 있다.

3장
세 번째 승리: 은밀한 적

Victory over the Secret Enemy

"

"나는, 나는 지금 어떻지? 나는 무엇을 갖고 있지? 나는 거기서 무엇을 얻게 될까? 그들은 나를 어떻게 생각할까? 그들은 내게 어떤 도움을 줄까?" 이렇듯 쉬지 않고 종알대는 자아의 이 집요한 목소리, 즉 '자기 몰두'는 우리가 극복해야 할 은밀한 적이다. 이 적은 신발 끈의 매듭과 비슷하다. 아주 단단히 묶인 것처럼 보여도 끈의 양 끝을 당겨 풀 때 우리는 그 매듭이 절대 견고하지 않다는 것을 알아차린다.

"

시간과 친해지기

줄어들거나 사라져서 우리에게 상처나 분노나 실망을 주는 것은 무엇이든지 적으로 간주된다. 시간이 우상, 즉 소유하기를 갈망하는 탐나는 물건으로 바뀌면 삶은 승산 없는 싸움이 된다. 시간을 더 많이 가지려는 탐욕은 불안하고 경직된 분위기를 조성한다. 일분일초가 상품이 되며 우리는 시간을 금세 사라질 소유물로 여길 뿐만 아니라 자신이 지배할 소유물로 여긴다. 종종 지난 명상 수행을 돌아보며 자문한다. '그 명상이 좋았었나, 나빴었나?' 하지만 삶의 모든 경험이 그렇듯이 명상 수행은 단일한 것이 결코 아니다. 그 안에는 평온한 순간, 분노한 순간, 기뻐한 순간, 슬퍼한 순간, 좋았던 순간, 활기찬 순간 등이 무수히 존재한다. 시간을 통과하는 동안 우리는 시시각각 변한다. 하지만 우리는 모든 순간을 한 덩어리로 묶고 시간을 마치 단일한 물건처럼 대하는 경향이 있다.

미래에 대해서도 우리는 그와 똑같은 기이한 사고에 몰두한다. 자신이 상상한 미래 경험을 한 가지 측면으로 축약시키는 것이다. 예컨대 '이 고통은 영원히 끝나지 않을 거'라고 생각한다. 그러고는 그 생각에 집착하거나 그

것을 거부한다. 우리는 시간을 지배하기 위해 할 수 있는 모든 것을 다 한
다. 만사를 자신이 원하는 대로 기필코 유지하기 위해서 또는 불쾌한 것은
무엇이든 기필코 즉시 바꾸기 위해 안간힘을 쓴다. 하지만 시간은 춤을 추
며 떠나가는 연인이다. 제 소망에 맞춰 시간을 왜곡하려고 애쓴다면 우리는
자연법칙을 거스르며 지금 이 순간에서 벗어난 채 살아간다.

명상을 배우러 처음 인도에 갔을 때 나는 정말 행복해서 남은 여생을 그
곳에서 보내기로 마음먹었다. 내가 다른 곳에서 산다는 것은 상상도 할 수
없었다. 그만큼 결심이 확고했기 때문에 나는 명상을 할 때마다 내 비자에
대해 강박적으로 생각했다. 그 시절에는 비자를 연장하기가 매우 까다로웠
다. 그래서 매일같이 명상을 하겠다고 좌선 방석에 앉아서는 비자를 연장할
방법을 궁리하곤 했다. '그래, 내년에는, 그러니까 비자를 연장할 때가 되
면 나는 그 도시로 갈 거야. 거긴 아주 가깝고 그곳 공무원은 틀림없이 비자
를 연장해 줄 테니까. 후년에는 다른 도시로 가야지. 거긴 아주 멀어서 그
곳엔 아무도 가지 않을 거야. 그러면 비자를 연장하는 건 일도 아니겠지. 그
리고 내후년에 비자를 연장해야 할 때는 또 다른 도시로 갈 거야. 거기 공무
원은 진짜 부패했다니까 나는 뇌물을 써서 비자를 연장할 수 있을 거야. 그
리고 그다음 해에는…….' 갑자기 종이 울리면서 내 명상은 거기서 끝이 났
다. 다음번에 명상이 시작되면 나는 똑같은 짓을 처음부터 끝까지 되풀이하
곤 했다. 나는 인도에서 아주 오래오래 살고 싶었기 때문이다.

나는 강박적 사고를 이용해 미래를 통제하려는 시도를 멈출 필요가 있었

다. 그렇게 하려고 노력할 때 두 가지 방법이 큰 도움이 된다는 것을 발견했다. 첫 번째 방편은 자문하는 것이었다. '지금 이 순간 나는 무엇을 느끼고 있는가?' 이 질문을 통해 나는 근본적인 불안, 즉 '내가 원하는 걸 얻을 수 있을까?' 하는 것과 인도 여행의 기저에 놓인 갈망을 감지할 수 있었다. 두 번째 방편은 스스로에게 충고하는 것이었다. '인도에 있지만 너는 실제로 인도에 있는 게 아니야. 지금 네가 하는 일이라고는 인도에 머물 수 있는 방법을 계획하는 게 전부니까. 인도에 있는 동안은 실제로 인도에 있는 게 어떻겠니?' 이 충고는 대단히 중요했다. 결국 알게 되었듯이 나는 여생을 인도에서 보내지 못했기 때문이다.

마음챙김을 통해 이렇게 매 순간을 알아차림으로써 시간을 대하는 우리의 그릇된 태도를 치유할 수 있다. 미래로 앞질러 가거나 과거를 자꾸 곱씹는 경향을 바로 볼 때, 우리는 현재로 주의를 돌려서 지금 이 순간에 실제로 일어나고 있는 것과 연결된다는 것을 알게 된다. 불확실한 미래를 긍정적 단어로 표현할지 부정적 단어로 표현할지도 결정할 수 있다. 오직 최악만을 예상하는가, 아니면 기적 같은 일이 일어날 가능성을 항상 열어 두는가? 공포에 사로잡힌 불안한 눈으로 세상을 보는가, 아니면 부푼 기대와 호기심에 찬 눈으로 세상을 보는가?

공포의 이면은 조급함이다. 이는 흘러가는 시간을 통제하려는 또 하나의 시도이다. 우리는 시간이 충분하지 않다고, 그 부족한 시간마저 흔적도 없이 사라지고 있다고 느낄 때가 많다. 그리하여 매 순간을 가득 채우고자 조급해한다. 우리는 일 초도 낭비할까 겁내며 시간이 돈인 양 저축한다. 이것은 우리의 바쁜 생활에 은밀한 공포감을 조성한다. 흘러간 시간을 돌아볼 때 우리는 도저히 믿을 수가 없어서 망연해한다. 내가 인도에 처음 간 지 벌써 사십 년이나 지났다는 게 믿기지 않는다. 우리는 시간이 흘러가는 것을 슬퍼하면서 그 시간을 때맞춰 유용하게 쓰지 못할까 봐 두려워한다. 나이가 들어감에 따라 우리에게 남은 시간은 갈수록 줄어들어서 앞으로 살아갈 날이 살아온 날보다 적어진다. 그렇기 때문에 우리는 자연의 가장 완강한 이치, 즉 도도히 흘러가는 시간을 보며 내 것을 도둑맞고 있다고 생각한다. 그리고 시간이 흐르는 것이 우리의 가장 큰 문제가 된다. 이것은 유기적으로 펼쳐지는 삶과 자연스런 리듬에 따라 오고 가는 사건들을 향한 양가감정을 일으킨다.

우리의 문화는 시간의 흐름을 수용하거나 인내하는 것을 가르치지 않는다. 늦은 밤 텔레비전 속에서 융단폭격처럼 쏟아 내는 쇼핑 호스트의 재촉은 시간공포증 환자를 까무러치게 할 정도로 다급하다. "지금 당장 주문하세요! 이제 겨우 십오 분 남았어요!"

시간을 대하는 우리의 태도는 양방향에서 모두 어긋난다. 즉 상황이 유쾌할 때 우리는 그 순간이 영원하기를 원하고, 상황이 불쾌할 때는 가속 버튼을 누르려고 든다. 우리는 미래를 계속 주시하고 반복하지 않기 위해 과거를 기억하도록, 따라서 우리의 마음을 이곳이 아닌 다른 곳에 놓아두도록 훈련을 받았다. 우리의 문화는 젊음에 집착하고 노화를 겁내고 죽음을 거부하고 제품 수명을 일부러 단축시키고 빛의 속도를 추구한다. 그 속에서 목표는 기회가 있을 때마다 시간을 속이고 우리의 소망에 맞춰 시간을 왜곡하는 것이다. 테크놀로지는 실제로 시간을 부정하며 수많은 정보와 소스, 사람, 장소 들과 동시에 즉각 연결되는 능력을 우리에게 부여한다. 이렇게 숨 가쁜 정보화 시대에 조급함은 보상을 받지만 지연된 만족은 시대에 뒤떨어진 것으로 간주된다. 최근에 나는 다이얼업 인터넷 서비스dial-up Internet service만 제공되는 선원禪院에 머물렀다. 전화선을 통해 인터넷에 접속되기를 무작정 기다리다가 나의 하루는 엉망이 되었다.

오래전에 타이완에서 지금은 고인이 된 티베트 스승 뇨슐 켄 린포체 Nyoshul Khen Rinpoche를 뵈러 갔었다. 스승을 뵌 후, 나는 일행과 함께 며칠 후에 또 찾아뵙기로 계획했다. 하지만 그 며칠 새 스승은 다른 곳으로 거처를 옮겼고 우리는 꽃과 공양물을 들고 호텔 밖에 서서 그의 새 거처로 데려다 줄 택시를 기다렸다. 나는 형언할 수 없이 슬펐다. 며칠 전에 뵌 린포체는 당장이라도 부서질 듯 유난히 노쇠하고 병약해 보였다. 그때 내 머릿속은 온통 한 가지 생각뿐이었다. '이번이 스승을 뵐 수 있는 마지막 기회일지도 몰라. 그럴 수는 없어.' 이 예상은 가슴이 무너지는 고통이었고 나는 깊이 상심했다.

우리를 태운 택시는 타이완 골목에서 완전히 길을 잃었다. 바로 그때, 린포체를 뵈는 것에 대한 나의 태도가 바뀌었다. 마냥 행복해하며 나는 이렇게 생각하기 시작했다. '스승을 한 번 더 뵙기 위해 나는 무엇이든 내줄 것이다. 한 번 더는 우주에서 가장 좋은 것이다. 그건 내가 받을 수 있는 가장 큰 선물이다.'

얼마 후 그 택시는 스승의 새 거처를 제대로 찾아갔고 린포체를 다시 뵐 수 있었다. 하지만 내 우려와는 정반대로 스승은 그 후로 오래 사셨고, 나는 스승을 여러 번 뵈었다. 나는 그 경험을 통해 귀중한 교훈을 얻었다. 내가 명확하게 자각했듯이 어떤 태도를 갖고 있느냐에 따라 '한 번 더'는 내가 예상할 수 있는 최선일 수도 있고 최악일 수도 있다.

시간의 그림자에 쫓기는 느낌은 우리의 삶에 이루 말할 수 없는 괴로움을 일으킨다. 그렇기 때문에 나는 명상 수련생들에게 이렇게 말한다. "해야 할 일을 전부 하기에 시간이 턱없이 부족하다는 느낌이 든다면 여러분은 해야 할 일을 줄일 필요가 있습니다." 나는 신학자 하워드 서면Howard Thurman의 말을 좋아한다. "세상이 무엇을 필요로 하는지를 묻지 마라. 당신을 활기차게 해 주는 것이 무엇인지를 묻고, 가서 그것을 하라. 세상이 필요로 하는 것은 활기차게 움직이는 사람들이기 때문이다."9)

철학자와 물리학자들은 세상에는 두 종류의 시간이 작동하고 있다고 말한다. 인공적 시간manmade time과 우주적 시간cosmic time이 그것이다. 어느 경

---

9) 〈The Howard Thurman Center for Common Ground〉에서 인용, 2013.03, http://www.bu.edu/thurman/about/history

우에서든 균형을 유지하고 싶다면 우리는 이 두 종류의 시간에 반드시 주의를 기울여야 한다. 고대인들은 덧없이 스쳐 지나가는 시간을 '눙크 플루엔스nunc fluens'라고 불렀다. 라틴어로 '흘러가는 현재'를 뜻하는 눙크 플루엔스는 규칙적이며 순차적으로 똑딱똑딱 흘러가서 우리의 정신을 쇠약하게 하고 머리칼을 희게 하고 나무의 나이테를 만드는 시간이다. 그리고 '눙크 스탄스nunc stans'가 있다. '지속되는 현재'를 뜻하는 이 라틴어는 지금 이 순간의 충만함을 통찰할 때 사각하는 시간이다.

명상 교사들이 '현재를 살라power of now'고 말할 때 그들이 가리키는 것은 눙크 스탄스이다. 이 확장된 현재는 우리가 명상 중에만 경험하는 것이 아니다. 예술 작품을 창조하고 있을 때, 그리고 사랑을 느끼는 눈부신 순간들 속에서도 우리는 틈틈이 눙크 스탄스를 경험한다. 유명한 시 〈불멸의 자취 Intimations of Immortality〉에서 윌리엄 워즈워스William Wordsworth는 그것을 잘 표현하고 있다. 눙크 스탄스에서는 시계가 멈춘 듯 보이고, 우리는 일상에 매인 완고한 마음을 뚫고서 위대한 침묵 속으로 들어간다. 넋 나간 소리로 들리겠지만 눙크 스탄스의 순간 속에 머물 때 실제로 우리는 평소보다 더욱 명료하게 깨어 있다. 일분일초를 세고 있을 때보다 훨씬 더 명확하게 지각하고 더 효과적으로 반응한다.

우리는 시간을 더욱 멀리 폭넓게 바라볼 필요가 있다. 그 광대한 관점을 가질 때 아직 드러나지 않은 것을 수용하게 된다. 우리는 지금 앞에 놓여 있는 것이 이야기의 끝이라고 착각한다. 대상을 객관화하는 우리의 마음이 눈에 보이는 게 전부라고 속삭인다. 하지만 우리는 사건의 장기적 결과를 알지 못한다. 그로 인해 시간을 단기적으로 바라본다. 이 단기적 관점이 우리의 행위, 우리의 베풂, 우리의 돌봄에 영향을 미친다. 누군가에게 책을 한권을 주었을 때 그는 아무 반응이 없을지도 모른다. 그러면 '그 책이 별것 아니었나 봐.' 하고 생각한다. 하지만 훗날, 그 사람이 찾아와 이렇게 말할지도 모른다. "예전에 당신이 책을 한 권 주셨어요. 그때는 그 책이 제게 그렇게 중요하지 않았어요. 그런데 지금 제 어머니가 몹시 편찮으세요. 저는 그 책을 다시 읽게 되었는데 제게 정말 큰 도움이 되었어요." 때때로 운이 좋아서 자신의 행위에 대한 피드백을 얼마간 받을 수 있다. 하지만 대체로 우리는 그저 씨앗을 뿌리고 있을 뿐이다. 그 씨앗들은 우리가 알지 못하는 방향으로 퍼져 나간다. 우리는 그 씨앗의 결과에 대해 혹여 알게 되더라도, 먼 훗날에야 알게 된다. 시간을 보는 광대한 관점은 우리에게 정말로 중요한 것이 씨앗을 뿌리는 행위라는 것을 가르쳐 준다. 그 씨앗이 언제, 어떻게 꽃으로 피어날지는 중요하지 않다.

시간을 장기적으로 바라보게 되면 드넓은 마음과 균형 감각과 지혜를 덤으로 얻는다. 어떤 사건 때문에 몹시 괴로울 때도 우리는 그 사건이 우리의 시야를 크게 열어서 나중의 비슷한 사건에 더욱 현명하게 대처할 수 있도록 해 주었음을 차차 깨닫는다. 우리가 이렇게 살아갈 수 있다면 시간은 더 이상 적이 아니다.

3장

세 번째 승리: 은밀한 적

내부의 적과 협력함으로써 우리는 마침내 분노와 증오 충동에 굴복하는 습관을 극복했다. 마음챙김을 통해 내부의 적을 매 순간 주시하고 그 요구를 끝내 물리친다면 이제 몸과 말과 마음이 맹목적인 분노와 위압적인 증오의 도구가 되지 않는다. 맹목적 충동이 우리의 행위를 어떻게 통제해 왔는지를 간파함으로써 새로운 내적 자유를 체험하게 된다. 지금까지 우리는 분노의 목소리가 틀림없는 자신의 목소리라고 믿어서 그 명령을 거부하지 못했다. 하지만 자기 마음속에 수많은 목소리가 있다는 것을 알게 되면 상식과 이성을 활용하고 지혜의 목소리에 귀를 기울일 수 있다. 그 목소리는 더 이상은 충동에 따라 행동할 이유가 없다고 말해 준다. 해악 때문에 괴로움을 겪은 후에도 우리는 평온하고 냉정하고 공정하게 대응할 수 있으며 스스로를 치유하고 우리를 해친 자가 더 많은 해악을 끼치지 못하게 막을 수 있다. 우리의 대응은 더 이상은 충동적인 것이 아니다. 따라서 그 행위는 대체로 훨씬 더 효과적이다.

하지만 지금 우리가 즐기고 있는 이 내적 자유가 완전한 것일까? 우리는 항상 냉정을 유지할 수 있다고 자신하는가? 스스로에게 정직하다면 우리는 마음속에 자신이 의식하고 관찰할 수 없는 깊은 곳이 있음을 인정해야 한다. 우리가 의식적으로 자각할 수 없는 것은 무엇이든 비밀이다. 실제로 우리도 모르고 있는 비밀이다. 이것이 바로 은밀한 적이다. 이 은밀한 적을 찾아내고 그 비밀을 파헤치고 지금까지 자각하지 못했던 것을 자각해야 한다. 그렇게 하지 않고서는 내부의 적을 통제하는 자신의 능력을 결코 장담할 수 없다.

일종의 내적 반응 양식인 은밀한 적은 불교 심리학에서 '자아 습관 self-habit'이라고 부르는 것과 철저히 엮여 있다. 이 자아 습관은 욕망과 분노와 망상의 가장 깊은 뿌리이다. 그 자아 습관을 토대로 만들어진 은밀한 적은 자기 몰두self-preoccupation라는 내면의 목소리이다. "나는, 나는 지금 어떻지? 나는 무엇을 갖고 있지? 나는 거기서 무엇을 얻게 될까? 그들은 나를 어떻게 생각할까? 그들은 내게 어떤 도움을 줄까?" 이렇듯 쉬지 않고 종알대는 자아의 이 집요한 목소리에 우리는 열심히 귀를 기울이며 그 목소리를 차단해서는 안 된다고 느낀다. 그것이 자신의 유일한 목소리라고 생각하기 때문이다. 하지만 이 끊임없는 자기 몰두는 가장 치명적인 적이다. 이 강하고 교활한 적은 우리의 진실한 목소리인 척 가장하며 우리를 도와주고 격려하는 것 같지만 실제로는 파멸의 길로 이끈다. 이 적은 우리의 의식을 장악함으로써 우리에게 의식되지 않는다. 이렇듯 은밀한 적은 그림자 속에 살면서 자아의 모습으로 우리 앞에 나타나기 때문에 언제까지나 우리도 모르는 비밀로 존재한다.

자기 몰두와 자기 사랑

자기에게 몰두하는 것과 자기를 사랑하는 것은 다르다. 달라이 라마는 지금까지 만난 사람들 중에 어느 누구도 낯선 사람이라고 생각한 적이 없다고 말한다. 자기 몰두는 그 말이 의미하는 것과 상반되는 개념이다. 자기에게 몰두한다는 말은 보통 자기가 또는 자기 인생이 놓치고 있다고 생각하는 것에 골몰하는 것을 의미한다. 이렇듯 자기에게 몰두할 때는 실존 자체가 적이 되며, 우리는 다른 사람들과 연결되지 못하고 그들의 말을 귓등으로 듣게 된다. 내면의 쉼 없는 독백 때문에 그들의 말이 들리지 않기 때문이다. '그들은 나에 대해 어떻게 생각할까? 나를 좋아할까? 전에 만난 사람보다 내가 더 괜찮아 보일까? 아니야, 그렇지 않아. 그들은 나를 혐오해. 내가 멍청한 말을 했거든. 이건 문제가 있어.' 자기 몰두의 방에 갇히면 우리는 다른 사람들과 주고받거나 연결되기가 불가능하다. 때문에 불안하게 흔들리는 자기 이미지를 다지고 암울하고 공허한 느낌을 없애는 데 치중한다.

내적 세계 및 주변 세계와 진정으로 연결될 때 우리는 자기 몰두라는 무거운 짐을 내려놓는다. 그렇기 때문에 우리 마음속에 살고 있는 비관론자와 훼방꾼, 비판가 등의 수많은 목소리에 정면으로 맞서는 것이 무엇보다 중요하다. 다른 사람들을 적으로 만들고 싶지 않다면 그것이 필수적이다. 자기몰두는 그들의 분노와 경멸을 촉발하고 이는 당연히 갈등으로 이어진다.

공동체를 '건강의 가장 작은 단위'라고 정의하면서 시인 웬델 베리Wendell Berry는 이렇게 말했다. "고립된 개인의 건강에 대해 말하는 것은 용어상의 모순이다."[10] 더 나아가 그는 공동체를 '한 장소와 그곳의 모든 피조물'이라고 정의한다. 공동체를 이루는 모든 피조물은 상호 연결되어 있기 때문에 적대감과 두려움을 치유하는 행위는 다른 사람들과 멀리 떨어져서 자신을 위해 혼자 힘으로 행하는 어떤 것이 아니다. 대신에 이러한 치유는 우리가 각자 더 큰 조직, 더 큰 전체의 일부로서 존재한다는 인식을 요구한다.

상호 연결되어 있다는 말은 우리가 다 함께 해내야 한다는 것을, 그렇지 않으면 결코 해내지 못하리라는 것을 의미한다. 우리 대 그들 사고는 '저기'가 어디든 간에, '저기 있는' 그들에게 무슨 일이 일어나는지가 중요하지 않음을 암시한다. 이 케케묵은 생각은 이젠 아무 쓸모가 없다. 일상생활이 이

---

10) Wendell Berry, 〈Health is Membership〉, The Art of the Commonplace: The Agrarian Essays of Wendell Berry(Conterpoint Press, 2002), p.146.

세계와는 상관이 없다거나 저기서 벌어지는 일은 항상 저곳의 문제일 뿐이라고 믿어서는 안 된다. 그렇기 때문에 이 힘겨운 시대에 '타인'을 사물화하지 않고 누군가를 향한 증오에 근거하지 않으면서 윈-윈 해결책을 추구하는 사회변혁 행동에 대한 요구의 목소리가 높아지고 있다. 적을 만드는 것은 그 대가가 너무 크다.

이것을 깨닫는 데는 특별히 영적인 시각이 필요하지 않다. 자연환경을 이해할 때 우리는 서로 연결되어 있음을 확인한다. 역학epidemiology, 疫學은 국경이 관념적 구조물이라는 것을 거듭 입증함으로써 상호 연결 및 상호 의존 관계의 진리를 우리 앞에 제시한다. 경제학도 그 진리를 상기시키는데, 그리스에서 벌어진 일이 매사추세츠 주 소도시에 살고 있는 내 생활에도 약간 영향을 미친다.

우리가 매 순간을 알아차릴 때 삶은 우리가 실제로 서로 어떻게 연결되어 있는지를 보여 준다. 그 진리는 삶의 모든 우여곡절을 통해 분명히 드러난다. 곤경에 처할 때, 한순간에 힘없이 무너지는 생계에 직면할 때, 자신의 행복을 다른 사람들과 나눌 때, 낯선 사람을 기꺼이 새로운 방식으로 대하려고 할 때마다 우리는 그 상호 연결의 진리를 깨닫는다.

은밀한 적은 우리의 뿌리 깊은 자아 습관, 즉 고정적이고 습관적인 정체감fixed-identity habit을 딛고 굳건하게 서 있다. 그런데 고정적이고 습관적인 정체감이 정확히 무엇일까? 우리는 '나'가 항상 똑같은 사람,

즉 고정된 주체라는 느낌 또는 '나'의 정체성이 일생 동안 어떤 상황에서도 항상 똑같을 거라는 느낌을 갖고 있다. 이 느낌이 바로 고정적이고 습관적인 정체감이다. 어릴 적 사진을 들여다볼 때 지금의 '나'가 그 '어린 나'와 여전히 똑같은 사람이라고 느낀다. 온몸의 세포 한 개도 그때와 똑같지 않다는 것을 아주 잠깐 생각할지도 모르지만, 그렇더라도 그 느낌은 바뀌지 않는다. 변함없이 지속되는 그 느낌을 우리는 습관적 정체감 또는 가장 깊은 무의식에 있는 '본능적 정체감identity instinct'이라고 부른다.

이렇듯 내가 항상 똑같은 자아라는 느낌이 습관적 정체감 또는 본능적 정체감을 이룬다. 그 느낌 때문에 어느 시점에서든지 자신의 '진짜 자아'를 지각하고 있다고 느낀다. '나는 여기 있다'고 절대적으로 확신한다. 이 절대적 확신이 '나'―나의 자기중심성, 나의 이기심, 나의 소유욕―에 대한 지속적인 몰두의 기반이 된다. 자기 몰두의 이 기반은 겉보기에는 구체적이고 실제적이다. 우리를 끝없는 좌절과 불만 상태에 머물게 하는 것이 바로 이 자기 몰두이다. 우리는 충분히 사랑받지 못하고 충분히 소유하지 못하며 충분히 나답지 못하다는 느낌에서 헤어나지 못한다.

하지만 이 습관적 자아감을 탐구하면서 자기 몰두 성향을 되짚어 본다면 '진짜 나'라고 꼭 집어 말할 수 있는 안정적이고 지속적인 것들을 단 한 개도 찾아내지 못할 것이다. 우리는 내 몸의 각 부위와 그 변화를 자각할 수 있다. 감각과 생각과 의견이 매 순간 스치듯 오가는 것을 자각한다. 단어와 이미지가 떠오르고 소멸하는 것을, 느낌과 감정이 그 감각과 단어와 이미지와 서로 엮여 있는 것을 자각한다. 나는 자각 그 자체를 자각하게 되고 그 모든 것을 계속 자각하며 때로는 주의가 흩어지기도 한다. 하지만 내가 상상한 구체적이고 고정적이며 독립적인 자아를 나는 그 어디서도 찾지 못한다.

더 깊이 파헤칠수록 나의 자아감이 망상, 즉 오류라는 것을 더욱 분명하게 인식한다. 자아감이 망상이라는 인식에 주의를 집중함에 따라 나의 자기 몰두가 공허하게 느껴지기 시작한다. 그것의 격렬한 흐름이 점차 잔잔해진다. 나의 자아감이 몹시 투덜대기 시작한다. 우리는 자신이 미쳐 가고 있다고까지 느낀다. 그리고 그 틈틈이 내가 어떤 사람이 되고자 애쓰고 있는지를 잠깐씩 잊어버리면서 주변 환경에 휩쓸려 자신이 사라지고 없다는 것을 깨닫는다. 완고한 자아감에서 잠깐 벗어날 때 우리는 나 이외에 다른 것들과도 연결되어 있음을 알아차리고는 깜짝 놀란다. 비틀스The Beatles의 멤버인 조지 해리슨George Harrison의 노래 제목처럼, '나는, 나를, 내 것(I, Me, Mine)'이라는 다람쥐 쳇바퀴에서 풀려난다.

은밀한 적은 무의식의 구성물로서 강한 본능이지만 의식적 수준에서는 습관으로 작동한다. 우리를 현실과 사람들로부터 격리시킴으로써 그 적은 제 존재를 뚜렷하게 드러내고, 그로 인해 우리는 오직 자신의

분노를 다스리는 붓다의 가르침

상태에만 초점을 맞춘다. 그 은밀한 적은 내면을 단단히 움켜쥐고 자기가 견고한 구조물이라는 환상을 강화한다. 하지만 그 적은 신발 끈의 매듭과 비슷하다. 아주 단단히 묶인 것처럼 보여도 끈의 양 끝을 당겨 풀 때 우리는 그 매듭이 절대 견고하지 않다는 것을 알아차린다. 부처님의 위업 중 하나는 고정된 자아감이라는 견고한 매듭을 발견하고는 그것을 풀어내서 그 견고함이 환상에 지나지 않음을 깨달은 것이다. 외관상 견고해 보이는 자아가 일으키는 환상을 경험한다면 우리는 그 속박에서 풀려날 수 있다. 자아에 대한 무의식적 집착과 자기 몰두라는 의식적 습관에 더 이상은 지배당하지 않는다. 그럼으로써 우리는 진정한 내적 자유를 경험하고 즐길 수 있다.

은밀한 적과 협력하기

자신에게 핵심이 되는 고정된 정체성이 있다고 생각하는 것은 동물과 인간의 공통된 본성이다. 습관적 자아감은 세상 속에서 우리의 실존의 닻이며 알아차림의 방어벽이다. 우리는 고정된 정체성이 '진짜 나', 즉 절대적이고 독립적이며 자립적이고 부인할 수 없는 본질적 자아라는 생각을 집요하게 고수한다. 그리고 자신의 의식적 경험과 감각적 인

상, 생각과 감정, 흥망성쇠를 전부 낱낱이 쪼개고 분석한다면 우리가
그 절대적 자아와 결국 충돌하게 될 거라고 믿는 경향이 있다. '자아가
없다selfless'는 말을 들을 때 우리는 두 가지 수준으로 반응한다. 먼저
나이팅게일이나 간디나 전장의 영웅들—목숨을 바쳐 타인을 구한 이
들—을 생각한다. 이런 측면에서 자아가 없다는 말은 더 고귀한 소명
을 위해 견고한 핵심적 자아를 버릴 수 있음을 의미한다. 그러나 더 깊
은 수준인 철학적이고 심리적 개념으로서의 '자아가 없다'는 말, 즉 무
아無我는 우리가 실존의 닻이라고 생각하는 절대적 자아의 존재를 부
정한다. 그리고 절대적 자아가 있다는 생각은 착각이고 환상일 뿐이
라고 가르친다. '자아가 없다'에 대한 이 같은 해석을 처음 접할 때 우
리는 불안해하거나 공포에 질리거나 분노하거나 참담해하기도 한다.
무아는 우리 자신을 그리고 세상을 완전히 새로운 방식으로 경험할 것
을 촉구한다.

　고정되고 독립적인 자아, 즉 은밀한 적의 토대인 습관적 정체감에 대
한 이러한 착각은 끝없는 자기 집착과 자기 몰두를 부추긴다. 무의식
적 본능을 철저히 파헤치는 작업은 버겁고도 두려울 수 있다. 그러므
로 두려움이 밀려오는 최초의 신호에도 달아나지 않기 위해서는 강력
한 도움이 필요하다. 다행히 은밀한 적 그리고 그 토대와 맞서 싸울 때
우리는 9세기(다르마라크시타가 인도의 선승인 아티샤Atisha, 982~1054의 스
승이라는 기록을 감안할 때 저자가 원서에서 밝힌 11세기는 잘못된 내용으로

판단된다.: 편집자 주)의 유명한 시인이자 선승인 다르마라크시타Dhar-maraksita에게 의지할 수 있다. 그는 자신의 은밀한 적과 벌인 싸움을 걸작 『로종 총카 콜로Lojong Tsoncha Kholo』에 생생하게 기록했다. 이 티베트어는 '마음을 개조하는 금강저The Blade Wheel of Mind Reform'로 번역된다.

다르마라크시타는 은밀한 적을 물리치는 네 가지 기본 단계를 확인했다. 첫 번째로 해야 할 일은 은밀한 적을 찾아내는 것이다. 본능과 습관만큼이나 복잡한 자아 정체감에 기반을 둔 끝없는 자기 몰두를 찾아내야 한다. 두 번째로 은밀한 적을 찾아냈다면 그것을 관찰해야 한다. 그리고 꿰뚫을 듯이 집중하여 우리 내부에서 그 적이 습관의 수준에서, 무의식적 본능 수준에서 어떻게 작동하는지를 매 순간 알아차리고 경험해야 한다. 세 번째로 은밀한 적을 찾아내고 관찰한다고 해서 그 악영향을 즉시 없애지는 못함을 알아야 한다. 그 적을 약화시키고 쫓아내기까지는 시간이 걸린다. 즉 우리의 착각을 현명하게 바로잡고 자기 몰두의 해독제인 타인 몰두를 키우려면 시간이 필요하다. 끝으로 우리는 명상적 집중을 이용해서 은밀한 적에 대한 비판적 이해를 심화해야 한다. 선정禪定에 깊이 들어서 그 은밀한 적의 기저에 있는 본능적 반응 양식을 근절하고 지복이 샘솟는 내적 자유에 도달하고 그 은밀한 적으로부터의 해방을 확정지어야 한다.

은밀한 적을 없애는 네 단계는 점진적 과정으로 비판적 지혜와 명상적 집중, 끈질기고 창의적인 정신적 사회적 행동 그리고 자유와 지복을 대범하게 수용하는 능력을 필요로 한다. 한마디로 그 기본 단계들이 요하는 것은 진정한 영웅적 행위이다.

『마음을 개조하는 금강저』는 바로 그 수준에 도달한다. 이 제목은 무슨 뜻일까? 금강저金剛杵는 때로 수리검手理劍으로 불리는데, 작고 동그란 칼날이 손잡이 양 끝에 달린 예리한 무기이다. 이 무기는 비판적 지혜를 상징하며 우리는 그 지혜를 휘둘러 은밀한 적을 궤멸시킨다. 다르마라크시타는 은밀한 적이 악마와 비슷하고 말한다. 그 무자비한 악마는 우리를 사로잡아 몽유병 같은 삶에 가둔다. 자기에게만 몰두하는, 이 깊이 잠든 삶은 다른 사람들이나 주변 세계와의 진정한 연결을 허락하지 않는다. 인간의 애정과 온정에 실제로 마음을 여는 것을 허락하지 않는 이 삶은 일종의 살아 있는 죽음이다. 다르마라크시타는 가르침의 금강저를 제공해서 악마 같은 이 적을 물리치게 해 준다. 금강저는 자기중심성과 이기심을 쳐부수어 삶을 구원하는 무기이다.

마음의 개조는 그 네 단계를 통해 나르시시즘의 잠에서 깨어나는 정신적 변화이다. 이것은 원래의 마음에 새로운 정보를 주입하거나 기술을 가르치는 문제가 아니다. 마음 자체를 활짝 열어 확장하고 오래된 두려움과 미혹으로부터 마음을 해방시키고 마음이 그 자체의 타고난 개방성과 반응성에 집중하도록 하는 체계적인 작업에 가깝다. 우리는 이 확장된 마음을 키워야 하는데, 그 작업에 필요한 방편을 다르마라 크시타가 제공한다.

존경하는 나의 첫 스승인 게셰 왐걀은 이 년여 동안 나의 잘못을 바로잡고 나의 자기 몰두와 자기 집착을 겉으로 끄집어냈다. 그런 후에 그는 나에게 금강저 같은 가르침을 주었다. 그것은 보통 '다르마 Dharma, 法'로 불리는 부처님 가르침의 핵심이었다. 닌자들이 수리검을 던져서 적을 베듯이 금강저는 우리의 은밀한 적을 향해 날아가서 집요한 자기도취와 자기 몰두와 허영을 산산이 부순다. 정신적 변화를 상징하는 매우 광포한 이미지로서 금강저는 문수보살의 비판적 지혜의 검이 한층 더 광포하게 발전된 것이다. 궁극적 실상을 통찰한 지혜는 우리의 습관적 자아감에 기초한 이기적인 그 어떤 것에도 몰두하지 않을 것이다. 그 지혜는 그것들을 갈가리 찢어버릴 것이다. 우리는 이 과정이 제대로 진행될지 여부를 의심할 필요가 없다. 우리의 단호한 지성과 정직한 감성은 습관적 자아감을 제압하고 자기 몰두의 강철 감옥을 부수어 우리를 꺼내 줄 만큼 강력하다.

우리를 가두는 뿌리 깊은 이기적 본능을 물리친 이 승리는 실제로 파괴적이다. 그 승리로 모든 비밀이 즉시 드러난다는 점에서 그러하다. 그 승리는 우리가 우두커니 앉아 내생을 기다리며 깨달음에 이르기를 바라게 놔두지 않는다. 그것은 은밀한 적을 지금 당장 파괴하는 것을 목표로 삼는다.

은밀한 적을 쓰러뜨릴 때는 깨달음의 본보기를 갖는 것이 중요하다. 우리는 이생에서 지극히 행복하고 자유롭고 직관적인 지혜를 깨달아야 한다. 그러므로 스승이나 심리치료사나 영적 안내자 등 그 특성을 구현하는 누군가가 필요하다. 다르마라크시타를 본보기로 삼을 수도 있고, 2장에서 소개한 샨띠데바나 달라이 라마나 예수님이나 부처님을 본보기로 삼아도 좋다. 당신에게 감동과 영감을 주는 멘토라면 누구라도 괜찮다.

은밀한 적 찾아내기

은밀한 적을 찾아내고 대적할 때 우리는 깨달음에 이른 스승의 시각을 갖고 싶을 것이다. 왜냐하면 이 과정의 시작 단계에서는 세상을 보는 자신의 습관적 시각에 주로 의지하기 때문이다. 습관적 시각으로 바라본 세상은 천국이나 부처님의 극락정토보다 더 많은 쓰레기가 쌓여 있을 것이다. 깨달음에 이르지 못하는 한, 우리는 자신에게만 초점을 맞추며 자신에 관한 생각으로 가득하다. '나는 무엇을 얻을 수 있을까? 나는 어느 곳에 잘 맞을까? 그들은 내가 원하는 걸 해 주고 있는가? 그게 충분한가? 그들은 내 욕구를 채워 줄까?' 이 생각들은 자기 몰두라는 적의 마지막 지껄임이자 우리가 갇힌 감옥의 창살이며 우리 코에 꿰인 코뚜레다. 은밀한 적은 그것을 붙잡고 우리를 이리저리 끌고 다닌다. 이 시점에서 우리는 적이자 포획자, 즉 자기 몰두에 완전히 동일시된다.

진정한 멘토—참된 영적 안내자—는 궁극적 실상을 깨친 지혜로서 우리 마음속의 생명력이 샘솟는 가장 깊은 곳에 존재한다. 그 멘토는 우리에게 그 적을 찾아내라고 촉구하는 사람으로 나타난다. 하지만 그는 우리의 직관적 지혜에 불을 댕겨서 그 적이 숨은 곳을 알아내고 제거하게 해 준다. 멘토는 우리를 해방시켜 주는 사람이 아니다. 적을 공격하고 물리쳐서 해방을 가능케 하는 것은 우리 자신의 통찰이다. 우리는 적이 그 통찰을 방해하고 있다고 생각하지만 그건 오해다.

은밀한 적을 찾아냄에 따라 우리는 자기 몰두가 우리의 인간관계를 어떻게 파괴하는지 알게 된다. 인간관계는 생명 에너지의 원천이다. 그러나 이기적인 마음은 절대적 자아에게서 그 에너지를 얻을 수 있다고 생각한다. 하지만 존재하지도 않는 것에서 무슨 수로 에너지를 얻을 수 있겠는가. 그 생각은 잘못된 것이다. 절대적 자아는 정신적 구조물이자 허상이자 거울 방의 거울에 불과하다. 그것은 거기 있지도 않은 것을 있는 듯 비추어 보여 줄 뿐이다.

마음 개조를 위해서는 우리에게 닥치는 부정적인 것—상실, 고통, 실패, 타인의 적의─을 모두 수용해서 긍정적인 것으로 바꾸는 방법을 알아내야 한다. 그 첫 단계는 우리가 겪는 모든 부정적인 것들에 대해 책임을 지면서 외부의 적을 비난하지 않는 것이다. 은밀한 적에게서 벗어나 자유에 이르는 작업은 우리 자신의 내적 성장에 에너지를 온통 투입할 것을 요구한다. 주변 사람이나 사건과의 싸움에 에너지를 허비해서는 안 된다. 『마음을 개조하는 금강저』는 우리에게 잇달아 닥치는 불운을 수없이 예로 든다. 그러고 나서 그 불운을 우리가 이전에 저지른 그릇된 행위, 즉 악업惡業의 결과로 수용하는 법과 불운을 우리가 전생 또는 이생에 던진 부메랑이 이제 돌아와서 우리를 후려치는 것으로 여기는 법을 알려 준다. 그러므로 만약 내가 조국을 빼앗긴다면 그 이유는 내가 과거에 다른 사람들의 조국을 빼앗았기 때문이다. 내 집이 화재로 잿더미가 된다면 그 이유는 내가 오래전에 다른 사람의 집을 불태웠기 때문이다. 내가 누군가와 헤어진다면 그 이유는 내가 예전에 다른 사람들을 헤어지게 만들었기 때문이다 등. 근본적으로 우리는 피해자─깊은 윤회적 측면에서만 본다면 자기 자신─ 를 비난한다. 모든 것에 책임을 지고 자기 자신에게 힘을 주기 위해서, 더 이상은 결코 무력한 피해자가 되지 않기 위해서다. 그렇게 함으로써 우리는 적을 찾아낼 뿐만 아니라 새로운 힘까지 얻게 된다. 우리는 은밀한 적이 전생에 우리를 지배하면서 우리가 다른 존재들에게 모든 이기적 행위를 범하게 만들었던 자라는 것을 깨닫는다. 그 행위가 지금 우리에게 고스

분노를 다스리는 붓다의 가르침

란히 돌아오고 있다. 이제 이 깨달음은 은밀한 적을 인정하고 그것과 맞서 싸우겠다는 우리의 결심을 강화한다. 그 적의 명령에 따르지 않고 어느 누구에게 어떤 악행도 다시는 저지르지 않기 위해서다.

은밀한 적 관찰하기

은밀한 적을 물리치는 과정에서 이 단계는 매우 중요하다. 이 단계에서 우리는 과거에 대한 서술narrative을 완전히 바꾸고 무력한 피해자가 되기를 거부하며 스스로에게 힘을 부여해서 자신의 인생과 윤회적 운명의 능동적 주체가 되어야 한다. 예컨대 나는 내 환경에 대해 끝없이 불평하는 대신, 내 주변에서 일어나고 있는 잘못된 모든 것들을 항상 나의 미숙한 지각 탓으로 돌린다. 이제는 세상을 바라볼 때 악행과 추함과 서로를 해치는 사람들만 보는 대신에 나는 내 그릇된 확신을 배제하고 내 지각을 정화한다.

한 예로 환경운동가들을 생각해 보자. 그들은 오늘날 위기에 처한 지구의 영웅이다. 하지만 그들이 현재 상황이 절망적이고 지구를 오염시키는 자들은 결코 변하지 않을 것이며 자신들의 항의는 등한시되고 결국 파멸을 중단시키지 못할 거라는 그릇된 지각에 갇혀 있다면 그들의 행동은 효과적이지 못할 것이다. 효과적으로 행동하려면 그들은 내부로 주의를 돌려서 절망의 근원을 찾아낸 후, 결과를 예단하지 말고 각각의 상황에 접근하며 자신과 다른 사람들에게 희망을 불어넣어야한다.

시각을 강화해서 더 나은 세상을 바라보기 위해 우리가 할 수 있는한 가지 수행은 '완벽한 지각'을 시각화하는 것이다. 이 상상 속에서 우리는 자신의 일상적인 세상을 완벽한 만다라mandala, 曼陀羅 세상으로 체계적으로 바꾸어 나간다. 모든 덕과 진리를 구현하는 만다라 세상은 마음을 보호하고 치유하며 자신감과 창의성을 키워 주는 완벽한 우주이다. 일상 세계가 그렇게 완벽한 만다라 세계라고 시각화하면서 자신이 그 신비로운 우주 속에 있다고 상상하라. 그곳은 모든 것이 보석처럼 순수한 기운으로 이루어져 있다. 그곳의 산과 구름은 영묘하고 모든 것이 지복과 자유를 실현한다. 그곳에는 먼지도 쓰레기도 공해도 없다. 부정적인 것은 단 하나도 없다.

이런 종류의 시각화 수행을 통해 우리는 미묘한 차원으로 옮겨 간다. 그곳에서는 일상적인 세계에 온통 주의를 쏟는 습관을 버리고 주의의 방향을 돌려서 자기 자신을 비판한다. 외부 세계를 부정적으로 지각하거나 우리의 멘토가 결함이 있다고 지각할 때 우리는 그 지각을 정반대로 바꿔서 자신의 그릇된 지각으로 간주한다. 부패한 정치가,

식량 부족, 테러리즘, 전쟁 같은 것들까지도 자신의 결함이 투영된 것으로 여긴다. 적을 이런 식으로 관찰하기 위해서는 세상을 오염되고 불완전한 곳으로 만든 것에 대해 반드시 책임을 느껴야 한다. 지각을 바꿀 때 다음 구절을 반복하면 도움이 된다.

내가 결함으로 지각하는 것들은 모두 나의 잘못된 시각과 관계가 있다. 어떤 것을 부정적으로 지각할 때마다 나는 그 지각을 철저히 의심하고 내 평소의 습관적 지각을 깨뜨릴 것이다. 그러면 지각이 정화되어 순수해진다.

이 세상을 가장 완벽한 최고의 세상으로 새롭게 상상하는 것은 매우 급진적인 수행이다. 이 수행은 내면의 혁명, 즉 마음의 완전한 변화를 요구한다. 비판적 지혜를 이용해서 우리는 어느 것에도 고정되고 견고한 핵심이 없으며 모든 것은 상대적이라는 것을 명확하게 자각한다. 또한 상대적 현실이 고정적이지 않고 유동적이며 다면적이고 모호하고 인지적으로 모순되고 평범한 동시에 비범하다는 것을 깨닫는다. 우리는 자기 자신을 변화시킬 수 있고 다른 사람들도 자기 자신을 변화시킬 수 있다는 결론에 이른다. 따라서 모든 것이 가능하다. 우리는 절망에서 벗어나 모든 상황에서 창의성을 발휘할 수 있다.

지각을 정화하는 수행의 목적은 다른 사람을 향한 비난을 멈추기 위해서다. 세상에 존재하는 모든 문제를 다른 사람들이 일으킨 것으로 간주하지 않고 나의 책임으로 떠맡기 위해서다. 이 수행은 우리에게 힘을 준다. 따라서 자기 변화를 실행하고 미래를 책임질 수 있다. 만약 자신에게 닥친 나쁜 일들을 자신이 과거에 저지른 부정적 행위와 그릇된 지각의 결과로 본다면 우리는 모든 것을 바꿀 수 있다. 관점을 이렇게 급진적으로 전환함으로써 우리는 모든 것이 가장 완벽한 최선이라고 여긴다. 큰 뜻을 품은 보살로서 또는 깨달은 영웅으로서 우리는 일체중생을 위해 이 세상을 가장 완벽한 최고의 세상으로 만들겠다는 서원을 세운다.

우리가 특정 상황을 실제로 바꿀 수 있는 유일한 방법은 그 상황에 대한 자신의 충동적 대응을 철저히 통제하는 것이다. 자기 통제는 우리에게 힘을 준다. 자기에게 닥친 나쁜 일에 책임을 느끼고 그 곤경을 제가 지은 악업의 결과로 받아들일 때 우리는 다른 사람을 적으로 만드는 것을 중단한다. 누군가에게 해를 입을 때 분노를 터뜨리지도, 운명을 한탄하지도 않는다. 그 대신에 이렇게 생각한다. '이 일을 겪는 이유는 내가 이전에 지은 악업을 소멸시키기 위해서다. 부처님과 천신과 천사들은 이런 방법으로 나를 깨우쳐 주고 있다. 정말 감사할 일이다.'

처음에는 우리 안의 모든 것이 이 수행에 저항한다. '이건 자기 학대 아니야?' 이렇게 생각하기도 한다. 하지만 결코 그렇지 않다. 오히려 그 반대다. 이렇게 책임을 지는 것은 자기 자신을 위한 자애로운 행위이다. 이것은 썩은 이를 뽑는 것과 비슷하다. 단기적으로는 고통스럽겠지만 장기적으로는 훨씬 더 참혹한 고통을 일으킬 수 있는 근원을 제거하는 것이다.

샨띠데바는 이렇게 말했다. "세상을 두루 걸어 다닐 때 가시덤불과 모난 돌멩이를 밟고 싶지 않다면 두 가지 방법이 있다. 온 세상을 가죽으로 덮든지 아니면 스스로 가죽신을 짓든지." 마음 개조는 우리의 영혼을 위해 가죽신을 짓는 것이다.

공감

공감은 다른 사람들의 감정을 똑같이 느끼는 능력을 말한다. 이 공감의 발달 과정에 대해 과학은 흥미로운 사실을 알려 준다. 1990년대에 거울 뉴런mirror neuron이라고 부르는 뇌세포가 발견되었다. 이 과학적 발견은 우리가 서로 사이좋게 지내는 법을 어떻게 배우는지에 관해 새롭게 이해하게 해준다. 현대 과학자들은 거울 뉴런을 개인이 각자의 환경과 화합하는 데 필요한 뇌의 하드웨어로 간주한다. 거울 뉴런의 목적은 우리가 관찰한 타인의 행위를 우리의 뇌에 거울처럼 비추어 주고 그가 느끼고 있는 감정을 똑같이 느끼게 해 주는 것이 전부인 듯하다. "거울 뉴런은 우리가 관념적 추론을 통해서가 아니라 직접 자극을 통해 다른 사람들의 마음을 정확히 이해할 수 있도록 해 줍니다. 생각함으로써 이해하는 게 아니라 느낌으로써 이해하는 거죠."[11] 거울 뉴런을 발견한 연구를 이끈 자코모 리촐라티Giacomo Rizzolatti의 설명이다.

신생아는 보는 것이 거의 불가능함에도 출생 후 한 시간 내에 어른들의 얼굴 표정을 모방할 수 있다. 아기는 맹목적인 사랑으로 가득한 엄마의 눈빛을 통해 최초로 연결과 관심과 애정에 대한 무언의 가르침을 배운다. 그리고 무시당한 경험이 그 좋은 느낌들을 없애 버린다는 것도 배운다.

하품하는 사람을 보면 우리도 하품을 하고 누군가가 얻어맞는 것을 보면 우리도 움찔한다. 그리고 주변 사람들이 웃음을 터뜨리면 우리도 따라 웃는 게 되는데 모두 거울 뉴런 때문이다. 실제로 하품에 '쉽게 전염'되는 사람이 공감 능력이 높다고 한다. 거울 뉴런의 존재는 부정적 또는 긍정적 감정이 때때로 독감처럼 널리 빠르게 전염되는 이유를 설명해 준다. 뇌 자체가 우리로 하여금 분리된 나와 너를 잇고 상대방의 마음을 마치 내 마음처럼 경험하게 해 줄 수 있도록 창조된 것 같다.

연구자 바버라 프레드릭슨Barbara Fredrickson은 이 생각에서 한 걸음 더 나아가 우리가 서로 어떻게 연결되는지에 대한 새로운 견해를 제시한다. 그

---

11) Sandra Blakeslee, "Cells That Reads Minds", 〈The New York Times〉, 2006.01.10, http://www.nytimes.com/2006/01/10/science/10mirr.html?pagewanted=all&_r=0

분노를 다스리는 붓다의 가르침

견해는 그녀가 '긍정성이 공명하는 찰나적 순간micro-moments of positivity resonance'이라고 부르는 것에 기반을 둔다.[12] 우리가 가장 사랑하고 가장 가까이 있는 사람들뿐만 아니라 하루하루 일상에서 우리와 연결되는 모든 사람들과 공유하는 그 찰나적 순간들이 모여서 사랑을 이룬다고 바버라는 말한다. 그 모든 사람들에는 직장 동료와 커피숍 웨이터, 심지어 낯선 사람도 포함된다. 바버라가 연구한 행동 방침은 자애명상이다. 바버라는 이렇게 설명한다. "육체의 관점에서 보면 사랑은 좋은 느낌과 상호 관심의 생물학적 파장이다. 이 출렁이는 파장이 둘 이상의 육체와 뇌를 동시에 즉각 관통한다. 육체는 긍정성이 공명하는 이 찰나적 순간들을 필요로 한다. 영양가 높은 음식과 신체 활동을 필요로 하는 것과 똑같다…… 이 찰나적 순간을 많이 가질수록 당신은 더욱 행복하고 더욱 건강하고 더욱 현명해진다."[13]

바버라는 우리와 타인들 사이를 흐르는 이 긍정적 감정의 "격렬한 파장이 유대를 형성하고 바로 그 유대가 우리를 계속 살아가게 해 준다."라고 말한다.[14]

긍정성이 공명하려면 거울 뉴런과 옥시토신 호르몬과 미주신경 활성화vagal tone라고 부르는 생물학적 과정이 필요하다. 옥시토신은 우리가 더 많

---

12) Barbara Fredrickson, Love 2.0: How Our Supreme Emotion Affects Everything We Feel, Think, Do, and Become(New York: Hudson Street Press, 2013), p.35.
13) Barbara Fredrickson, "The Big Idea: Barbara Fredrickson on Love," 〈The Daily Beast〉, 2012.02.14, http://www.thedailybeast.com/articles/2013/02/14/the-big-idea-barbara-fredrickson-on-love-2-0.html
14) Barbara Fredrickson, 앞의 책, p.29.

이 연결되고 더 많이 신뢰하게 해 준다. 이것은 유대와 애착의 호르몬으로 사랑을 느끼는 찰나적 순간에 분출한다. 미주신경은 뇌를 심장 및 그 밖의 기관들과 이어 주고 개인이 사랑을 느낄 가능성에 영향을 미친다. 바버라가 설명하듯이 "미주신경은 작은 얼굴근육을 자극해서 상대방과 눈을 더 잘 맞추고 얼굴 표정을 상대방의 표정과 더 잘 일치시킬 수 있도록 해 준다. 미주신경은 귀의 미세 근육까지 조정한다. 그럼으로써 당신은 배경 소음을 물리치고 상대방의 목소리를 더 잘 따라갈 수 있다."[15]

뇌와 신경계와 호르몬 들은 공명할 만반의 준비를 갖춘 듯하다. 공감, 심지어 사랑도 우리가 생각하는 것보다 훨씬 더 가까이 있는지도 모른다.

마음 개조 과정에서는 우리가 누구와 사귀는지에 대해 숙고하는 것이 매우 중요하다. 만물이 상호 연결되어 있으므로 우리는 친하게 지내는 이들에 의해 큰 영향을 받기 때문이다. 자기보다 더 많이 깨닫고 더 친절하고 더 지혜로운 사람과 어울린다면 그 특성이 우리에게 옮겨 온다. 부정적이거나 기만적이거나 자기 파괴적인 자와 친하다면 우리는 그를 닮아 간다. 무엇보다 은밀한 적, 즉 습관적인 자기 몰두와 어울리지 않는 게 중요하다. 자기 몰두는 결코 사귀지 말고 필히 절교해

---

15) 171쪽 각주 12에 소개한 바버라의 책, p.54.

야 할 최악의 친구이다. 자기 몰두와 절교하거나 차차 멀어지는 가장 좋은 방법은 그것을 타인 몰두로 대체하는 것이다. 항상 자기 이익에만 골몰하는 대신에 우리는 다른 사람들이 얻을 수 있는 이익에 관심을 갖고 그들에 대해 염려한다. 이와 같은 이타적 생각의 흐름은 이전의 습관적이고 자기 몰두적인 생각의 흐름을 밀어낸다. 사려 깊은 행위의 결과로 차차 일어나는 변화가 마음을 개조하는 동력이 된다. 이 명상 수행을 '자아와 타자 맞바꾸기the exchange of self and other'라고 부르며, 매일 실행해야 한다. 이 명상은 샨띠데바와 다르마라크시타의 핵심 수행법이다.

마음 개조는 일상생활을 이루는 대인 관계의 개선을 위한 강력한 기법이다. 동굴에 들어앉아 홀로 명상을 하는 것과 대인 관계에 효과적인 마음 수행을 심화하는 것은 별개다. 연민을 키우는 일은 다른 사람들과의 상호작용을 통해서만 가능하다. 그리고 사실 우리는 사람들과 항상 상호작용 중이다. 주고받기give-and-take 명상으로 알려진 수행법은 우리가 일상에서 상호작용할 때 어떻게 행동하는지를 알아차리게 돕는다.

주고받기 명상

주고받기 명상은 적에 대한 두려움과 적대감을 중화시킨다. 이 명상을 할 때에는 내 행복을 다른 사람에게 내주고 그의 괴로움을 내가 받는다고 상상한다. 적의 관점에서 보고 그가 우리에게 분노하고 해를 끼치고자 할 때 느끼는 긴장과 스트레스를 느껴 봄으로써 그의 적대감을 덜어 준다. 적의 분노를 수용해서 그 격렬한 감정이 우리 자신의 이기적 자아를 제압하게 놔둔다. 그 이기적 자아는 그 적이 우리를 해친다고 생각해서 똑같이 갚아주기를 원한다. 이 명상을 통해 우리는 적의 공격성을 유용한 도구로 바꿔서 그 도움으로 자신의 습관적인 부정적 감정과 충동적 대응을 물리친다.

주고받기 명상을 할 때는 숨을 들이쉬면서 다른 사람들의 고통과 괴로움을 떠맡는다고 상상한다. 여기에는 적의 고통도 포함된다. 해로운 연기를 들이마시듯이 그들의 고통과 괴로움을 깊이 들이마신다. 그러고 나서 그 고통과 괴로움을 우리의 열린 마음속으로 들여보낸 후 녹여 없앤다. 그 마음은 습관적 자아감에서 이미 벗어났다. 그리고 끝으로 그 자유로운 마음 깊은 곳에서 솟아나는 찬란한 지복을 날숨과 함께 그들에게로 흘려보낸다(부록 283쪽에 주고받기 명상이 자세히 설명되어 있다).

주고받기 명상은 자유를 가능케 한다. 적을 이용해 자신의 이기적 자아를 물리친다고 상상할 때 우리는 자기도취적이고 자기 몰두적이고 자기중심적인 마음과의 동일시에서 벗어난다. 그리고 그 이기적인 마음을 모든 사람들을 이롭게 하기 위해 헌신하는 이타적인 빛나는 마음으로 대체한다. 자신에게 닥친 해악에 괴로워하는 대신에 우리는 이렇게 생각한다.

이 해로운 일이 내게 일어나서 정말 다행이다. 그것이 주는 고통이 오히려 반갑다. 왜냐하면 그 고통 덕분에 내가 과거에 다른 이들에게 저지른 악행과 그들에게 끼친 해악을 참회하고 속죄할 수 있기 때문이다. 앞으로는 경솔하게 다른 사람들을 악용하거나 학대하지 않을 것이다. 상처를 주는 말과 생각과 행동을 모두 버릴 것이다.

주고받기 명상은 우리가 고통을 잘 다루고 자기에게 유익하게 바꾸도록 해 주는 강력한 수행법이다. 예컨대 우리는 어느 날 갑자기 병에 걸린다. 그 병에 걸릴 이유가 하나도 없는 것 같다. 이때 과거에 자기가 저지른 경솔하거나 무모하거나 둔감한 행위의 결과로 그 병이 찾아왔다는 생각을 받아들일 수 있다면 우리는 그 병을 건설적인 수행의 기회로 삼을 수 있다. 일부 가르침은 자연재해도 전생에서 다양한 서원을 어긴 것에서 비롯된다고 단언한다. 종교적 서원, 세속적 서원 등 모든 종류의 서원을 깬 것이 자연재해의 원인이라는 말이다. 이 주장에 수긍하기는 어렵겠지만 그것에 대해 한번 생각해 볼 수는 있다. 오늘날 일어나는 수많은 자연재해를 생각해 보라. 정말로 많은 재해가 인간이 지구의 보호자로서 책임을 다하겠다는 집단 서원을 어긴 결과로 일어난다. 그러니 토네이도가 휩쓸고 지나갈 때 절대자나 대자연을 비난하지 마라. 그 고통을 개인적 서원으로 바꿔라. "앞으로 나는 그 어떤 잘못도 저지르지 않겠다."

하지만 자연재해를 자신이 지은 악업의 결과로 보라는 말은 자연재해로 괴로워하는 사람들을 외면하라는 뜻이 아니다. 우리는 최선을 다해 그들을 도와야 한다. 주고받기 명상은 우리에게 어떤 재앙이 닥치든지 그 모든 것들을 마음을 개조하는 귀중한 기회로 바꾸는 기법이다.

우리 안의 선善

친절은 변화를 가능케 하는 강력한 도구이다. 친절을 행하려면 자신의 습관적인 반응 양식에서 벗어나야 하기 때문이다. 우리는 대개 자기에게 지나치게 몰두하는 반면에 타인을 경계해서 항상 위협과 불안을 느낀다. 폭력적이고 위태로운 요즘 시대에는 특히 그렇다. 우리가 서로 얼마나 밀접하게 연결되어 있는지를 우리는 잊고 있다. 개개인이 분리되어 있다는 지각은 우리의 적대감과 소외감을 증가시킨다. 이 제한된 관점 때문에 우리는 다르게 반응하지 못하고 행복해질 가능성이 감소한다.

버마(미얀마)에서 자애명상을 처음 배울 때 예비 수행법 중에 누군가의 선함을 찾아내는 기법이 있었다. 내가 싫어하는 사람의 선한 면까지 찾아내야 했다. 그 말을 듣자마자 나는 생각했다. '말도 안 돼! 난 그렇게 하지 않을 거야. 그건 멍청한 사람들이나 하는 짓이야. 모든 사람의 선함을 찾겠다고 설치고 다니지. 난 그런 사람들도 싫어.'

그럼에도 나는 스승의 안내에 따랐고 그 결과 눈이 번쩍 뜨이는 경험을 했다. 나는 내가 정말로 짜증스럽고 불쾌하다고 여기는 행동을 한 어떤 사람을 생각했다. 그리고 나서 그가 친구를 위해 착하게 행동하는 것을 본 기억을 떠올렸다. 그 즉시 이런 생각이 들었다. '그런 건 보고 싶지 않아! 그건 상황을 복잡하게 만들 뿐이야.' 그의 단점을 자꾸 되새기고 그를 '내가 싫어하는 사람'이자 '적'으로 표시된 범주에 계속 넣어 두는 게 훨씬 더 편했다.

우리 사회에는 인간이 어떤 행동도 할 수 있는 늘 변하는 존재가 아니라 고정된 독립체라는 케케묵은 믿음이 통용되고 있는 듯하다. 상대방을 그가 지닌 그 모든 복잡성을 고려해서 보는 능력은 감성 지능을 필요로 한다. 그 능력은 중요한 심리적 발달단계를 나타낸다. 정서의 복잡성에 대해 우리가 처음 배우는 때는 어린 시절이다. 처음에 부모를 절대 선으로 보다가 나중에는 절대 악으로 본다. 그리고 차차 성숙함에 따라 그 중간 어디쯤엔가 진실이 있다는 것을 깨닫는다. 이게 이상적이다. 우리의 부모는 절대 선도 절대 악도 아니다. 선과 악이 뒤섞인 존재이다. 이러한 내재된 애매성을 수용하지 못한다면 우리는 다른 사람들의 복잡성을 보지 못한다. 뿐만 아니라 그들을 향한 우리의 태도를 유연하게 바꿀 수 있다는 것도 깨닫지 못한다. 누군가에게서 선한 면을 찾아내기가 불가능해 보일 때조차 우리는 그와 나의 공통점을 기억할 수 있다. 인간은 누구나 변화와 상실과 불안을 겪는다. 그리고 인간은 누구나 행복을 원한다. 행복을 얻으려는 그의 노력이 다른 사람들에게는 그릇된 것으로 보일지라도 그러하다.

『코란Koran』에서 신은 인류에게 말한다. "나는 너희를 만들어······ 국가와 부족으로 나누었으니 너희는 서로를 알고 있으리라."[16] 이렇게 신은 인류를 국가와 부족으로 구분했음에도 모든 인간이 한 덩어리oneness라고 단언했다. 이 단언은 그렇게 구분했으므로 서로를 더 잘 이해해야 한다는 것을 표현한다. 서로를 적대시하라는 뜻이 아니다. 분노가 없다면 우리는 인내를 수행할 수 없고 적이 없다면 연민을 수행할 수 없을 것이다. 이와 마찬가지로 극복해야 할 큰 차이가 없다면 우리는 이원성, 즉 우리 대 그들 사고를 제거할 수 없을 것이다.

---

16) trans. Yusuf Ali, 49장 13절.

이타심

지금쯤이면 완고하고 습관적인 자기 몰두가 은밀한 적이라는 말을 믿게 될 것이다. 다른 이들을 향한 분노를 멈추지 못한다면, 자신이 행하는 모든 것이 자신에게는 불만을 그리고 남들에게는 절망을 일으킨다고 한다면 이 문제의 주범은 끝없는 자기 집착과 자기 몰두이다. 우리의 목표를 계속 망각할 경우에 과거에 지은 악업이 부메랑이 되어 우리를 후려친다. 제 이익만을 추구하는 편협하고 본능적이며 습관적인 자기 몰두가 그 악업을 부채질한다.

이제 우리가 해야 할 일은 반드시 이타적으로 행동하는 것이다. 동기가 관건이다. 우리의 동기를 계속 점검하고 수정할 필요가 있다. 훌륭한 일을 하는데 아무 성과가 없는 것 같다면 우리의 동기가 이기적이었을지도 모른다. 자신의 명성과 이익만을 추구한다면 가장 훌륭한 행위도 잘못된 방향으로 흘러간다. 우리는 결코 만족하지 못하고 더 많은 것을 원한다. 그리고 다른 사람들은 우리의 행위에 진심이 결여된 것을 알아채고 관심을 거둔다. 하지만 자기 몰두 습관을 버린다면 훌륭한 일을 하지 않아도 우리의 기분은 좋아진다.

지금부터 우리는 깨달은 마음, 즉 보살의 이타심을 갖겠다는 서원을 세울 수 있다. 이타심을 키워 주면서 '나는, 나를, 내 것'에 대한 집착을 물리치게 도와주는 연습이 있다.

가진 것에 만족했던 순간, 컵에 물이 절반이나 남았다고 생각했던 순간을 떠올려 보자. '나는 무엇을 갖고 있지?', '내 것이 얼마나 되지?' 그때 우리는 이 편협하고 이기적인 시각에 갇혀 있지 않았다. '나는, 나를, 내 것'에 대해 생각하지 않았다. 그러므로 개미가 팔 위로 기어 올라왔을 때 그 미물을 눌러 죽이지 않고 안전한 곳으로 옮겨 목숨을 구해 주었다.

친구의 말에 열심히 귀를 기울였던 순간을 떠올려 보라. 주의가 온통 그 친구를 향하고 있었기 때문에 우리는 자신에게 잠시 관심을 두지 않았다.

이제 이렇게 염원하라. 내가 행하는 모든 것이 다른 존재들에게 이롭기를, 내가 항상 세상 사람들에게 관심을 갖기를, 내가 다른 사람들의 행복을 염려하기를, 내가 작은 방법으로 다른 사람들을 이롭게 하기를, 내가 나에게 몰두하지 않고 다른 사람들에게 몰두하기를.

이로써 우리는 이타적인 방향으로 돌아선다. 이것은 은밀한 적을 물리치는 과정에서 결정적인 단계다. 이타심을 오해할 경우, 우리는 남들에게 관심을 쏟으면 자기가 더 많이 상처받고 더 괴로울 거라고 생각한다. 하지만 그 반대다. 다른 사람들의 불행을 떠맡으면 우리는 더 행복하고 더 강해진다. 어떤 재앙이 닥쳐도 괴로워하지 않는다.

이렇듯 삶은 항상 역설적이다. 인색한 사람은 항상 가난하다고 느낀다. 충분히 갖는 건 절대 불가능하기 때문이다. 억만장자라 해도 자기가 얼마나 더 벌 수 있는가에만 치중하고 그걸 벌기 위해 경쟁자를 밀어낼 방법에만 골몰한다면 항상 불만을 느낀다. 몇백만 달러를 잃고 크게 상심한다. 여전히 수천만 달러가 남아 있음에도 극도로 고통스럽다. 하지만 재산이 별로 없다 해도 다른 사람들의 행복에 관심을 갖는 사람은 행복할 수 있다. 가진 게 아무리 적어도 항상 행복하다. 진정한 부는 만족이다. 그리고 행복은 당신이 어떻게 지내고 얼마나 소유했는지에 대한 근심 걱정을 잊는 것이다.

순간의 무한성

서양 사람들은 대부분 이생의 목표에 철저히 몰두한다. 다른 생은 없다고 믿기 때문이다. 이생이 우리가 누릴 전부라고 생각한다. 그러므로 우리가 손에 넣을 수 있는 것은 무엇이든 소유하도록 길들여졌다. 더 빨리 소유할수록 더 좋다고 믿는다. 이렇게 믿고 있는 사람들도 이타적으로 행동하며 타인을 돕는 것이 가능하다. 하지만 그들의 주된 목표는 여전히 이생에서 이익을 취하는 것이다.

하지만 우리는 이 사고를 초월하고 지금 이 순간이 무한하다는 것을 깨달을 수 있다. 이생의 이 순간 속에는 우리의 전생과 내생의 특성들이 들어 있다. 이것은 니체가 말한 '영원회귀eternal recurrence'와 비슷하다. 니체는 생은 동일한 것들로 채워지며 영원히 반복된다고 말했다. 자신이 행하는 모든 것을 우리는 영원히 반복한다. 따라서 이생의 이 순간의 질적 수준이 우리의 궁극적 관심의 대상이 되어야 한다. 죽고 난 후에 우리는 아무것도 아니며 우리의 의식은 존재하지 않을 거라고 믿는다면 이 순간의 무한성을 깨닫지 못한다. 이 순간이 존재하는 전부라고 생각한다면 충동적이고 자동적인 대응을 자제할 힘이 없다. 탐욕과 분노를 초월할 힘이 없다. 제 행동의 결과가 오랫동안 지속되지는 않는다고 생각한다. '내가 오늘 화내는 게 뭐가 어때서? 내일은 기분이 좋아질 거야. 오늘만 불쾌할 뿐이야.' 이렇게 생각한다. 우리가 오늘 행동한 방식의 결과가 한없이 지속된다는 것을 실제로 깨닫는다면 우리의 행동이 얼마나 달라지겠는가. 마음을 통제하고 있을 때 우리는 순간의 무한성을 실감하고 자유가 지금 여기에 있음을 깨닫는다.

우리가 이생의 목표에 계속 몰두하고 있다면 여전히 자신의 마음을 통제하지 못한다. 교만과 이기적 야망 탓에 우리는 균형을 잃는다. 그러므로 다른 사람들과의 분리를 개선해서 자기 몰두라는 적을 물리쳐야 한다. 나는, 나를, 내 것에 초점을 맞추는 습관을 극복해야 한다. 탐욕이 적어질수록 우리는 덜 궁핍해진다. 더 많이 만족할수록 다른 사람들의 속임수에 덜 유혹된다. 이기적인 야망에 근거를 두고 있을 때 우리는 잘 속아 넘어간다.

만사가 어긋나는 것처럼 보일 때는 우리가 행하는 모든 게 불만스럽다. 아무리 가치 있는 행위도 못마땅하긴 마찬가지다. 우리는 성지순례를 떠나지만 꼬불꼬불한 길에서 차멀미를 하고 차가 고장 나고 사사건건 일행과 다투고 음식이 입에 맞지 않는다. 성지순례가 우리의 영혼을 더없이 고양시킨다 해도 그 여행을 음미하지는 못한다. 더 빨리 움직여야 한다고 불평하고, 더 천천히 구경해야 한다고 불평하고, 다른 곳을 가 봐야 한다고 불평한다. 사람이 너무 많다고 불평하거나 사람이 너무 적다고 불평한다. 날씨가 궂다고 불평한다. 우리가 현재 상황에 만족하지 못하는 이유는 이생이든 전생이든 간에 지난날 감사할 줄을 몰랐기 때문이다. 우리는 자기 몰두 습관을 다른 사람들의 동기에 투영했고, 따라서 그들의 친절을 신뢰하거나 수용하지 못했다.

모든 행위에 엄청난 결과가 따른다는 것을 간파할 때 자신이 무엇을 행하고 있는지를 초자각하게 된다. '초자각super-aware'은 자기 행위의 미묘하고 세세한 면면을 알아차리는 것을 의미한다. 극히 작은 이기적 동기나 자기중심적 생각 또는 하찮은 실수도 엄청나게 부정적인 결과를 초래할 수 있다. 바로 거기에 궁극적 실상에 대한 앎이 개입한다. 우리는 궁극적 실상, 즉 열반nirvana, 涅槃 또는 천국과 같은 절대적 경지가 그냥 떠돌다가 도달할 수 있는 곳이라고 생각하기도 한다. 하지만 이러한 생각은 자신이 세상으로부터 분리된 절대적이고 고정적이며 본질적인 자아라는 망상에 근거한다. 자기 내부에서 열반을 찾을 수 없기 때문에 우리는 그것을 바깥으로, 공간을 초월한 어떤 가상공간으로 투영한다. 하지만 우리 내부에 분리된 자아가 존재하지 않듯이 저 바깥 어디에도 열반이나 천국은 없다. 열반이나 천국은 지금 여기에 있다. 이타적 존재로서, 진정으로 타인에게 몰두하는 끝없이 확장된 존재로서 경험할 때의 이 세상 속에 있다. 깨달음은 초자연적인 것이 아니다. 그것은 생의 세세한 순간들과 그 순간들의 무한한 결과를 꾸밈없이 초자각하는 것이다.

은밀한 적 몰아내기

이제 우리는 삶을 바꾸는 통찰, 참된 행복의 문을 여는 통찰 단계로 돌입한다. 직접적이든 간접적이든 우리의 모든 문제의 근원은 은밀한 적, 즉 자기 몰두라는 것을 깨닫게 된다. 은밀한 적이 바로 나의 습관적 자아감, '진짜 나'가 되려는 헛된 노력이라는 깨달음은 얼마나 대단한가. 그 은밀한 적은 번번이 우리를 공격하고 우리의 보물을 훔쳐 가는 도둑이다. 그 도둑이 누군지를 알아냈으니 얼마나 마음이 놓이는가. 이제 우리의 보물을 되찾을 수 있다.

이 시점에서 무척 기뻐하며 의기양양해할 것이다. '이제 진짜 적을 알아냈다. 나를 항상 괴롭히는 사악한 자가 저 밖에 있지 않다는 걸 이제는 안다.' 이것이 열쇠다. "그건 정말 좋은 계획이야. 그걸로 넌 엄청난 이익을 얻을 거야. 그러니 당장 가서 독차지해." 자기 몰두적인 마음이 이렇게 속삭일 때 우리는 그 마음이 저항할 수 없는 자신의 충동이라고 생각한다. 그렇기 때문에 그 말에 속아 넘어가며 그 마음의 명령에 무력하게 복종한다. 그 마음은 마치 나의 생각인 것처럼 그 모습을 드러낸다. 하지만 그 사악한 적을 알아보는 순간, 그 마음이 정신적 습관이라는 것을 명확하게 자각하는 순간에 우리는 자유로워진다.

은밀한 적의 정체를 알아냈으므로 앞으로는 결코 의심하지 않을 것이다. 악업의 금강저의 표적이 되어서 연거푸 되돌아오는 그 칼날에 갈가리 찢기는 것에 지겹도록 시달리다가 마침내 무아의 지혜를 깨닫고 그 금강저를 휘둘러 자기 몰두를 쓰러뜨릴 수 있다. 이제는 이렇게 말한다. "오게 두자. 그 악업이 내게 돌아와 내 모든 부정적 습관과 두려움과 분노와 이기적인 욕망을 공격하게 놔두자. 진짜 적이 누구인지 이제는 알고 있기 때문이다. 악업의 금강저가 나를 향할 때 나는 그것이 살아 있는 진짜 나를 관통해서 표적에 꽂히게 쏴둘 수 있다. 자기 몰두라는 내 은밀한 적에게 돌진해서 자아의 그 사악한 습관을 단단히 포박하게 쏴둘 수 있다." 우리를 완전한 자유에 이르게 하는 것은 바로 이타심이다. 그것은 자애와 연민과 타인을 향한 순수한 관심이다. 이타심은 긍정적인 중독이다. 다른 존재들의 행복과 자유에 중독되는 것이다.

자기 몰두라는 은밀한 적을 신통하게 없애 주는 네 가지 무기가 있다. 그것들을 통틀어 송곳니라고 부른다. 몰래 숨어 있는 그 적을 찢어발기는 맹수의 송곳니라는 뜻이다. 고백, 참회, 바르게 살겠다는 결심, 자유에 대한 직관적 자각이 그것이다. 이 강력한 무기는 교활한 술책이 아니다. 그것들은 효과적인 방안을 제공한다. 먼저 우리는 자기가 저지른 악행을 정직하게 고백하고 인정해야 한다. 그 그릇된 행위를 실제로 직시해야 한다. 그다음에는 악행을 저지른 것을 진심으로 뉘우쳐야 한다. 이어서 두 번 다시 악행을 저지르지 않겠다고 진정으로 결심해야 한다. 끝으로 악행을 저지를 정당한 이유가 없고 되풀이할 이유도 없음을 알아차려야 한다. 그렇게 할 때에야 우리는 인과의 사슬을 끊는다. 참회만으로는 충분하지 않다. 결론적으로 우리는 제 허물을 꿰뚫어 보아야만 한다. 자신이 저지른 악행과 관련하여 구체적이고 강제적인 것은 하나도 없다. 이것을 실제로 통찰할 때 우리가 지은 악업에서 풀려날 수 있고 그것을 결코 반복하지 않게 된다. 악업의 수는 무한하고 해로운 결과는 한량없다. 따라서 무한한 자유가 궁극적 목표이다.

자기 몰두로부터의 자유가 진정한 승리다. 자신을 직시하고 통찰한 후 자신을 내려놓고 타인에게 몰두할 때 우리는 자유를 향해 돌아선다. 주의의 방향을 돌려서 타인을 알아차린다. 이것이 깨달음에 이르는 참된 수행이며 깊은 수행이다. 타인에게 몰두하는 마음은 번개가 치듯 한순간에 일어나는 게 아니다. 그 마음은 한 걸음씩 가만가만 우리에게 다가온다. 우리가 세상 사람들과 자연세계와 따뜻하게 연결되고 그 온기 속에서 우리의 완강한 자기 몰두가 서서히 녹을 때 그 마음이 조용히 차츰차츰 일어난다.

나에게서 우리에게로

철학자 마르틴 부버Martin Buber는 인간이 관계를 맺는 양식을 두 종류로 구분했다. 하나는 '나-너I-Thou' 관계이고 다른 하나는 '나-그것I-It' 관계다. 나-너 관계 속에서 우리는 전제 조건이 없는 관계에 이르며 인격체로서 서로 손을 내밀어 유대를 맺는다. 반면에 나-그것 관계 속에서 우리는 서로를 사물로 대한다. 맡은 기능을 행하는 자, 즉 우리는 그를 목표 달성에 필요한 수단으로 취급한다. 슈퍼마켓에서 계산할 때 우리는 한 인격체에게 말하는가, 아니면 계산 기능을 맡은 자에게 말하는가? 이름표에 적힌 그의 이름은 고사하고 그가 했던 말이나 기억하는가? 자기에게 몰두할 때 우리는 만나는 사람들을 비인격화한다. 이것은 때때로 고통스러운 결과를 가져온다. 상대방에게 주의를 기울이는 것을 배우면 정반대 결과가 일어날 수 있다. 감성 지능이라는 용어를 유행시킨 심리학자 대니얼 골먼Daniel Goleman은 다음과 같이 말한다. "공감은 인간의 잔혹성을 억제한다."[17]

최근에 친구와 외식을 하러 가는 길에 나는 그 말을 입증하는 감동적인 예를 경험했다. 금주에 성공한 그 친구는 회복 중인 알코올 의존자다. 우리가 길을 걷고 있을 때 노숙자가 다가와 돈을 구걸했다. 인정하기 부끄럽지만 만약 나 혼자였다면 그 남자에게 잔돈 몇 푼을 건네주고는 뒤도 안 돌아보고 서둘러 걸어갔을 것이다. 하지만 중독의 고통을 누구보다 잘 알고 있는 내 친구는 아주 다르게 반응했다. 구걸한 돈으로 그 노숙자가 술을 사지 않기를 바라는 마음에서 이렇게 말했다. "돈을 드리는 대신 저녁을 대접할게요. 함께 식사하러 가요. 그러면 당신은 먹고 싶은 걸 먹을 수 있어요." 그 남자는 더할 수 없이 행복했을 것이다. 그의 삶에서는 선택의 여지가 거의

---

17) Daniel Goleman, Social Intelligence: The New Science of Human Relationships(New York:Bantam, 2006), p.117. 이 책의 국내 번역본인 『SQ 사회지능』(장석훈 옮김, 웅진지식하우스, 2006) 참조.

분노를 다스리는 붓다의 가르침

없었을 터이기에 그는 감정과 욕구를 지닌 인격체로서 존중받고 대접받는 그 드문 경험을 마음껏 즐겼다. 그 둘의 상호작용을 지켜보면서 많은 것을 배웠다.

친구의 행동에서 볼 수 있듯, 공감과 연민은 상대방이 원하는 모든 것을 무조건 들어주는 것이 아니다. 자애가 항상 고분고분하게 순종하는 것을 뜻하지 않는 것과 같다. 거역하는 것이 자애로운 반응일 때도 있다. 공감은 우리가 기호나 이름표, 경쟁자로서가 아니라 인격체로서 상대방과 교류한다는 뜻이다. 이렇게 관계를 맺으면 지혜를 토대로 적절하게 반응할 수 있다. 우리가 찾아내려고만 한다면 연결을 가능케 하는 끈은 항상 거기에 있다.

자기 몰두라는 사악한 적은 우리를 끝없이 쫓아다니며 계속 공격한다. 우리가 그 적의 정체를 알아냈다고 해서 적이 공격을 멈추는 것은 아니다. 따라서 우리는 강력하고 자유롭고 자비로운 지성을 동원해서 자기 몰두가 방향을 틀어 자기 몰두 자체를 공격하게끔 해야 한다. 초월적 지혜를 상징하는 문수보살, 가장 난폭한 야만타카, 즉 죽음을 근절하는 자를 불러내야 한다. 야만타카는 우리의 습관적이고 치명적인 자기 집착을 파괴한다. 자아가 견고하다는 망상을 꿰뚫어 볼 때 우리는 만물에 고정된 실체가 없다는 것을 감지한다. 우리의 본능적인 자기중심성이 크게 열려서 타고난 지복을 받아들인다. 이것을 명확하게 깨달을수록 우리의 지복이 더욱 커진다.

은밀한 적에게 갇힌 자신을 풀어 주기 위해서는 강력한 지혜의 도움이 필요하다. 자기 몰두는 우리를 감시하는 교도관이기 때문이다. 그습관적 자아감에 갇혀서 세상과 격리되어 있으므로 우리는 새로운 것을 경험하는 게 불가능하다. 하지만 갇혀 있기는 교도관도 죄수와 다를 바 없다. 죄수를 감방에 가두어 두기 위해 그는 감방 밖의 사무실에 갇혀 있다. 그러므로 자기 몰두는 항상 괴로워한다. 그것은 발에가시가 박힌 애완견과 비슷하다. 고통으로 계속 낑낑거리고 으르렁거리고 몸부림을 친다. 당신이 가시를 빼 주어서 마침내 고통에서 벗어나면 애완견은 몹시 기뻐하며 당신에게 뛰어오르고 얼굴을 핥아 댄다.

우리가 지혜를 동원해서 은밀한 적을 해방시킬 때—교도관을 없애고 우리 자신을 감방에서 꺼내 줄 때—그 교도관도 해방된다. 왜곡되고 완고한 역할에서 해방되면 에고ego는 점차 진정으로 교류하고 다정해진다. 지혜는 자아self를 파괴하지 못한다. 파괴할 독립적인 자아가 없기 때문이다. 지혜가 파괴하는 것은 고정된 자아가 존재한다는환상이다.

부처님은 무아를 절대적 의미로 가르치지 않았다. '자아를 통제하는' 사람 또는 '망상에 빠진 자아를 꺼낸' 사람에 대해 설법할 때도 있었다. '자아는 없다'고 간혹 말하기도 했지만 이는 단지 사람들을 깜짝 놀라게 해서 그들의 환상을 깨뜨리기 위해서였을 뿐이다. '자아'라는 말을 듣는 순간, 우리가 거짓 자아를 맨 먼저 떠올린다는 것을 부처님은 알았기 때문이다. 하지만 긴 세월 동안 부처님의 가르침이 전후 맥락이 무시된 채 전해지면서 '자아는 없다'와 '나는 존재하지 않는다' 같은 말이 불교의 니힐리즘의 증거로 잘못 언급되고 있다. 부처님은 그 자신이 자리에 앉아 설법을 하고 사람들은 설법하는 그를 보며 그의 말을 듣는다는 것을 알았고, 거기서 '나는 존재하지 않는다'는 말이 넋 나간 소리로 들릴 거라는 것을 잘 알았다. 부처님이 말하고자 했던 것은 '나는 내가 존재한다고 생각한 대로 존재하지 않는다'는 것이다. 이와 비슷하게 "책상은 없다."라고 부처님이 말했다면 그 말은 책상이 그 자체로 고정적이고 본능적인 실체를 지닌 어떤 것으로 존재하지 않는다는 뜻이다. 하지만 분명히 책상은 내가 손으로 만질 수 있는 어떤 것이다. 그러므로 자기 몰두라는 그 은밀한 적을 없앤다는 말을 우리가 제 자신을 파괴해야 한다는 뜻으로 이해해서는 안 된다.

실제로 존재하며 파괴하기가 근본적으로 불가능한 자아는 상대적 자아다. 절대적 자아에 대한 거짓 관념false notion의 지배하에서 상대적 자아는 괴로워하고, 절대적 자아에 대한 우리의 그 헛된 기대에 결코 부응하지 못한다. 완고하지도 않고 고정되지도 않은 상대적 자아는 유연하고 취약하며 항상 변한다. 이 상대적 자아는 개별화된 실체가 아니다. 그것은 육체와 때때로 '천박한 마음'으로 불리는 체화된 마음과 영혼[18], 즉 '미묘한 마음'을 포함하는 하나의 과정이다. 상대적 자아는 살아 있는 자아다. 어린 자녀의 아침 식사를 준비하고 일터로 나가고 밤에 사랑하는 사람들에게 입맞춤을 해 주는 평범하고 일상적인 자아다. 우리가 상대적 자아에 덮어씌운 망상을 걷어 낼 때 그 자아는 드디어 참자아, 불아buddha-self, 佛我, 결점들 속에서도 완벽한 자아가 된다.

그러므로 무아는 상대적 자아가 소멸한다는 뜻이 아니다. 우리는 그 자아를 철저히 억누르지도 않고 멀리 내던지지도 않는다. 그 상대적 자아, 즉 에고는 단지 대명사 '나'일 뿐이다. 우리는 그 대명사를 강화해서 일상 세계와 교류하는 유연하고 유능한 한 가지 도구로 만든다. 고정된 절대적 자아가 되려는 노력을 내려놓음으로써 상대적 자아가 될 수 있다.

상대적 자아, 즉 일상적 자아에 대한 명확한 이해는 완전한 자유의 문을 여는 열쇠 중 하나다. 그 자아는 언어적으로는 물론이고 정신적으로도 자아로 지정되기 때문에 자아일 뿐이다. 대명사 나와 너가 '나'와 '너'를 창조한다.

자기 몰두를 제거하고 스스로를 해방시켜서 자기 일에 완벽하게 집중할 때 자아를 잊는다. 자아가 사라진다! 특정 활동에 완전히 빠져서 자아를 의식하지 못하는 상태를 심리학자들은 '몰입flow'이라는 용

---

18) 불경(佛經)을 번역하는 서양인들은 산스크리트 'atma(빨리어로 'atta')'를 '영혼(soul)'으로 옮긴다. 죽은 후 천국이나 지옥에 갈 수 있는 '불멸의 영혼(immortal soul)'이라는 기독교적 개념과 구별하기 위해 그들은 부처님이 '영혼' 따위는 없다는 것을 발견했다고 주장한다. 때때로 부처님은 영혼이 없다고 말했지만 똑같은 법문에서 눈도 없고 귀도 없고 코도 없다고 했다. 항상 이 말은 '절대적 영혼, 절대적 눈, 절대적 코'가 없다는 뜻이었다. 따라서 우리는 상대적 눈, 상대적 귀 등을 갖고 있으며 그렇기 때문에 상대적 영혼과 자아가 소멸한 무아의 영혼을 갖고 있다. 그리고 영혼이라는 친숙한 단어를 써서 '매 순간 변하며 연속적으로 흐르는 극도로 미묘한 점(點)', 즉 영적 유전자를 묘사한다. 이 유전자는 우리의 참모습을 생에서 생으로 전달한다.

어로 표현한다. 몰입 상태를 처음 관찰한 연구자는 미하이 칙센트미하이Mihaly Csikszentmihalyi다. 자아를 버리는 것, 자아를 망각하는 것, 자기 몰두를 내려놓는 것은 그렇게 멀리 있는 게 아니다. 평범한 일상은 해야 할 일들을 해내기 위해 우리에게 그것을 요구한다. 경기에 완전히 집중한 운동선수는 그 순간만큼은 자기 몰두라는 은밀한 적을 철저히 제거한 것이다. 우리에게 수행이란 매 순간, 경기장 밖에서도, 완전히 집중해서 살아가는 법을 배우는 것이다.

분리의 횡포

자신이 우주의 중심이라는 자기도취적인 믿음에 빠질 때 우리는 적을 만드는 행위를 지탱하는 우리 대 그들 사고에 갇힐 수 있다. 그 믿음은 자기 몰두의 노골적인 횡포이며 특권 의식이다.

2011년 허리케인 아이린이 미국 동부 지역을 휩쓸면서 곳곳에서 마을 전체가 물에 잠기고 수만 명이 전기와 열기가 끊긴 집에 고립되었다. 그때 뉴욕 시는 대체로 피해가 적었다. 때문에 뉴욕 시민들은 아이린의 엄청난 위력에 대한 언론 보도가 '과장된 호들갑'이라며 묵살했다. 하지만 건물 1층이 거의 물에 잠긴 북부 뉴욕 주나 버몬트 시에 살고 있는 사람들에게는 그들의 생활을 엉망진창으로 파괴한 아이린의 위력이 결코 과장된 호들갑이 아니었다. 다른 사람들과 조금이라도 공감하고 싶다면 우리는 세상을 보는 자신의 시야를 넓혀야 한다.

이와 비슷하게 시야의 확장을 요구하는 것으로 회복적 사법restorative justice 운동이 있다. 이 운동은 가해자가 자신의 행위가 빚은 결과를 더욱 광범위하게 직시하도록 해 준다. 그러면 그 범죄행위를 그럴듯한 이유—"피해입은 사람은 아무도 없을 거야.", "그 정도 손해는 그들에겐 별 거 아니야."—로 계속 정당화하는 대신, 그들의 방어적이고 적대적인 사고에 변화가 생긴다고 한다. 예컨대 주유소에서 돈을 훔친 절도범에게 그의 행위 때문에 주유소 주인이 손실을 만회하려고 사업 규모를 줄였고 납입할 보험료가 늘었다고 알려 준다. 그 주인은 직원을 한 명 해고할 수밖에 없었는데, 그 직원은 여동생을 부양하며 힘들게 살고 있었다. 오빠의 도움을 받지 못한 여동생은 생활비를 충당할 수가 없었고 결국 지난달에 방세를 내지 못해 거리로 쫓겨났다고 말이다. 이 사연을 들음으로써 그 어린 절도범은 제 절도 행위가 실제로 어떤 결과를 초래했는지를 실감할 것이다. 이것이 실제로 회복적 사법의 본질이다.

회복적 사법이 가능하려면 분노와 독선과 자만의 대안을 찾아내는 힘든 길을 선택해야 한다. 이 선택은 우리가 기꺼이 마음을 열고 우리의 취약함을 있는 그대로 인정할 것을 요구한다. 티베트의 지혜로운 속담은 다음과 같이 말한다. "자신이 약하다고 느낄 때 우리는 분노를 집어 든다. 그 이유는 분노로 무장하면 자신이 강해질 거라고 생각하기 때문이다." 우리는 힘이 센 것처럼 보이려고 적의를 품고 배타적 태도를 취하며 상대방을 사악한 적으로 만든다.

용서와 화해처럼, 회복적 사법도 겸손을 요구한다. 그리고 피해자와 가해자 양측 모두가 우리와 그들을 가르는 벽을 기꺼이 허물겠다는 태도를 지닐 것을 요구한다. 퀘이커파 교도인 어느 작가가 지적하듯이 누구나 '모든 범죄의 씨앗'을 갖고 있다.[19] 이를 부인하는 것은 분리에 대한 환상을 지속시킬 뿐이다. 그것을 겸손하게 인정한다면 다른 사람들에 대한 우월감과 그들의 인생에 대한 경멸감의 토대가 사라진다. 독선은 벽을 쌓지만 진실한 마음과 명확한 자각은 그 벽을 매번 허문다.

우리는 자신의 행위가 세상 속으로 얼마나 멀리 퍼져 나가는지에 대해 거의 관심을 갖지 않는다. 하지만 그 행위가 다른 사람들, 즉 우리가 아는 사람들과 알지 못하는 사람들 모두에게 얼마나 직접적인 영향을 미치는지 기억한다면 우리의 마음과 생각이 바뀔 것이다. '그들이 무슨 일을 겪는지는 별로 중요하지 않다.'는 생각이 '그건 정말로 중요해. 왜냐하면 그들도 나와 똑같은 욕구와 소망을 갖고 있으니까. 누군가가 내 생계 수단을 빼앗거나 내가 사랑하는 사람을 해친다면 나는 어떤 심정일까?'로 바뀐다. 따뜻한 관심 속에서 우리의 공통 기반이 확대된다.

---

19) Byron Rees, The Heart Cry of Jesus (1988)(Whitefish, MT: Kessinger Publishing, 2010), p.17.

은밀한 적 줄곧 지켜보기

자기에게 닥치는 일을 전적으로 책임짐으로써 자기 몰두를 몰아낸 후에도 우리는 그 은밀한 적을 매 순간 경계해야 한다. 자기 집착과 자기 몰두는 그 뿌리가 매우 깊고 튼튼하다. 그러므로 우리는 그 적의 위험성을 한시도 잊지 말고 필요한 조치를 취해서 적을 제압해야 한다. 그러기 위해 『마음을 개조하는 금강저』의 기도문을 반복함으로써 우리의 광포한 지혜를 불러일으켜도 좋다.

나에게 몰두하는 내 마음을 쳐부수고 또 쳐부숴라!
항상 남에게 몰두하는 마음을 사랑하고 또 사랑하라!

이 말을 깊이 되새기고 계속 반복하면서 모든 상황에 차근차근 적용해야 한다.

우선 자기 몰두와 자기 집착이라는 그 은밀한 적의 강압적인 명령하에서 우리가 얼마나 많은 생을 괴로움 속에서 살았는지를 상기한다. 불교적 우주관에 따르면 가장 고통스러운 세 가지 세계, 즉 삼악도三惡道는 지옥과 아귀 그리고 축생畜生의 세계로 이루어져 있다. 이 중 가장 쉽게 상상할 수 있는 곳은 축생의 세계일 것이다. 자신이 사슴이라고 상상해 보라. 사자가 뒤쫓아 와서 산 채로 잡아먹고 몸통이나 다리를 물어뜯거나 목덜미를 물고 흔들어 댄다고 상상해 보라. 예쁜 아기사슴으로 동화처럼 사는 낭만적인 꿈은 곧바로 사라진다.

삼악도의 고통에 대해 내가 처음으로 명상을 할 때 월트 디즈니Walt Disney의 장편 기록영화 〈사막은 살아 있다The Living Desert〉의 한 장면이 떠올랐다. 말벌은 타란툴라에게 잡아먹히고 타란툴라는 뱀에게, 뱀은 매에게 잡아먹힌다. 도처에서 누군가가 항상 어슬렁거리며 다른 누군가를 우적우적 씹어 먹고 있다. 티베트인들은 축생계를 '서로서로 잡아먹는 곳'으로 묘사한다. 먹이 피라미드에서 상위 단계에 있으면서 인간에게 가까운 동물일수록 조금 더 여유가 있지만 그들도 끝없이 바짝 경계해야 한다. 따라서 그들의 생도 비참하긴 매한가지다.

축생계 밑에는 배고픈 귀신들이 사는 세계가 있다. 이 아귀들은 배가 태산만큼 크고 목구멍은 바늘만큼 가늘다. 그들이 한 번에 삼킬 수 있는 양은 물 한 방울이나 쌀 한 톨에 불과하다. 따라서 그들의 배는 항상 허기로 뒤틀리고 목은 갈증으로 타들어 간다. 이 세계로 떨어진 자들은 음식을 극도로 탐하지만 허기와 갈증을 결코 채울 수가 없다.

지옥계는 훨씬 더 무시무시하다. 그곳에는 얼음산에 던져 온몸을 얼어붙게 하는 지옥, 펄펄 끓는 가마솥에 집어넣는 지옥, 칼산에 던져 온몸을 찢는 지옥, 바위틈에 넣고 짓뭉개는 지옥 등이 있다. 이 지옥에 떨어진 자들은 그 극심한 고통을 영원히 견디어야 한다. 그 장면을 생생하게 상상할 수 있음에도 우리는 지옥을 별로 겁내지 않는다. 자기는 그렇게 끔찍한 고통을 겪을 리가 없다고 믿기 때문에 우리는 그런 종류의 지옥에 떨어질 만한 악업을 계속 쌓는다. 하지만 단테Dante가 그런 지옥을 깊이 숙고하는 것은 크게 유익할 것이다. 공포는 강력한 자극제가 돼 우리가 선하고 바르게 행동해 파괴적 습관을 극복하도록 격려한다. 티베트불교의 성자 밀라레빠Milarepa에게 공포는 깨달음의 중요한 방편이었다. 자신이 지은 악업에 대해 생각할 때 느낀 극도의 공포는 그를 몰아붙여서 깨달음에 이르게 해 주었다. 거세게 분출하는 아드레날린이 달려오는 기차를 즉시 피할 수 있도록 해 주는 것처럼, 공포는 행동을 촉발하는 강하고 유용한 자극제가 될 수 있다.

자기 몰두 습관을 통찰할 때 우리는 저절로 더욱 자유롭고 더욱 강해진다. 우리에게서 배어 나오는 자신감과 만족감을 다른 사람들이 부러워하고 칭찬하기 시작한다. 이때 지혜의 검을 계속 휘둘러서 자기 몰두 습관을 매 순간 물리치는 것은 대단히 중요하다. 그래야만 자신이 영적 대가라는 오만과 허세에 빠지지 않는다. '나는 깨달음을 얻었다. 궁극의 지혜를 깨쳤고 생의 무한성을 통찰했으니 나는 특별하다.' 이런 생각이 스멀스멀 피어오를 때는 단호하게 마음을 개조해서 타인에게 몰두하는 마음을 일으켜야 한다. 선善의 뿌리를 되살려야 한다. 이 방법을 통해 자기 집착과 자기 몰두라는 은밀한 적의 공격을 막아야 한다. '나는 특별하다'에서 '나는'이라는 말은 그 자기 몰두 습관이 얼마나 깊이 박혀 있는지를 보여 준다. 하지만 무아의 지혜를 되새길 때, 만물이 완벽하게 자유로운 열림openness이라는 실상을 직관으로 알 때 우리는 선업에 다시 관심을 쏟으며 세상 속에서 살아간다.

그러니 별로 애쓰지 않고도 영예로운 통찰에 쉽게 이르기 시작한다면 우리는 의지를 발휘해서 직관적 지혜를 불러내야 한다. '나'의 자기 몰두, '나'의 자기 집착, '나'의 자아 습관 때문에 우리는 갈수록 약해진다. 그 손아귀에 잡혀 있을 때 자신이 얼마나 비이성적인지를 반드시 간파해야 한다. 우리는 친구들이 옆에 있는 것을 당연시한다. 물건에 대한 욕심이 끝이 없다. 오늘날의 광기 어린 상업 문화에서 우리는 욕망에 휘둘린다. '이게 없으면 나는 살 수가 없어. 나는 저걸 꼭 가져야 해.' 이 생각에 사로잡힌다. 조만간 우리는 세상을 돈으로 사들일 계책을 꾸밀 것이다. 그리고 도둑질은 어떤가? 절도 행위는 모든 곳에 있는 모든 사람의 마음속에 들어 있다. 단지 그 규모가 작을 뿐이다. 소득세를 한 푼이라도 덜 내려 하지 않은 사람이 누가 있을까? 자기 몰두라는 악마의 주문에 걸려 있을 때 우리는 복권 당첨을 꿈꾼다. 세상도 이롭게 하고 자신의 생계도 꾸릴 방법에 대한 고민은 뒷전이다.

우리 인간은 속임수에 능하다. 교묘하게 자기 이익을 꾀한다. 이것을 어릴 때 배운다. 부모가 원하는 것을 갖고 있으면 우리는 더없이 사랑스럽게 군다. 나이가 아주 어릴 때부터 우리는 받고 싶은 선물을 넌지시 알려 주고 비위를 맞춰서 호감을 사고 온갖 아첨으로 인정을 얻는 것에 능숙해진다. 좋은 걸 아무리 많이 손에 넣어도 결코 충분하지 않다. 아니면 나쁜 게 너무 많다. 우리가 만족을 느끼는 것은 영원히 불가능하다. 자신이 가진 것을 즐기지 못하고 함께 있는 사람과도 즐겁지 못하다. 심지어 연인들도 자꾸 뒤를 돌아보며 엉뚱한 사람을 고른 게 아닐까 의심한다. 그리고 남들에게 해 줄 수 있는 최소한의 것만 겨우 해 주고는 가만히 앉아서 그들은 도대체 고마워할 줄을 모른다고, 아무 보답도 하지 않는다고 원망한다. 우리 마음은 바로 그렇게 작동한다. 천국에 있다 해도 우리는 불행을 자청할 것이다.

『마음을 개조하는 금강저』를 이용해서 우리는 이 개인적 습관과 대적한다. '나'는 지혜의 화신 야만타카, 즉 죽음을 근절하는 지혜를 불러낸다. 이것은 자기에게 몰두하는 '나'의 그릇된 행동에 의문을 제기하는 '실재하는' 건강한 인간이다. 자기 몰두적인 나는 자유를 갈망하는 살아 있는 '나'를 습관적으로 억압하는 적이다. 그 비실재하는 나, 즉 기만적이고 결코 만족하지 않는 거짓 구조물로서의 나는 은밀한 적이다. 무아의 지혜의 금강저를 휘둘러서 우리는 그 적을 계속 물리쳐야 한다.

다르마라크시타는 높은 깨달음에 이르렀다. 그 덕분에 그는 교사로서 그리고 인간으로서 자기 역할을 다할 때 반드시 경계해야 하는 지속적이고 부정적인 습관을 항상 예리하게 자각할 수 있었다. 사람들은 그를 영적 스승으로 여겼다. 하지만 그는 인간의 본능적 이기심과 애욕과 증오 성향을 세세히 살피는 감시꾼의 본보기가 되고자 했다. 그는 스스로에게 가차 없이 요구했다.

내가 지닌 이상에도 불구하고, 나는 욕심 많은 개보다 더 인색하구나.

남들에게 몰두하고 똑똑하고 모든 덕을 갖추고 있을지라도

나에게 몰두하는 생각의 바람에 휩쓸려 나는 여전히 이리저리 떠돈다.

그러니 죽음을 근절하는 지혜여, 부디

나만을 생각하는 내 이 치명적인 머리를 깨뜨려다오!

내 은밀한 적을, 내 이기적인 마음을 궤멸시켜다오.

나는 거룩하고 청정해야 마땅하므로

이것을 사랑하거나 저것을 증오해서는 안 된다.

그리하여 나는 사랑과 증오를 마음속 깊이 감춘다.

남들을 탐욕스러운 자, 증오하는 자로만 본다.

그러고는 그들을 부당하게 비난하고 내 허물을 그들에게 투영한다!

나는 내 자기 집착을 없애지 못했다.

그런 내가 어찌 그들의 허물을 비난할 수 있을까?

그러니 죽음을 근절하는 지혜여, 부디
나만을 생각하는 내 이 치명적인 머리를 깨뜨려다오!
내 은밀한 적을, 내 이기적인 마음을 궤멸시켜다오.

마음챙김을 통해 우리는 자기 몰두의 계속되는 위협을 매 순간 알아
차리고 초월적 지혜의 필요성에 주의를 집중한다. 사악한 자기 몰두가
초래한 윤회적 결과들을 직시하면 우리는 모든 역경을 과거에 그 적에
게 사로잡혀 지은 악업을 참회하고 속죄할 기회로 받아들인다. 이어서
죽음을 근절하는 자, 야만타카가 상징하는 가장 광포한 지혜를 갖기
를 갈망한다. 우리는 결연하게 야만타카를 부른다. 그는 즉시 우리에
게 달려와서 자기 몰두라는 사악한 적에게 잡힌 우리를 구해 준다. 우
리는 가장 깊은 곳에 숨어 있는 진짜 적을 없애 달라고 그에게 간청한
다. 그 적은 우리의 자아로 위장함으로써 우리를 제압하고 우리의 행
복과 자유를 계속 파괴한다.

대비심大悲心을 일으켜 나를 구해 주오.
그 악업의 사슬에서
욕망의 바퀴를 굴리는 어리석은 행위에서 구해 주오.
그대에게 간청하니, 내 거짓 자아를 무찔러 주오!
이 부정적인 자아, 미혹에 빠진 자아

자기를 절대시하는 자아, 과대망상에 빠진 자아를 무찔러 주오!
그대에게 간청하니, 그것에 승리를 거두어 주오!

그대를 큰 소리로 부르니, 위대한 야만타카여!
생의 모든 고통을 가져가서
나의 고통뿐만 아니라 모든 중생의 고통까지 가져가서

내 자기 집착 위에 높이 쌓아 주오.
내 자기 집착을 제물로 삼아
실재하는 나를, 자아가 없는 나를 해방시켜 주오!
자기 몰두, 자기 집착이 나를 파괴하고 있으니
부디, 모든 중생의 고통을 그 위에 쌓아 주오.
모든 그릇된 생각과 모든 중독과 다섯 가지 번뇌
망상, 탐욕, 증오, 자만, 질시
간절히 청하니, 자기를 기만하는 내 사악한 적 위에 그것들을
쌓아 주오!

이 지점에 이르면 그 가르침은 우리가 동종요법으로 부르는 것으로
바뀐다. 이제 불로써 불을 끄고 독으로써 독을 해독한다. 모든 악은
자기 몰두에서 생겨난다는 것을 이제는 안다. 마음속에서 들려오는 목

소리에 여전히 귀를 기울인다. 그렇기 때문에 야만타카에게 나의 무의식 속으로, 나의 영혼을 이루는 유전자 속으로 들어가라고 간청한다. 무기를 완전히 갖추고 거기에 들어가서 내 것이 분명한 자기 몰두와 자기 집착과 자기 허세의 그 목소리를 없애 달라고 간청한다.

이제 다른 모든 중생의 친절에 대해 명상할 때 우리는 그들이 내게 친절하기 위해 애쓴다는 것을 깨닫는다. 그들에게 나를 해치려는 의도가 전혀 없음을, 내가 겪는 해악은 전부 내 자기 몰두에서 비롯된 것임을 이제는 안다. 그들이 가한, 원치 않은 모든 해악에 대해 내가 책임을 진다. 내가 지닌 덕을 모든 중생에게 베푼다. 그리고 절대적 자아를 물리치겠다는 서원을 세웠으므로 이제 다른 모든 중생의 악업과 고통과 번뇌를 전부 이용할 수 있다. 그리고 지혜를 통해 그것들을 깨달음의 방편으로 바꿀 수 있다. 자기중심성과 이기심이라는 괴물을 야만타카가 궤멸시키는 순간, 마침내 항상 원했던 참된 행복에 이른다.

하지만 사악한 자기 몰두와 자기 집착 저 밑에 아직도 뭔가가 몰래 숨어 있다. 여기 일상의 한복판에서 이 순간의 완벽한 희열을 훼손하는 아주 작은 문제가 여전히 남아 있다. 이 시점에서 우리는 훨씬 더 깊은 곳에 있는, 훨씬 더 미묘하고 비밀스런 자기 집착을 감지한다. 가장 은밀한 적과 마주친 것이다.

4장

마지막 승리: **가장 은밀한 적**

Victory over the Super–secret Enemy

66

더없이 기쁘고 행복한 순간에도 우리의 내면 깊숙한 곳에는 걱정과 근심이 깔려 있다. 우리는 자기 자신이 아름답고 풍요로운 현실을 누릴 자격이 없다고 생각한다. 이 같은 낮은 자존감이 바로 가장 은밀한 적이다. 무가치감, 자기 비하, 자기혐오, 자기 부정의 토대는 뿌리 깊은 열등감이다. 두려움과 무지에 빠진 우리 문화는 어릴 때부터 우리에게 열등감을 주입한다. 열등감은 우리를 슬픔과 절망에 가둔다.

99

죽음, 자유와 깨달음의 방편

　　죽음은 대부분의 사람들에게 가장 큰 적이다. 물질주의 사회의 구성원에게는 물리적 육체가 언젠가는 죽을 수밖에 없다는 현실보다 더 무서운 것은 없다.

　우리는 죽음을 육체의 적으로 여길 뿐만 아니라 의미를 말살하는 적으로 여긴다. 다른 동물들과 달리 인간은 제 삶에 어떤 의미가 있어야만 한다고 굳게 믿는다. 의미를 향한 우리의 갈망을 고려하면 죽음은 마지막 명성에 대한 희망을 무너뜨리고 우리의 삶을 무無로 환원하는 적이다.

　불교는 생사生死를 이런 환원주의적 시각에서 보지 않는다. 삶을 죽음이라는 적이 항상 이기는 승산 없는 싸움으로 규정하지 않고, 삶과 죽음을 신성하게 서로 연결된 분리할 수 없는 과정으로 본다(상반되는 음陰과 양陽의 관계에 대해 생각해 보라). 우리가 허락한다면 필연적인 죽음은 삶을 풍요롭게 한다. 인간으로 귀하게 태어난 것에 깊이 감사하게 해 주고 언젠가는 죽게 될 이 세상의 모든 형제자매와 우리를 연민을 통해 연결시킨다.

　많은 영적 전통이 이러한 시각을 고수한다. 죽음은 우리의 존재를 소멸시킨다기보다는 삶의 의미를 강조한다. 이렇게 생각하면 가장 무서운 그 적이 친한 친구로, 제 그림자만큼이나 가까운 친구로 바뀔 수 있다.

중국의 현자인 장자莊子는 한 남자에 대한 이야기를 통해 인간의 조건을 은유한다. 그 남자는 제 그림자가 너무 두렵고 자신의 발자국이 너무 싫어서 그 둘을 떨쳐 내기로 결심했다. 겁에 질린 이 남자가 궁리해 낸 방법은 그림자로부터 달아나는 것이었다. 하지만 걸음을 옮길 때마다 당연히 그림자는 전혀 힘들이지 않고 그를 따라왔다. 그 남자는 자기가 천천히 달려서 그렇다는 결론을 내리고 속도를 높여 쉬지 않고 빨리, 더 빨리 달리다가 결국 쓰러져 죽고 말았다. 그냥 그늘 속으로 들어가면 그림자가 즉시 사라진다는 것을, 걸음을 멈추고 고요히 머물면 발자국이 생기지 않는다는 것을 그 가련한 남자는 깨닫지 못했다.

죽음을 수용하는 것에도 똑같은 원리가 적용된다. 무상impermanence의 지혜 속으로 깊이 들어갈수록 그에 비례해서 공포가 줄어든다. 걸음을 멈추고 고요히 머물면, 마음챙김 수행을 통해 매 순간 균형을 유지하면 혐오스러운 발자국이 사라지기 시작한다. 필멸必滅을 의식하므로 더 많이 배려하고 감사하며 산다. 그러면 이 자각은 마음속에 자애가 솟아날 길을 열어 준다. 삶의 모든 순간을 충분히 경험할 때, 그 순간이 일어날 때부터 사라질 때까지 온전히 경험할 때 우리는 새로 태어나기 위해, 즉 깨어나기 위해 매 순간 '죽는 것'을 배운다. 죽음은 결코 적이 아니다. 죽음은 우리를 깨우치는 훌륭한 방편이다. 그리고 죽음을 받아들이는 수행을 해야 할 시점은 바로 지금이

세상을 보는 다른 눈④: 죽음, 자유와 깨달음의 방편

다. 죽음이 실제로 우리 앞에 모습을 드러내기 전에 수행을 시작해야 한다.

이러한 수행은 어렵다. 우리는 자신이 죽으리라는 사실을 직시하지 못하기 때문이다. 마음은 마음이 소멸한다는 생각을 철저히 차단한다. 우리는 사랑하는 사람들이 죽으리라는 진리에도 저항한다. 키사 고타미Kisa Gotami의 유명한 이야기는 이 저항과 우리가 그 진리를 어디까지 부인하는지 잘 보여 준다. 부유한 남자의 아내인 고타미가 하나밖에 없는 아들을 잃고 말았다. 극한의 슬픔에 빠진 그녀에게 어떤 위로도 소용이 없었다. 사랑하는 아들을 잃었을 뿐만 아니라 자신이 살아갈 이유도 잃어버린 것 같은 이 여인을 아무도 도와줄 수가 없었다. 고타미는 죽은 아들을 품에 안고 사방을 돌아다니며 되살릴 방법을 찾았다. 사람들은 고타미가 슬픔이 지나쳐서 결국 정신을 놓았다고 생각했다. 마침내 고타미는 부처님을 찾아가서 아들을 살려 달라고 애원했다. 이에 부처님은 겨자씨 한 알을 구해 오면 아들을 살려 주겠다고 말했다. 단, 지금까지 죽은 사람이 한 명도 없는 집에서 얻은 겨자씨여야 했다.

고타미는 겨자씨를 구하러 집집마다 찾아갔다. 하지만 가족 중에 죽은 사람이 한 명도 없는 집은 단 한 곳도 없었다. 인간이 죽는 것은 자명한 사실이기에 어느 집도 죽음에서 벗어나지 못한다는 것을 고타미는 마침내 알게 되었다. 진리를 깨친 그녀는 부처님에게 돌아갔다. 부처님은 고타미를 위로하고 무상에 대해 가르쳤다. 이 가르침을 통해 고타미는 무지에서 깨어났

분노를 다스리는 붓다의 가르침

고 영적 깨달음의 첫 단계에 들어섰다. 그리고 그제야 죽은 아들을 땅에 묻을 수 있었다.

어떻게 보면 이런 방법으로 고타미에게 그 중요한 진리를 가르친 것은 잔인한 듯도 하다. 하지만 겨자씨를 구해 오라는 부처님의 말을 통해 고타미는 자신이 혼자가 아니라는 것과 진리가 자신을 깨우쳐 준다는 것을 알게 되었다. 또한 자신은 여전히 삶의 일부라는 것을 깨달았다. 아들은 죽었지만 그녀의 삶은 계속되고 있었다. 그리고 삶을 그렇게 지속시키는 것은 견딜 수 없는 상실로 괴로워하는 다른 사람들에게 연민을 갖는 것에 부분적으로 달려 있었다.

우리는 세상을 새롭게 바꾸고 질병과 노화와 죽음과 싸우는 다른 사람들의 고통을 덜어 주려고 애씀으로써 우리 자신을 새롭게 바꾼다. 죽음을 향한 분노에서 주의를 거두고 자비로운 행위에 열중하는 것을 배우는 수행은 그리 쉽지 않다. 한 가지 시각에서만 보면 세상은 완전히 불공평하고 불합리하다. 어차피 죽을 텐데 아등바등 살고 있다는 게 얼마나 터무니없는가. 회복 중인 알코올 의존자가 이렇게 말한 적이 있다. "젠장, 나는 술을 끊고 마음이 건강해지는 것에 시간과 기운을 온통 쏟아 부었어요. 그러고 났더니 이젠 몸이 병들었대요."

그렇다. 우리가 죽어야만 한다는 것은 부당하다. 하지만 그게 사실이다. 그 강렬한 분노를 어디에 쓰느냐가 가장 중요하다. 고인이 된 친구, 릭 필즈Rick Fields는 제 분노를 시 쓰기에 일부 쏟아 넣었다. 그중 한 편의 제목이

〈암, 엿 먹어라Fuck You, Cancer〉다.[20] 릭이 전통 의학과 대체 의학을 이용해 오랫동안 투병했던 폐암이 결국 재발했고 다른 장기로 전이되었다. 그는 자신이 느끼는 분노를 실제보다 줄여서 표현하려고 애쓰지 않았다. 그 덕분에 그는 대단히 품위 있게 임종을 맞았다. 릭은 그 자신의 죽음을 적으로 생각하지 않는다고 말했다. 이 말은 우리 문화에서 죽음은 일종의 배신이며 결코 일어나서는 안 되는 어떤 것으로 간주된다는 뜻이었다. 그런 죽음의 거부는 우리가 모든 것을 통제해야만 한다는 생각과 엮여 있다. 그리고 죽음은 우리가 육신을 얼마간 통제하지 못했다는 것을 상기시킨다. 그로 인해 우리는 뭔가 이질적인 것, 뭔가 잘못된 것이 일어나고 있다는 결론에 이른다. 릭은 죽음에 저항하고 대항했다. 하지만 죽어 가는 제 육신 속에서 뭔가 잘못된 것이 일어나고 있다는 그릇된 믿음에 빠지거나 증오의 덫에 걸리지는 않았다.

우리는 공격성이 결코 적합해 보이지 않는 영역에 그 특성을 도입한다. 삼십여 년 전, 통상적인 암 치료의 부가적 치료법으로 시각화 기법이 인기를 끌었다. 그때 환자들은 자신의 암세포를 이질적인 침입자로, 자신의 면역계는 그 암세포를 살육하는 갑옷 입은 기사로 상상해야 했다. 비디오게임을 손쉽게 이용할 수 있게 되면서 그 기사는 입을 쩍쩍 벌리고 적군 세포를 잡

---

20) Rick Fields, Fuck You Cancer and Other Poems, New York: Crooked Cloud Projects, 1999.

분노를 다스리는 붓다의 가르침

아먹는 팩맨Pac-Man 같은 인물로 대체되었다. 이러한 이미지가 일부 환자에게는 효과가 있었다. 하지만 다른 사람들은 나를 찾아와 이렇게 말하곤 했다. "저는 그걸 못 하겠어요. 제게는 그렇게 호전적이지 않은 기법이 필요해요." 그들은 자신의 병든 육신을 전쟁터로 상상하는 것이 편안하지 않았던 것이다. 그들은 그 이미지 대신에 통합의 이미지를 이용하기로 했다. 암세포를 적으로 보지 않고 그것을 살기 위해 애쓰는 세포로, 단지 너무 빨리 너무 공격적으로 너무 열심히 살려고 애쓰는 세포라고 보았다. 암을 치유하기 위해 그들은 자신이 경험하는 모든 것, 즉 기쁨과 평온은 물론이고 혼란과 분노와 공포까지도 하나로 통합해야 했다. 그렇게 함으로써 그들은 자신이 비디오게임 속에서 싸운다고 상상할 때보다 삶을 더욱 평화롭게 대할 수 있었다.

암 환자들은 자신의 생명력이 암을 통해 스스로를 표현했다는 관점을 유지해야 했다. 암은 환자들의 생명력에 대한 표현이었다. 이 방법을 통해 그들은 암을 밖에서 쳐들어온 적이 아니라 자기가 잘못 인도하고 통제하지 못한 자신의 일부로 여길 수 있었다. 이러한 관점은 약하거나 자멸적인 태도, 즉 체념이나 수동성에 대한 핑계가 아니었다. 그것은 질병을 대하는 완전히 새로운 방식이었다. 그리고 이것은 전사 유형warriors model에 적용하는 그 어떤 관점보다 실제로 더 많은 힘을 주었다. 우리는 힘이 원래 공격적이라는 생각을 너무 당연시한다. 때문에 사랑과 친절과 연민의 힘을 이해하기 위해서는 생각을 정반대로 바꿔야 한다.

분노와 품위를 가르는 날카로운 경계 위에서 균형을 잡기는 쉽지 않다. 하지만 그것이 자유에 이르는 길이다. 우리의 손을 비틀어 통제력을 빼앗음으로써 죽음은 우리를 훌륭하게 해방시킨다. 최근에 나는 친구가 세상을 떠나기 전 두 주 동안 그 곁에서 함께 머물렀다. 병원 침대가 집으로 옮겨져 식당에 놓였고, 친구는 거기에 누워서 지냈다. 문이 정원으로 열려 있어서 친구의 생명이 서서히 잦아드는 동안 부드러운 산들바람이 들어오고 새소리가 들렸다. 친구는 의식이 오락가락했다. 한동안 말이 없다가 다소 동요하며 내게 고개를 돌리더니 이렇게 말했다. "내 물건을 전부 길 건너편으로 옮겨야 해."

"그게 무슨 말이야?" 내가 물었다.

"복잡해!" 친구가 말했다.

나는 친구가 무슨 말을 하고 있는지 그리고 내가 무슨 말을 해 주어야 할지 알지 못했다. 그래서 나는 친구에게 얼마나 많은 사람들이 그녀를 사랑하는지, 내가 얼마나 사랑하는지를 말해 주었을 뿐이다. 그리고 한 시간이 흘렀다. 그제야 나는 '길 건너편'이 무엇을 뜻하는지를 알 것 같았다.

"아까 네 물건을 전부 길 건너편으로 옮겨야 하고 그게 복잡하다고 말한 거 기억나니?" 내가 말했다. "사실은 네 물건을 전부 옮기지 않아도 돼. 그것들이 없어도 너는 길을 건너갈 수 있어. 괜찮을 거야."

"정말?" 친구의 물음에 나는 대답했다. "물론이지."

우리는 이 세상의 물건에 집착하는 경향이 있다. 이 경향 때문에 우리는

분노를 다스리는 붓다의 가르침

다른 곳으로 이동할 때마다 자기 물건, 다시 말해서 물질적 소유물이나 정서적 짐, 오래된 믿음, 습관적이고 충동적인 반응 들을 힘겹게 끌고 다닌다. 죽음의 길을 건널 때도 우리는 내려놓으려는 생각을 쉽게 하지 못한다. 모든 것을 실제로 남김없이 내려놓는 것은 말할 필요도 없다. 우리가 죽음을 적으로 생각하는 것도 당연하다. 초연해지는 것은 복잡한 과정이다. 그것은 냉담, 우울, 무관심, 감정 철회, 감정 거부로 쉽게 바뀔 수 있다. 하지만 초연은 감정을 느끼기를 거부하거나 관심을 갖지 않거나 사랑하는 사람들을 외면하는 것과는 관계가 없다. 자신이 무엇을 경험하든 그 경험과 단절되는 것과는 관계가 없다. 초연은 대단히 정직하고 순수하며 있는 그대로의 진리에 기반을 둔다. 이 단계에 도달할 무렵이면 우리는 계획을 세울 필요나 욕구를 초월한다. 계획을 세울 시간이 없거나 세워 봐야 소용이 없다.

초연은 포기처럼 정직의 한 가지 형태이다. 죽어 가는 이의 옆을 지켜 본 적이 있는 사람은 그가 다른 누구에게서도 보지 못한 지혜와 총기, 명료한 사고, 자유로움을 종종 드러낸다는 것을 안다. 영적 수행을 철저히 행하며 살다가 죽음을 앞둔 사람을 만나는 것은 대단히 감동적일 수 있다. 프란시스코 바렐라Francisco Varela가 그것을 참으로 아름답게 입증해 보였다. 그는 '마음과 생명 연구소Mind and Life Institute'의 설립자이자 달라이 라마의 가까운 친구였고 또한 뇌 과학과 영적 수행의 통합에 일생을 바친 칠레의 과학자였다. 경이로운 다큐멘터리 영화 〈생은 무엇인가?Monte Grande: What is Life?〉에서 바렐라는 우리를 해방시키는 죽음의 힘에 대해 말한다. 죽음을 앞두고 몹시 아플 때 그는 그 영화를 찍었다. 그때 그는 마치 빛으로 만들어진 것처럼 보였다.

"하루하루가 성찰의 시간입니다." 암과 함께 긴 세월을 보낸 후 죽어 가는 과정에 대해 바렐라는 말했다. "한 순간을 내려놓고, 그다음 순간을 내려놓습니다. 산만한 주의를 내려놓고, 숨을 다시 들이쉬기 위해 날숨을 내려놓지요. 이것은 큰 내려놓음의 메아리 같아요. 어느 지점에 이르러 우리는 모든 것을 내려놓습니다. 그건 구경하는 것과 거의 비슷합니다. 어떤 것을 내버리는 게 아닙니다. 조금 떨어져서 구경하는 거예요. 그리고 너그러워지지요. 죽음에 임해서 우리는 일종의 너그러움과 놓아주는 것을 수행하고 있습니다. 움켜쥐는 게 아닙니다. 죽어 가는 것은 내려놓는 과정입니다."

조건緣은 끝없이 변하고, 생겨나는 것은 무엇이든 반드시 소멸한다. 이것을 구경할 때 우리는 현재로, 이 순간으로 돌아온다. 이 말은 내일이 있다고 해서 어떤 식으로든 현실에 안주하지 말라는 뜻이다. 우리의 여생은 실제로 얼마 남지 않았고, 하루하루가 쏜살같이 지나가고 있다. 이 사실을 깨달으면 영적 수행이 시급하다는 느낌이 든다. 그 깨달음은 두려움과 공포라는 오랜 적을 불러내는 게 아니라 강렬한 목적의식을 일으킨다. 그 사실을 실제로 인정할 때 우리는 그것을 훌륭한 기회로 여겨야 한다. 장애나 장벽으로 생각해서는 안 된다. 그러면 우리는 일상생활과 영적 수행에 더 많이 그리고 더 철저히 헌신할 수 있다.

티베트의 불교 성인 밀라레빠는 어떤 것을 선택하거나 결정하기 전에 매

분노를 다스리는 붓다의 가르침

번 자문했다. "오늘이 내 생의 마지막 날이라면 나는 무엇을 하겠는가?" 이것은 놀랍고도 중요한 질문으로 우리의 생이 도달한 지점에 정확하게 빛을 비추며 모든 가식을 걷어 낸다. 한번 해 보라. 인도에서 지낼 때 실험 삼아 밀라레빠의 수행을 따라해 보았다. 그 질문을 한 달여 동안 자주 자문하기로 결심했다. 그 질문이 가져온 변화는 가히 충격적이었다. 그 진실한 시각을 토대로 결정을 내릴 때 우리는 무슨 일이 닥치든지 전혀 겁내지 않고 그것에 맞설 수 있다. 극심한 정서적, 육체적 고통도 끈질기게 이겨낼 수 있는 힘을 얻었다. 자신의 경험을 깊이 꿰뚫어 봄으로써 우리는 더 이상은 미루지도 회피하지도 체념하지도 않는다. 우선순위를 정하는 게 더욱 쉬워진다.

나의 수련생으로 명상 교사이자 오래전에 암 투병을 이겨낸 엘리사 커머스 Elesa Commerse는 그 수행이 얼마나 효과적이었는지를 다음과 같이 말한다.

내 인생 여정을 바라보는 방식을 정말로 완전히 뒤바꾼 순간이 있었다. 당시 내게 샴발라Shambhala 명상을 가르치던 비비안 소빈스키 Vivian Sovinsky 선생님이 내게 예정된 유방 절제술을 '수행'으로 삼으라고 말한 때가 바로 그 순간이었다. 그렇다, 수행. 비비안은 그 수술이 '죽음을 수행'하는 거라고 말했다. 내가 그렇게 죽음을 수행할 기회를 얻은 것이 행운이라고 했다. 일대 변화를 맞는 그 마지막 날에 대해서는 아무도 이야기하지 않는다. 삶이 끝난다. 이제 숨을 쉬지 않는다. 흰 시트가 얼굴에 덮인다. 장송곡이 울린다. 사랑하는 사람들이 눈물을 흘리거나 망연한 얼굴로 찾아온다. 아, 그렇지. 나의 유언장을 들을 준비도 한다. 지퍼가 달린 새파란 비닐 백에 넣어진다. 관 속에 뉘어 땅에 묻힌다. 혹은 화장터에서 한 줌의 재로 육신이 흩어진다. 이걸로 끝이다. 나는 이제 없다. 다 끝났다. 영영 이별.

비비안은 농담을 하고 있는 게 아니었다. 이 예상치 못한 조언에 나는 몹시 당황했다. 그 상냥하고 어여쁜 영혼은 유방 보존술에 세 번 실패한 후 유방 절제술을 앞둔 내게 진심으로 조언하고 있었다. 죽음을 수행하기 위해 소중한 신체 일부를 잘라 내는 그 행운의 기회를 학수고대하라고. 이 여자가 제 정신인가? 하지만 그 충격적인 조언은 어느 정도 효과가 있었다. 바로 그 순간부터 나는 내 유방을 아름다운 제물로 보았다. 나를 깨우쳐 준 비비안의 말대로, '그 모든 것을 넘겨주어야' 할 순간을 내가 준비하도록 도와주는 제물로 바라보았다.

우리는 자신이 정확히 언제 어떻게 죽을지 알지 못한다. 하지만 자신이 죽으리라는 것은 확실히 안다. 그렇다면 죽음을 적으로 삼는 것은 정말로 이치에 맞지 않는다. 우리는 필연적인 것에 맞서 승산 없는 싸움을 벌이게 될 뿐이다. 그 헛된 싸움에 귀중한 에너지를 허비하느라 남은 시간의 매 순간 속에서 우리를 기다리고 있는 수많은 기회를 놓치게 될 뿐이다.

4장

마지막 승리: 가장 은밀한 적

외부의 적과 내부의 적, 은밀한 적을 물리쳤으므로 우리 안에서 지복과 기쁨이 샘솟는다. 삶의 진정한 의미와 목적이 보인다. 우리는 우주의 선善을 믿는다. 이제는 자신을 모든 사람과 동일시한다. 우리들을 분리시키는 장벽이 없다. 자아와 타자도 없고 우리 대 그들 사고도 없다. 완전한 깨달음을 얻을 수 있다는 것을 우리는 항상 자신한다.

하지만 그럼에도 우리의 행복에 그늘을 드리우는 그림자가 여전히 존재한다. 우리는 관조적인 시각으로 자유의 바다를 응시하는 한편, 결코 끝나지 않을 것 같은 소소한 갈등과 폭풍우를 매일 경험한다. 관조적 시각과 일상적 경험의 이 차이가 우리의 행복을 훼손한다. 지금 우리는 가장 은밀한 적을 대면하고 있다. 그 적을 어떻게 물리칠까? 내적 세계와 외적 세계, 우리가 꿈꾸는 것과 실제로 얻을 수 있는 것은 항상 그렇게 차이가 나는 걸까?

가장 은밀한 적의 근원을 찾아보면 그것이 내면 아주 깊은 곳에 있음을 알게 된다. 우리가 더없이 기쁘고 행복할 때에도 그 밑에는 여전히 걱정 근심이 깔려 있다. 우리는 자기 자신이 장엄하고 아름답고 풍요로운 현실을 누릴 자격이 없다고 생각한다. 우리에게 진정한 만족과 황홀한 지복, 모든 존재에 대한 사랑과 모든 존재가 보내는 사랑을 누릴 자격이 없다고 말한 이는 누구인가? 어째서 우리는 생에 대해 기대하는 게 그렇게 적은가? 이 낮은 자존감이 바로 가장 은밀한 적이다.

무가치감, 자기 비하, 자기혐오, 자기 부정의 토대는 뿌리 깊은 열등감이다. 두려움과 무지에 빠진 우리 문화는 어릴 때부터 우리에게 열등감을 주입한다. 열등감은 우리의 상상력을 훼손하고 열정을 제한하며 우리를 슬픔과 절망에 가둔다. 우리는 가장 은밀한 적을 물리쳐야 한다. 이 네 번째이자 마지막 승리는 이전에 분노와 증오가 휘둘렀던 강렬한 힘을 되살림으로써 가능하다. 즉 모든 그림자를 없애는 불과 빛의 힘, 욕망과 집착과 탐욕과 밀접하게 엮여 있던 물과 흐름의 힘을 되살리고 그 힘들을 지혜롭게 새로 활용함으로써 최후의 승리를 거둘 수 있다.

이 승리는 금강승Vajrayana, 金剛乘으로 알려진 탄트라불교의 영역이다. 전통 불교에서 비밀스러운 분야로 엄중히 지켜진 '탄트라tantra'는 여전히 은밀하게 전해진다. 가장 은밀한 적에 대한 승리는 이전에 거둔 세 가지 승리를 토대로 행해져야만 한다. 나의 스승 타라 툴쿠의 설명에 따르면, 우리는 맨 먼저 지혜를 이용해서 이기심이 일으킨 괴로움의 세계를 파괴한다. 그 세계가 철저히 무너지고, 우리는 '자유로운 공freedom void'의 선명한 빛을 감지한다. 그러면 고요하되 무한한 힘을 지닌 지혜가 탄트라로 대체되어 자애와 연민의 세계를 재건할 수 있다. 탄트라는 생명과 지혜와 자애의 무한한 '연속적 흐름'을 뜻한다. 이 탄트라가 재건한 그 세계는 다른 사람들이 자유와 지복을 찾도록 도와주기에 가장 적합한 곳이다.

인내를 통해 분노와 증오를 제압하는 능력이 확고하다면 이제 우리는 고통을 기회로 삼아 일부러 인내를 키울 필요가 없다. 습관적 정체감을 물리치고 자아가 고정되고 분리되어 있다는 그릇된 생각을 내려놓으면 적—가해자—과 그 해악과 피해자가 다르지 않다는 자각 속에서 편안하게 머물 수 있다. 포용과 통찰과 용서를 통해 분노를 정복하면 지혜는 분노의 그 맹렬한 불길을 새롭게 이용할 수 있다. 극도로 파괴적이었던 그 힘이 영웅적인 힘으로 바뀐다.

자기혐오

어느 날 오후, 티베트 망명정부와 달라이 라마의 거처가 있는 인도의 다람살라에서 학술회의가 열렸다. 달라이 라마와 일단의 과학자와 철학자들이 모인 그 자리에 참석했다. 주제는 '치유하는 감정'이었다. 이 회의는 시작부터 흥미로웠다. 티베트어에는 감정을 뜻하는 단어가 없다고 들었기 때문이다. 티베트 전통에 따르면 우리는 마음 상태 같은 것은 갖고 있지만 그중 어느 것도 감정이라고 부르지 않는다.

어느 시점에서 달라이 라마에게 물었다. "성하, 자기혐오에 대해 어떻게 생각하십니까?" 달라이 라마는 어리둥절한 표정으로 되물었다. "그게 무슨 뜻입니까?" 나는 미국 문화 속에 너무도 만연한 자기혐오에 대해 길게 설명했다. 자신이 무가치한 사람, 사랑받을 자격이 없는 사람, 죄인, 결함이 많고 하찮은 피조물이라고 믿으며 증오하는 감정 등. 달라이 라마는 여전히 혼란스러운 표정이었다. 그는 의아했을까? '우리는 모두 불성을 지니고 태어났는데 어떻게 자신을 증오할 수가 있는가? 자기혐오는 정서장애의 일종인가? 그건 위험한가? 개인을 폭력적으로 만들 수도 있는가?'

달라이 라마의 혼란스러운 표정은 문화적 차이를 고스란히 보여 주었다. 그것이 대단히 흥미롭다고 생각했다. 서양에서는 대체로 모든 사람들이 자신은 원래 결함이 굉장히 많은 존재라고 믿는다. 아시아 문화를 이상하게 여기지 않더라도, 동양인들은 서양인들처럼 그 흔한 믿음에 짓눌려 있지 않다는 것을 관찰할 수 있다. 불교도들은 인간의 본질적인 선함을 근본적으로 믿으며 거기에서 귀의처를 찾는다. 그 믿음은 가능성과 잠재력을 감지하게 해 준다.

개인주의, 완벽주의, 추진력, 야망, 경쟁 등을 강조하는 서양의 문화에서는 정말 많은 이들이 자기 자신을 상대로 최악의 비판가가 된다. 우리는 자신의 타고난 선함을 감지하지 못한 채 스스로가 구원이 필요한 영혼이라고 인식한다. 그리고 자신의 가치를 느끼기 위해, 모자람 없이 완벽하고 충분한 기분을 느끼기 위해 다음번 신상품을 필요로 하는 소비자라고 생각한다. 서양 사회처럼 욕망을 부채질하는 경쟁적인 사회에서 행복한 인생이란 자신에게 없는 것을 갖기 위해 애쓰고 더 많이 갖기 위해 열심히 노력하는 인생으로 자주 정의된다. 우리는 스스로 부족하고 결함이 있다고 생각하며 완벽하지 못한 것에 죄책감을 느낀다. 그러면서도 '이 정도로는 충분하지 않다'는 느낌을 없애기 위한 필사적인 악전고투로 인생을 소모한다. 우리 문화는 시시포스Sisyphos적인 특성을 지니고 있다. 우리는 언덕 위로 바위를 계속 밀어 올리지만 그 바위는 꼭대기에 닿지도 못하고 번번이 굴러 떨어진다. 행복은 늘 아득히 멀다. 자신이 결함투성이라고 믿으며 더 나아지기를 갈망하는 피조물들의 세상에서 반복적인 실패는 가장 은밀한 적이다.

문화적 태도와 차별은 자기혐오라는 문제를 만들어 내는 데 중요한 역할을 한다. 하지만 상황은 변할 수 있고 또 실제로 변한다. 크리스 브라운Khris Brown에게 물어보라. 그는 따돌림을 당하는 어린 성소수자들, 즉 레즈비언과 게이, 양성애자, 트랜스젠더 청소년들에게 희망을 주기 위해 계획된 프로젝트 〈괜찮아질 거예요It Gets Better〉를 통해 희망의 메시지를 전한 성인 성소수자이다. 고등학교 시절에 잔인하게 성희롱을 당했던 그는 지금 이렇게 말한다. "'타인'이 되는 경험, 양성애자든 게이든 트랜스젠더든 뭐든 간에 '타인'이 되는 경험은 정말로 대단히 소중하다고 생각합니다. 사람들은 두렵다는 이유로, 종교적으로 정당하다는 이유로 서로에게 끔찍한 짓을 저지릅니다. 타인이 되는 경험은 그 끔찍한 짓을 이겨 내는 방법에 관한 아주 특별한 시각을 제공합니다. 그 모든 잔인한 공격을 헤쳐 나가며 견디는 것, 그리고 그들을 향해 악의를 품지 않고 진심으로 사랑하고 용서하면서, 내 자신을 있는 그대로 받아들이면서 그걸 이겨 내는 것은 세상을 치유하는 방법입니다."

우리는 괴로움을 겪는 사람들과 어떻게 상호작용할지 그 방식을 선택한다. 이 지점에 이르면 자신의 물질적 이익을 추구하려는 욕구는 그 선택에 더 이상 영향을 미치지 못한다. 거기에는 사리사욕이 개입되지 않는다. 이제 우리는 자기에게 만족하고 타인에게 몰두하며 열정적이고 행복하고 완벽하게 흡족해하는 존재이기 때문이다. 자기를 내려놓고 연민을 일으킴으로써 우리는 손을 내밀어 다른 사람들의 슬픔과 고통을 거두어 가고 행복을 건네준다.

가장 은밀한 적을 물리치기 위해 다시 샨띠데바에게 돌아가서 그의 생각을 따라가 보자. 자기혐오와 자기 비하를 없애기 위해서는 자유로운 공과 그 무한한 힘—생과 사의 실제 모체母體—에 대한 가장 깊은 실상을 자신이 깨달을 수 있다고 상상해야 한다. 그리고 자신을 깨달음을 가능케 하는 그 힘의 원천으로 만들어야 한다.

이제 동체대비로 주의를 돌리자. 먼저 우리는 자기와 타인이 결코 다르지 않다는 것을 관조한다. 우리는 기쁨을 원하지만 고통은 원치 않는다. 다른 이들도 똑같다. 우리는 자유와 행복을 추구한다. 다른 이들도 똑같이 자유와 행복을 추구한다. 우리가 원하는 것, 머물고 싶은 곳, 가고 싶은 곳이 모두 같다. 겉모습은 각자 다르지만 상처받거나 고통받는 것을 원치 않는다는 점에서 우리는 모두 같다. 그러므로 당연히 자신을 보호하고자 하는 만큼 그들을 보호하고자 할 것이다.

우리는 이렇게 말할지도 모른다. "하지만요, 다른 사람들의 팔과 다리는 그들 몸에 붙어 있어요, 내 몸이 아니라. 내 팔과 다리는 그들 몸이 아닌 내 몸에 붙어 있고요. 그렇기 때문에 나는 그들의 고통을 고스란히 느끼지는 못해요. 그들도 내 고통을 실제로는 느끼지 못해요. 어째서 내가 나를 보호하는 만큼 그들을 보호해야 하지요?"

간단히 답하자면 동체감은 그렇게 기계적인 게 아니다. 내가 내 고통을 느끼는 이유는 그 고통이 내 것이라고 믿게끔 길들여지기 때문이다. 최면에 걸리면 나는 불에 데어도 무감각하다. 잠들어 있을 때는 모기가 물어도 모른다. 상대팀 선수가 발로 걷어차도 나는 골을 넣는 것에만 열중할 수 있다. 이 모든 경우에서 나는 그 순간에 그 고통과 동일시되지 않는다. 그러므로 내 자신의 고통을 느끼는 것도 어느 정도는 학습된 것이다. 그렇기 때문에 타인의 고통을 느끼고 그들에게 진정으로 공감하는 것도 학습할 수 있다. 그리고 그들에게 공감할 때 나는 그들의 고통을 실제로 깊이 느낀다. 연민이 일어서 나는 그들이 더이상 상처받지 않게 하려고 애쓴다.

기쁨을 원하고 고통을 꺼린다는 점에서 우리는 모두 똑같다. 그렇다면 어째서 나는 다른 사람들을 배제하고 나만을 편애해야 하는가? 나는 뭐가 그리 특별해서 나만 행복해야 하는가? 나의 무엇이 그렇게 특별해서 나만 고통에서 철저히 보호하고 다른 사람들을 외면하는가? 내가 앞으로 느낄지도 모를 고통까지도 예방하면서 어째서 다른 사람들이 느끼고 있는 고통은 덜어 주려 하지 않는가? 오직 내 고통만을 걱정한다면 습관적 자아감이 활동을 재개하고 자기 몰두를 강화해서 내연민심을 차단한다. 나는 다른 사람들의 크고 작은 그 모든 고통을 내가 정말로 느끼고 그것에 저절로 반응하지 못하게 방해하는 생각들을 물리쳐야 한다.

다른 이들의 고통을 정말로 느끼면 그로 인해 내 괴로움이 커질 거라고 생각한다. 하지만 이건 고민거리가 아니다. 모든 존재와 서로 연결되어 있음을 명확하게 알아차릴 때 그들의 고통을 부지불식중에 이미느끼고 괴로워하기 때문이다. 그들에게 책임을 다하지 못하는 것에 불안해하거나 걱정하거나 죄책감을 느낀다. 연민이 일어날 때 자신이 다른 존재들과 서로 연결되어 있음을 인정한다. 그리고 그 상호 연결성을 부인해 봐야 소용없음을 알아차리고 있다고 인정한다. 연민이란 다른 존재들에게 밀려드는 엄청난 괴로움의 파도를 향해 용감하게 달려가 돕는 것이다. 연민은 우리의 기운을 돋워서 우리가 그 모든 괴로움을 견디고 그것을 줄이기 위해 무엇이든 하도록 해 준다. 우리가 고통에서 물러서지 않고 고통을 향해 다가갈 수 있게 해 준다. 힘이든 유연성이든 즐거움이든 더 훌륭한 어떤 것, 더 좋은 것을 얻기 위해 자신이 자발적으로 고통을 참고 견딜 수 있음을 우리는 안다. 그러니 다른 존재들의 고통을 자발적으로 함께 느낌으로써 그들과 더욱 강하게 연결되고 고통이 줄어 편안해하는 그들을 보며 몹시 기쁘다면 우리가 무엇을 더 바라겠는가. 연민은 다른 존재들을 괴로움에서 꺼내 주려는 간절한 염원이다. 그 마음은 우리를 괴로움에서 꺼내 준다. 연민으로 충만한 사람이 괴로움에서 제일 먼저 꺼내 주는 사람은 바로 그 자신이다.

자부심과 자기 연민

심리학자들은 자부심과 자기 연민을 구분한다. 자부심은 성공했다는 인상에 의존하고 객관적 기준 — 이 정도면 내가 훌륭한가? 이 정도면 똑똑한가? 부유한가? — 에 의해 측정되는 반면, 자기 연민은 좋을 때나 나쁠 때나 항상 자신을 응원하는 조건 없이 열린 마음이라는 점에서 차이가 있다. 자부심은 경쟁심을 내포하며 우리가 정말로 궁지에 몰릴 때는 쉽게 사라진다.

심리학자 크리스틴 네프Kristin Neff에 따르면 자기 연민의 주된 요소는 세 가지다. 첫째는 자신을 향한 친절이다. 자기 친절self-kindness은 자신의 기대에 못 미칠 때 다그치지 않고 사정을 봐주는 것을 의미한다. 자신을 질책하는 대신에 살다 보면 실수와 실패, 역경, 고통스러운 문제를 피할 수 없음을 인정한다. 자기 연민적인 사람들은 우리가 자신의 이상에 부응하지 못할 때 분노보다 친절이 더 많이 도움이 된다는 것을 안다.

자기 연민의 두 번째 요소는 공통된 인간성common humanity에 대한 자각이다. 내부의 적과 마주칠 때 우리는 괴로워한다. 그렇게 괴로워하는 이유의 상당 부분이 깊은 고립감에서 비롯된다. 우리는 자기 혼자만 절망하거나 실수한다고 생각한다. 하지만 자기 연민은 누구나 불완전하다는 것을 알아차리게 해 준다. 유전자, 환경, 양육 방식과 같은 외부 요인이 영향을 미치기는 하지만, 불완전함은 모든 인간이 공유한 조건이다. 공통된 인간성을 인지함으로써 우리는 부족한 자신에 대한 판단과 비난을 줄일 수 있다.

세 번째 요소는 마음챙김이다. 자신이 부정적 감정을 느끼고 있음을 알아차릴 때 그 경험을 인간으로서 겪을 수밖에 없는 싸움이라는 더 넓은 맥락에서 지켜본다면 우리는 평정을 되찾을 수 있다. 마음챙김은 우리가 감정과 생각을 바꾸거나 부인하거나 외면하려고 애쓰지 않고 있는 그대로 기꺼이 관찰하게 해 준다. 네프는 "자신의 고통을 외면하는 동시에 그 고통에 연민을 느끼기란 불가능하다."고 말한다.

자기 연민은 우리가 실수를 저지른 후 자신을 대하는 방식을 스스로 선택할 수 있다고 가르친다. 실수한 자신을 판단하고 비난하고 그 실수에 완전히 골몰하는가? '그렇게 멍청한 짓을 하다니 난 정말 바보 천치야!' 아니면 그 뼈저린 실수를 통해 인간의 연약함을 가슴 아프게 되새기는가? '그렇게 하면 내가 원하는 걸 얻을 줄 알았어. 그런데 내 생각이 틀렸어. 지금 알고 있는 걸 그때는 까맣게 몰라서 그렇게 했어. 그게 너무 슬퍼.' 차이는 분명하다. 판단은 일방적이고 완고하며 근시안적이다. 반면 연민은 복합적이고 포괄적이며 유기체의 진화하는 일부다. 연민은 우리가 매일 매 순간 한정된 정보와 개인적 결점을 지닌 채 살아가고 있다는 현실을 순순히 받아들인다.

우리가 영웅으로 일컫는 남성과 여성들, 즉 타인의 목숨을 구하려고 큰 괴로움이나 시련, 위험을 무릅쓴 이들은 누군가를 구조할 때 희열을 느낀다고 종종 말한다. 그러한 종류의 타인 몰두 행위는 두려움을 초월한다. 물론 한 치의 망설임도 없이 그렇게 자기를 희생하기는 불가능할지도 모른다. 인명 구조 기술을 갖추지 못했어도 누군가를 구하러 물에 뛰어들기도 한다. 더 현명한 행동 방침은 무아행selfless action,

無我行을 목표로 조금씩 나아가는 것이다. 하지만 아무것도 두렵지 않은 수준, 어떤 위험에 처하든지 모든 것을 용감하게 내던지고 그 위험에 뛰어들 수 있는 수준에 이른다면 덜 위험한 상황에서 당연히 아주 편안할 것이다. 우리의 목적지, 지극히 행복한 깨달음의 드넓은 바다가 항상 우리를 부른다. 다른 사람들과 자유를 공유할 때에만 우리는 진정한 자유를 즐길 수 있다. 동료 인간들과 단절된다면 우리가 무슨 자유를 느낄 수 있겠는가. 그것은 독방에 홀로 갇혀 있는 것과 다를 바 없다.

무엇보다 연민은 실현 가능하다. 이타심은 불가능한 이상이 아니다. 우리가 서로 연결되어 있다는 진리를 직시하는 것에서 연민이 생겨난다. 그러므로 연민은 타인의 고통이 내 고통만큼 중요하다는 것을 보게 만듦으로써 생을 대하는 우리의 태도를 확장시킨다. 나보다 타인들의 수가 훨씬 더 많기 때문에 나보다 그들이 더 중요하다는 주장도 있을지 모른다.

다른 이들의 몸과 마음과 인생이 마치 내 것인 듯, 그들에게 동체감을 느끼면 안 될 이유가 있을까? 연민으로 충만해지기 위해서는 바로 그렇게, 나와 그들을 동일시해야 한다. 자기 몰두 습관에 갇혀 있는 것이 얼마나 해로운지는 쉽게 알 수 있다. 나에게만 몰두한다면 나는 아주 많은 것을 놓친다. 다른 사람들이 무엇을 원하고 어떻게 느끼는지 제대로 이해하지 못한다. 외롭고 소외된다고 느낀다. 자기 몰두라는 견고한 비눗방울 속에 갇혀 있는 동안, 내게는 긍정적인 것이 거의 일어나지 않는다. 하지만 그 비눗방울을 터뜨리고 나와서 우주적 관점을 갖고 내 결점을 자각하게 되면 나는 그 결점의 원인이 내 유전자에만 있는 게 아니라 내 행위에도 있음을 깨닫는다. 그리고 그 자기 몰두 습관 때문에 내가 줄곧 괴로워했다는 것을 깨닫는다. 그것을 깊이 인정할 때 세상이 크게 열린다.

그리고 차차 주의를 돌려서 다른 사람들과 그들의 소망과 욕구에 초점을 맞출 때 세상이 완전히 달라진다. 얼마나 많은 이들이 외로워하고 절망하는지 훤히 보인다. 손을 뻗어 그들의 자기 몰두 비눗방울을 터뜨려서 그들이 나와 연결되어 있음을 느낄 수 있게 해 주는 난제에 적극 참여한다.

나의 관심과 염려를 감지할 때 사람들은 다양하게 반응한다. 깜짝 놀라며 행복해하는 사람도 있고, 겁내며 움츠리는 사람도 있다. 어떤 사람은 의심하고, 어떤 사람은 마지못해 받아들인다. 자기 몰두 비눗방울을 더 많이 터뜨림에 따라 타인과 연결되는 것이 실제로 난제라는 것을 깨닫는다. 꼭 알맞게 손을 뻗는 것에는 대단히 정교한 기술이 필수적이고, 그들이 내 관심과 말투와 몸짓을 어떻게 지각할지를 예상하기 위해서는 일종의 예지력도 필요하다.

연민으로 충만해지기와 관련된 체계적인 교육 과정이 있다. 그 첫 단계는 진실한 동기를 갖는 것이다. 이 동기는 우리가 모든 사람과 한없이 연결되어 있다는 느낌에 근거한다. 이 교육 과정에 들어서면 우리는 자신이 그저 한 가지 습관을 기르는 중이라는 것을 깨달음으로써 자신의 이타적 태도를 자축하는 마음을 떨쳐 낸다. 다른 사람들에게 더 많이 초점을 맞출수록 우리의 존재감이 더욱 커지고 우리는 더욱 유쾌하고 행복해진다. 이제는 그들이 우리에게 열렬히 애정을 쏟거나 우리의 관심에 보답하기를 바라지 않는다. 그들의 불행에 대한 염려가 일상이 된다. 어린아이를 돌볼 때 아이가 다치지 않도록 정신을 바짝 차리고 일거수일투족을 지켜본다. 이와 같이 우리는 다른 사람들이 결코 상처받지 않도록 세심하게 주의를 기울인다.

다른 사람들과 상호작용할 때 우리의 주의를 흐트러뜨리는 요소가 수없이 많다. 그렇기 때문에 처음에는 그들에게 온전히 주의를 기울이기가 어려울 수도 있다. 그러므로 연민 교육은 다양한 명상법을 수행할 것을 요구한다. 그 기법들은 우리가 다른 사람들의 감정과 문제를 더욱 세세하게 알아차리도록 돕는다. 그러면 우리는 그들과 철저히 동일시되면서 그들의 욕구와 소망을 더 정확하게 포착할 수 있다.

상대방으로 존재하기

내가 상대방의 입장이 된다면 어떤 느낌이 들까? 단계적인 실험을 통해 우리는 그것을 알아낼 수 있다. 이때 우리의 노력을 그들에게 과시하지 않고 우리의 관심이 지나친 간섭으로 비치지 않도록 조심해야 한다. 간접적일지라도 다른 사람으로 '존재하기', 즉 내가 상대방이라고 상상하고 그의 감정과 감각과 생각을 내 것이라고 느끼는 것은 대단히 신기하고 흥미롭다. 이런 종류의 상상적 투사를 통해 당신은 상대방의 관점을 알게 된다. 그 관점에 동의하느냐 여부는 별개의 문제다. 그 노력을 확장해서 한 번에 여러 사람으로 존재하는 것도 가능하다. 두 사람의 상호작용을 멀리서 말없이 지켜보면서 그들이 서로에게 반응할 때 한 번은 이 사람이, 다음번에는 저 사람이 어떤 감정을 느끼고 있는지를 상상해 보면 된다.

불교 전설에 등장하는 위대한 보살들은 바로 이 방법으로 세상 사람들을 이해했다. 의식을 한없이 크게 열어서 다른 중생들과 연결됨으로써 그 자신이 일체중생 속에 살아 있다고 느낄 수 있었다. 그렇게 의식을 크게 열 때 우리는 세상 사람들을 자애와 연민으로 품어 안기 위해서 그리고 그들이 한계와 괴로움이라고 믿는 것들로부터 주의를 거두고 그들에게 자유와 행복을 깨닫게 해 주기 위해 무엇이 필요한지 분명하게 알아차린다.

관세음보살은 깨달은 존재의 그 무한한 자비를 상징한다. 관세음보살은 그의 이름을 듣는 자는 누구든지, 단지 그 이름을 듣기만 해도 자유와 행복에 이르게 하겠다는 서원을 세웠다고 한다. 출가할 때 샨띠데바는 법명을 직접 지었다. 샨띠데바란 '평화의 신'을 뜻하는 산스크리트로 그 이름을 듣는 자는 누구든지 평화롭기를 염원해서였다. 그리스도Christ라는 이름은 그리스어 크리스토스christos에서 비롯된 것으로 '기름을 바른', 즉 자비로운 신의 은총을 뜻하는 성유聖油를 발랐다는 뜻이다.

우리는 자신의 정체감을 확장해서 그 안에 다른 사람들을 들여놓고 그들의 처지에 관심을 기울인다. 그 정체감을 어느 정도까지 확장할 수 있느냐에 따라 우리가 느낄 행복의 정도가 달라진다. 그러므로 우리는 자기와 타인을 맞바꾸는 수행을 해야 한다. 이 수행을 통해 자기 몰두를 타인 몰두로 바꾼다(부록 283쪽에 주고받기 명상을 소개한다. 이 시각화 기법은 자기와 타인 맞바꾸기 수행과 관계가 있다).

자기 몰두를 타인 몰두와 실제로 맞바꾸기 위해서 필요하다면 타인을 위해 자신의 육체와 목숨도 내주는 단계까지 수행한다. 현실적으로 이 말은 몸에 대한 애착을 차차 줄이는 것을 뜻한다. 내 몸이 그렇게 연약하고 취약하다고 생각하지 않는다면 작은 불편과 통증을 그렇게 겁내지 않을 것이다. 따라서 몸에 대한 애착을 줄일 필요가 있다. 그리고 내 몸을 먹여 살리자고 다른 존재의 목숨을 함부로 취하거나 어떤 종류의 폭력이든 내 몸을 지키고자 행사해서는 안 된다.

몸은 우리를 많은 문제에 빠뜨릴 수 있다. 그러므로 몸에 대한 애착 자체가 우리의 적이 되기도 한다. 이 애착은 대부분의 사람들에게 가장 은밀한 적이다. 하지만 그렇다고 해서 "내 몸에 대한 애착이 내 적이다."라는 말을 문자 그대로 받아들이고 스스로를 해치지 않도록 주의해야 한다. 지금 몸을 궤멸시키자는 말을 하는 게 아니다. 그 몸을 선물로 여기고 적절히 이용하자는 의미다. 몸을 적절히 이용하는 것은 자기와 타인 맞바꾸기 과정의 중요한 일부다. 따라서 이타심을 키우고 있을 때는 몸에 대한 애착을 점진적으로 줄이는 것이 목표 달성에 도움이 된다. 그리고 그 애착을 가장 은밀한 적으로 보는 시각을 갖춘다면 결코 몸에 애착하지 않을 것이다. 명확하게 정리해 보자. 자기 몰두 습관은 자신에게 해롭고 타인 몰두 습관은 자신에게 이롭다. 또한 몸에 대한 애착과 자기도취와 허영심은 몸을 실제로 해친다. 건강염려증 환자는 아플까 봐 항상 걱정하고, 그 결과 사지육신에 덜 애착하는 사람보다 더 자주 병에 걸린다. 자신을 패션모델과 끝없이 비교하는 여성은 먹는 것을 겁내다가 거식증이나 폭식증에 걸리고 생명이 위태로운 지경에 처한다. 자기도취적인 사람은 외모 가꾸기에 엄청난 돈과 시간을 들이고, 결국 건강한 자존감을 해친다.

춤이나 운동, 동작 명상, 스포츠 활동 등은 몸을 존중하면서 몸에 대한 애착을 줄이는 방법이다. 그리고 몸을 긍정적으로 대하고 신체 건강을 지키는 법을 잘 알고 따르는 사람이 번성할 가능성이 크다. 몸에 덜 애착할수록 더 건강하다. 이것은 삶의 또 다른 역설이다.

자기와 타인 맞바꾸기 수행에는 수많은 역설이 존재한다. 예컨대 자기가 정말로 아끼는 어떤 것을 친구에게 내주려고 할 때 우리는 멈칫하며 생각한다. '이걸 줘 버리면 나중에 무척 아쉬울 거야.' 하지만 이런 종류의 생각은 인색과 탐욕으로 이어진다. 나중에 쓸모가 있을 거라는 이유로 물건에 집착하다 보면 결국 쓸모없는 물건들 속에 갇히고 만다. 텔레비전 리얼리티 쇼에서 수집 강박증을 지닌 사람을 본 적이 있을 것이다. 산더미처럼 쌓인 물건에 좋아하기는커녕, 그들은 우울해하면서 가족들은 물론 친구들과도 단절된 채 물건들 속에 말 그대로 산 채로 묻혀 있다. 은행 금고에 쌓아 둔 금덩어리는 실용 가치가 전혀 없다. 은행 계좌에 거액이 들어 있어도 그 돈을 가치 있는 일에 쓰지 않는다면 그저 종이에 찍힌 숫자에 불과할 뿐이다. 자기와 타인 맞바꾸기를 실행하는 사람들은 과시적 소비자가 아니라 의식적 소비자가 되는 경향이 있다. 꼭 필요하지 않은 물건에 돈을 쓰려고 할 때 그들은 종종 멈춰서 생각한다. '이 물건을 사고 내가 정말 만족할까? 이걸 살 돈으로 누군가를 도울 수도 있는데.' 이러한 소비 태도는 구두쇠의 인색한 소비와 정반대다. 그것은 참으로 너그러운 사람의 알뜰한 소비다.

자기 몰두에 빠져 있을 때 우리는 제 이익에만 초점을 맞춘다. 자기

마지막 승리: 가장 은밀한 적

몰두가 미래에 불행한 결과를 초래할 수 있는 업력業力을 생성한다는 것을 깨닫지 못한다. 자기를 아주 조금만 희생해도 우리는 다른 사람들에게 큰 도움이 될 수 있다. 우리는 카르마 이론이 지지하는 윤회적 세계관을 가질 필요가 있다. 이 세계관은 지금 이 순간은 물론이고 이 생을 지나서까지 이어지는 장기적 관점이다. 우리는 자신과 가족의 생존을 위태롭게 하는 지점까지 자기를 희생하지 않도록 주의해야 한다. 하지만 타인을 위한 작은 자기희생을 통해 깨달음이라는 최고의 경지에, 참된 행복과 동체대비를 깨닫는 수준에 이를 수 있다는 것도 인정해야 한다.

윤회적 세계관에 따라 살아갈 때 우리는 이생만을 염려하는 사람과는 매우 다른 방식으로 인과법칙을 이해한다. 바로 지금 얻을 수 있는 것에 더 이상은 집착하지 않는다. 그 결과를 간과한 채 그것을 움켜쥐려 하지 않는다. 윤회적 세계관에 따르면 자신의 목적을 위해 누군가를 교묘하게 속이고 이용할 경우, 내생에서 그의 노예로 살게 된다. 하지만 다른 사람을 섬기고 자기를 희생해서 그를 이롭게 한다면 우주의 주인이 될 수 있다. 이러한 존재 방식을 '샨띠데바의 도전'이라고 부를 수 있다.

샨띠데바의 도전

샨띠데바는 세상의 모든 행복은 다른 사람의 행복을 비는 것에서 생겨난다고 단언했다. 즉 행복은 이타심에서 생긴다. 반대로 세상의 모든 불행은 자신의 행복을 비는 것에서 생겨난다. 즉 불행은 이기심에서 생긴다. 이 단언은 사회적 통념에 당연히 어긋난다. 하지만 자신이 가진 것에 대한 불만과 결코 채워지지 않는 욕구가 우리 자신을 파멸시킨다는 사실을 깨닫는 데는 많은 것이 필요하지 않다. 그 끝없는 불만과 한없는 욕구는 인간관계에서 직장에서 가정에서 반드시 온갖 문제와 곤경과 갈등을 일으킨다.

매년 내 수업을 듣는 학생들에게 묻는다. "자신의 행복을 추구했기 때문에 경험할 수 있었던 행복을 한 가지 말해 보세요." 학생들마다 각기 다른 경험을 말해 주는데, 남학생들은 항상 성행위를 언급한다. 학생들이 말해 준 행복 경험을 분석해 보면 거의 매번 동일한 사실이 드러난다. 자기가 행복해야만 한다는 생각은 잊어버리고 그 경험에 몰입하는 것, 직접적이든 간접적이든 다른 사람들과의 관계에 항상 열중하는 것이 행복의 진짜 열쇠라는 것이다.

자기 몰두적인 사람, 즉 자기가 가진 것과 갖지 못한 것 그리고 원하는 것에 대한 생각에 빠져 있거나 자기에 대한 걱정에 사로잡힌 사람은 사실상 아주 깊이 잠들어 있는 것과 같다. 그는 자기 몰두라는 비눗방

마지막 승리: 가장 은밀한 적

울을 터뜨리고 나오지 못한다. 다른 사람들과 연결되는 것도, 그들이 자기를 어떻게 생각하는지에 초점을 맞추는 것도 불가능하다. 때문에 홀로 고립되어 살고 있다. 주변에 사람이 아무리 많아도 늘 외롭다. 반면에 이타적인 사람은 다른 사람들이 원하고 필요로 하는 것과 그 것을 얻게 도와줄 방법에 초점을 맞춘다. 따라서 그는 행복하다. 고립 된 사람은 지옥 같은 소외감 속에서 살지만, 깨달은 사람은 지극한 행 복 속에서 산다.

자기 몰두를 타인 몰두와 맞바꾸는 수행을 하면서 나는 윤회적인 측 면에서 이미 상당히 진전하고 있다. 더 훌륭한 존재를 향해 한 걸음 나 아간 것이다. 주고받기 명상과 더불어 자기와 타인 맞바꾸기 수행을 통해 나는 날마다 은밀한 적을 진압한다. 이 명상과 수행을 이용해 다 른 사람들의 고통을 더 많이 떠맡고 내 행복을 더 많이 나눌수록 나는 더 넓게 확장된다. 다른 사람들의 시각에서 삶을 경험함에 따라 내 삶 이 세상을 향해 크게 열린다. 자녀를 돕는 부모는 혼신을 다해 노력한 다. 그 이유는 그가 가족을 위해 행동하고 있으며 정체감을 확장해서 자신과 가족 구성원을 동일시하기 때문이다. 팀원들이 그렇고 연인들 이 그렇다. 하지만 의식을 넓혀서 자신과 타인을 동일시하지 못한다면 자기 몰두에서 결코 헤어나지 못한다. 영적인 존재로의 윤회가 불가능 하다. 주변 사람들과의 관계를 개선해서 세속적 행복을 높이는 것조차 불가능하다.

현실적으로 자기 몰두적인 사람의 인생관은 한계가 있다. 우리가 계속 이기적으로 살아간다면 사람들은 우리를 좋아하지 않을 것이다. 어떤 식으로든 우리를 섬기는 사람들은 마지못해 무성의하게 섬길 것이다. 그리고 우리가 섬기는 사람들은 우리의 섬김을 고마워하지 않을 것이다. 그 섬김은 마지못해 하는 무성의한 행위이기 때문이다. 또한 우리는 다른 사람들과의 관계에서 열과 성을 다하지 않을 뿐만 아니라 그들을 실제로 해칠지도 모른다. 제 행위의 결과를 고려하지 않기 때문이다. 자기 몰두는 나와 다른 사람들 모두 패자가 되는 상황을 조성한다. 따라서 이생에서 번성하고 번영하려는 우리의 목표는 실패할 수밖에 없다.

우리는 행복을 안겨줄 것 같은 것은 얻으려 애쓰고, 행복을 방해할 것 같은 것은 전부 없애려고 애쓴다. 주변 세상을 둘러보면 그런 노력에서 비롯되는 온갖 폭력을 목격할 수 있다. 그 폭력과 고통의 근원은 이 죽음의 춤판에 끼어든 개개인의 자기 몰두 습관이다. 모든 개인과 모든 국가와 모든 집단이 상대방의 관점을 그저 관찰할 수만 있어도 오늘날 세상에 만연한 폭력을 상당 부분 면할 수 있을 것이다. 상대방의 관점이 내 관점보다 때로는 바람직하다는 것을, 아주 작은 노력으로도 두 관점이 공존할 수 있고 더 나아가 화합할 수 있다는 것을 깨닫는다면 그 수많은 폭력이 크게 줄어들 것이다. 자기 몰두 습관과 완고한 자아 습관은 세상을 병들게 하는 진짜 적이다. 자기 몰두를 내려놓고 다른 사람들과 그들의 처지에 관심을 쏟음으로써, 오직 이 방법을 통해서만 그 적을 없앨 수 있다. 이것을 진심으로 단언해야 한다.

나는 다른 사람들을 위해 여기에 존재한다. 그들은 내 생의 유일한 목적이다. 나는 갓난아기의 엄마와 다르지 않다. 내 아기가 원하고 필요로 하는 것에 대해 걱정한다. 나는 다른 사람들의 눈으로 생을 바라본다. 내가 원하는 것을 얻으려는 마음을 버린다. 내가 가진 모든 것, 내 육신마저도 그들을 돕는 일에 쓸 것이다. 그것을 내 이기적인 목적을 위해 쓰지 않을 것이다.

이제 다른 사람들을 바라볼 때 그들이 보고 있는 나 자신을 바라본다. 따라서 그들과의 관계 수정을 시작할 수 있다. 다른 사람들을 보면서 그들을 습관적으로 판단한다. 그가 나보다 앞서 가는지 아니면 내가 앞서 가는지, 그와 내가 엇비슷한지를 판단한다. 그가 앞서 가면 그를 질투한다. 내가 앞서 가면 우월하다고 느낀다. 그와 엇비슷하다고 느끼면 경쟁을 시작하면서 그를 경쟁자로 본다. 그런데 이제 그들의 눈을 통해 자신을 보면서 정반대의 감정을 느낀다. 다른 사람들을 판단하는 습관은 자동적이고 무의식적이다. 하지만 그들에게 공감하면 자신이 그들을 판단하고 있을 때 그들도 나를 판단하고 있음을 알아차린다. 그들의 눈으로 보기 때문에 판단의 대상이 되는 것이 어떤 느낌인지를 실감한다.

이것이 평등화 요가equalizing yoga, 즉 자기와 타인 맞바꾸기 수행의 핵심이다. 이 수행은 주고받기 명상과 비슷하지만 세상 속에서 명상과 행동을 항상 함께 실천하는 생활 요가에 가깝다. 이 수행을 통해 우리는 경계선을 허물고 공동체와 연결된다. 에너지 원천이 자기 몰두적 이기심에서 공감적 연민으로 바뀐다. 우리는 정체감을 점차 확장해서 타인을 더욱 더 많이 포함시킨다. 온 세상을 행복하게 하는 이 여정에 들어선 우리는 용감하게 우뚝 서서 모든 존재를 책임진다. 우리는 독창적인 상상력을 이용해서 습관적이고 자기 몰두적인 세계관을 유지해왔다. 이제 그 하찮은 역할에서 벗어난 그 독창적 상상력은 수행의 중요한 도구로 활용될 것이다.

무한한 생활 방식의 포용

샨띠데바의 도전에 응해 우리가 성공했을 때 모든 존재와의 완전한 상호 연결성을 기꺼이 수용하려는 충동이 저절로 인다. 그 충동은 자기 몰두를 타인 몰두와 맞바꾸는 것에서 생겨나며, 이 맞바꾸기 과정은 내가 '한정된 생활 방식을 깨뜨리고 무한한 생활 방식을 채택하기'라고 부르는 것과 매우 비슷하다. 이 무한한 생활 방식은 대체로 유익하지만 그것을 채택하려는 충동에 너무 성급하게 응해서는 안 된다. 어쨌든 우리는 현재를 사는 존재다. 그렇기 때문에 상호 연결성을 적극 수용하기에 앞서 상대적 자기와 상대적 타인이 어떤 형태로든 끝없이 계속 존재한다는 것부터 이해해야 한다. 달리 말해서 지금 이 생애가 존재하는 전부라는 믿음을 깨뜨려야 한다. 현재의 몸과 마음이 우리가 지닐 전부라는 믿음을 깨야 한다. 육신이 작동을 멈추는 순간, 착하게 살았든 악하게 살았든 영원히 사라질 터이므로 단지 죽을 때까지만 자기 자신과 사랑하는 사람들에 대해 걱정하면 된다는 믿음을 깨야 한다. 의식을 이루는 정신적 에너지는 육신이 죽음을 맞은 후에도 틀림없이 계속 존재한다. 이것을 깊이 이해할 때 한정된 생활 방식을 깨고 거기서 벗어나 무한한 생활 방식에 저절로 전념하게 된다. 이렇게 우리는 자신과 사랑하는 사람들을 위해 그 무한한 생활 방식을 최적화하려는 목적을 품게 된다. 하지만 이것은 내생에 도박에 위험한 모험에 뛰어드는 게 아니다. 그보다는 확실한 것을 최대한 활용하는 현실적이고 상식적이며 실용적인 단계에 가깝다.

하지만 생이 무한하다는 관점은 처음에 버겁게 느껴질 수밖에 없는 한 가지 결론을 내포한다. 따라서 그 관점은 선택적이며 누구에게도 강요되지 않는다. 우리는 내포된 그 결론에 지나치게 열광해서도 안 되고 그것을 성급하게 수용하려고 애써서도 안 된다. 그렇지 않으면 크게 낙심하고 냉소적으로 변할 뿐이다. 생은 무한하게 이어지고 죽음

분노를 다스리는 붓다의 가르침

은 단지 한 생에서 다음 생으로 순식간에 옮겨가는 절차에 불과할 뿐이라면 우리는 언제나 살아 있었고 언제까지나 계속 살아갈 것이다. 이 단순한 결론을 전제로 우리는 끝없이 윤회하는 일생들을 통해 생이 무한하게 계속된다는 것을 기꺼이 수용해야 한다. 그렇다면 중요한 질문이 뒤따른다. '어떻게' 살 것인가? 행복 속에서 살 것인가, 슬픔 속에서 살 것인가? 어떻게 하면 미래의 행복을 보장하고 미래의 슬픔을 피할 수 있을까? 우리는 자신의 말과 생각과 행동이 빚어내는 무한한 결과들 속에서 살아간다. 이것을 알아차리면 행복을 찾을 가능성이 엄청나게 커진다. 자기 자신과 다른 사람들을 다정하게 돌보려는 마음이 더할 수 없이 강렬해지기 때문이다.

더 나아가 생이 끝없이 계속된다는 관점은 살아 있는 모든 존재가 우리와 똑같다는 결론도 내포한다. 그 존재들 모두 우리와 똑같이 시작도 없이 살아왔고 살아가고 있으며, 우리와 똑같이 끝도 없이 살아갈 것이다. 우리는 그들과 관계를 맺을 기회가 수없이 많았고 그들도 우리와 수없이 관계를 맺었다. 그리고 지금도 그들과 수없이 관계를 맺고 있으며 앞으로도 그렇게 관계를 맺을 것이다.

전하는 이야기에 따르면 보리수 아래서 깨달음을 얻었을 때 석가모니 부처님은 무한하게 이어진 자신의 전생을 낱낱이 기억했다. 이어서 다른 모든 존재의 전생과 앞으로의 운명을 자각하게 되었다. 깨달음과 함께 자각이 크게 확장되면서 석가모니 부처님은 자신이 그 모든

마지막 승리: 가장 은밀한 적

존재와 한도 끝도 없이 서로 엮여 있다는 것을 본능적으로 자각했다.

그것을 우리는 아직 본능적으로 자각하지는 못한다. 하지만 그 수많은 전생에 우리는 서로 맺을 수 있는 모든 관계로 살았다. 서로에게 어머니였고 아버지였고 형제나 자식, 연인, 스승, 친구, 경쟁자, 적이었다. 그리고 수많은 내생에 우리는 서로 맺을 수 있는 모든 관계로 살 것이다. 그러므로 한없이 계속되는 우리의 생이 한없이 행복하기 위해서는 다른 존재들이 한없이 계속되는 그들 각자의 생을 한없이 행복하게 살아야 한다. 따라서 깨달음의 지복을 우리는 아직 온전히 체험하지는 못했어도 우리와 더불어 일체중생이 깨달음에 이르도록 하겠다고 저절로 결심하게 된다.

이것을 알고 나면 우리의 목표는 고작 자신의 괴로움을 없애는 것에 국한되지 않는다. 단 한 중생이라도 깨달음에 이르지 못하고 계속 괴로워한다면 완벽한 지복을 체험하는 것이 불가능하다는 것을 인지한다. 일체중생을 괴로움에서 꺼내 주려는 그 강한 열망이 바로 깨달은 자의 마음, 보살의 마음이라고 부처님은 가르쳤다. 보살은 중생을 제도하겠다는 웅대한 서원을 세우고 그것에 헌신한다. 깨달은 자는 자신이 다른 모든 존재와 하나라는 것을 자각한다. 그것을 처음에는 일부러 자각해야 하지만 결국에는 저절로 자각하게 된다. 그 자각은 일체중생을 괴로움에서 구제하겠다고 결심하고 모든 존재를 그 중생으로 여기는 자의 마음이다.

자기혐오는 이제 그만

명상 수련생인 트레이시Tracy는 내적 독백에 주의를 기울임으로써 고질적인 자기혐오에서 벗어났다고 말했다. "저의 가장 큰 문제 중 하나는 지금과 다르기를 항상 원하고 있다는 거예요. 저는 폭력적인 가정에서 자랐어요. 어른이 된 후에는 폭력적인 남자 친구에게 계속 학대를 당했어요. 저는 항상 이렇게 생각했어요. '나는 착하지 않아, 무가치해. 나는 어떤 것도 누릴 자격이 없어. 누가 나를 사랑하겠어?' 그 고통이 너무 커서 결국 저는 완전히 무기력해졌어요."

세월이 흐르고 트레이시는 우연찮게 정신과 의사를 찾아갔다. "제가 분노로 가득 차 있다는 걸 몰랐어요. 제 마음은 굳게 닫혀 있었지요." 의사의 권유에 따라 트레이시는 명상을 시도해 보기로 했다. 조용히 앉아 호흡을 따라가면서 머릿속에서 계속 되풀이되는 자기 대화를 주시했다. 이제 트레이시는 이렇게 말한다. "명상이 제 인생을 바꾸었어요. '나는 착하지 않아, 무가치해.' 이 생각이 떠오르고 불안해지기 시작하면 저는 호흡을 따라가며 지금 이 순간으로 돌아올 수 있어요. 그 생각이 지나가리라는 걸 알아요. 요즘은 무상에 대해 배우는 중이에요. 고통은 지나가요. 저는 그 고통을 있는 그대로 견딜 수 있어요. 그러면 정말 자유로워져요."

트레이시는 말을 이었다. "바로 지금, 저는 슬픔을 느껴요. 마음속에 아주 큰 슬픔이 있어요. 하지만 그건 달라요. 그건 그냥 슬픔일 뿐이에요. 저는 마음을 열고 그 슬픔을 있는 그대로 느끼고 그걸 내려놓을 수 있어요. 그리고 제게 일어난 엄청난 변화는 제 자신을 자애롭게 안아줄 수 있다는 거예요……. 이 작업은 여전히 진행 중이지만요. 그건 완벽하지 않아요……. 항상 쉬운 것도 아니고요……. 하지만 전 그걸 할 수 있어요."

사악한 적 앞에서도 자유로워지는 것이 가능하다. 이것을 알고 있다는 자신감은 그 적이 우리를 쓰러뜨리겠다고 위협할 때 우리에게 힘을 준다. 우리는 다르게 반응하기로 결정하고 새로운 방침을 정하고 더 중요한 것을 향해 마음을 돌리고 무슨 일이 닥치든지 자신의 관점을 유지할 수 있다. 이것을 알고 있을 때 우리는 어떤 어두운 곳에 가든지 자기 안에 항상 빛의 원천이 있다는 것을 기억한다.

최후의 승리

보살의 웅대한 열망을 이용해 가장 은밀한 적을 제압했으므로 이제 우리는 긍정적 시각화를 통해 그 승리를 확정지을 수 있다. 여기 지혜와 연민의 영역에서는 대단히 파괴적인 분노를 창의적으로 활용한다. 타라 툴쿠는 괴로움의 세계를 이루는 번뇌 — 자만, 인색, 애욕, 탐욕,

질시, 분노 — 는 지혜로써 물리친다고 말했다. 그 모든 번뇌의 근원은 망상, 즉 '무지'다. 우리 대 그들 사고, 한 고정된 자아가 다른 고정된 자아들과 분리되어 있다는 그릇된 생각을 고수할 때 번뇌가 활발해지기 때문이다. 하지만 망상이 소멸되면 지혜는 번뇌를 재활용해서 자유와 지복의 세계를 재건할 수 있다.

폭발적인 분노는 순수한 지혜로 바뀐다. 분노의 강렬한 불길은 모든 장애를 없애고 자유를 가로막는 모든 저항을 물리치고 무한하고 자유롭고 상대적인 공空 속에서 생과 사를 소모한다. 증오는 궁극적 실상을 완성하는 지혜로 바뀐다. 증오의 고요한 기운은 생명을 주는 온화한 핵폭발과 비슷하며 미혹을 완전히 몰아낸다. 이러한 종류의 깨달음은 환경 변화와 사회 변혁으로 이어질 수 있다. 자아에 집착하는 괴로움의 세계가 자유롭고 자애로운 사람들이 우호적인 공동체 속에서 살아가는 불국토buddha-verse, 佛國土로 바뀔 수 있다.

시간의 수레바퀴를 뜻하는 칼라차크라Kalachakra 탄트라는 히말라야 산맥 깊은 곳에 숨어 있다는 신비로운 왕국인 샴발라에 대해 이야기한다. 샴발라의 왕이자 지혜로운 문수보살의 화신인 야샤스Yashas는 카스트제도를 철폐하고 만백성의 완벽한 평등을 선언했다. 그리고 그 순간부터 모든 백성이 '바즈라vajra', 즉 금강金剛 계층에 속한다고 말했다. 이 선언은 이제 온 백성이 왕권을 공유한다는 것을 의미했다. 다시 말해서 누구든지 왕이나 여왕이라는 뜻이었다. 만인이 공유하는 이 상징

마지막 승리: 가장 은밀한 적

적 왕권은 우리의 민주주의 이상과 일맥상통한다. 민주주의에서는 모든 시민이 권력을 행사하고 그 나라의 지도자와 헌법을 결정하는 과정에 참여한다. 토머스 페인Tomas Paine의 「상식Common Sense」은 영국으로부터의 독립의 정당성을 주장한다. 그 책은 미국 혁명이 왕관을 산산조각 내는 행위로, 민주주의를 그 부서진 왕관 조각을 시민에게 돌려주는 행위로 묘사한다. 각 시민은 왕관의 보석을 한 개씩 소유하는데, 이때 그 보석은 국민의 주권을 상징한다.[21] 자기혐오라는 가장 은밀한 적을 없애려고 애쓸 때 중요한 것이 있다. 사회는 항상 압제적이고 인간은 결코 사이좋게 지낼 수 없다는 생각, 개인은 저마다 제 이익만 추구할 거라는 생각, 사회는 결국 만인에 대한 만인의 투쟁이 난무하는 홉스적 세계라는 생각을 주입하는 사상을 의심해야 한다. 우리들은 지극히 행복하고 자유롭고 사랑하고 사랑받을 수 있는 존재다. 이와 마찬가지로 우리 사회도 서로 지지하고 소망을 실현하는 세계가 될 수 있다. 그 사회에서는 전 구성원이 다 함께 번성할 수 있다.

---

21) Thomas Paine, Common Sense (1776)(Mineola, NY: Dover Publications, 1997), pp.31-32.

이제 적은 없다

'아량'은 우리 대 그들 사고를 깨뜨린다. 아량은 모든 인간이 하나로 연결되어 있음을 인정한다. 어느 날 부처님이 한 왕에게 깨달음에 이른 지도자에 대해 설법을 했다. "훌륭한 우두머리가 되기 위해서는 공정하고 너그러워야 합니다." 그 왕은 공정했지만 아량을 하찮게 여겼고, 그로 인해 백성들은 굶주림에 시달렸다. 배가 고팠기에 그들은 도둑질을 했고 도둑질하는 백성이 늘어났기에 왕은 감옥을 더 많이 지었다. "제가 어떻게 해야 합니까?" 왕의 물음에 부처님이 대답했다. "당신은 기본적인 것을 잊고 있습니다. 백성들이 도둑질하지 않기를 원한다면 아량을 베푸십시오. 백성들에게 먹을 것을 주십시오."

아량은 자애를 동반한다. 아량을 베푸는 바로 그 순간에 우리는 상대방에게 자애를 느끼기 때문이다. 그와 분리된 게 아니라 하나로 이어져 있음을 감지한다. 어떤 것도 독립적으로는 일어나지 않으며 우리가 서로의 행복에 책임이 있다는 것을 깨달을 때 아량은 연민을 동반한다. 그리고 우리가 베푼 만큼 내 것이 줄었다거나 궁핍해졌다고 느끼지 않고 상대방의 행복에 크게 즐거워할 때 아량은 공감적 기쁨을 동반한다. 우리가 저항하지도 후회하지도 않고 제 소유물을 기꺼이 내려놓을 때 아량은 평정을 동반한다.

다른 사람들을 다정하게 염려하라는 말은 바보처럼 굴라는 뜻이 아니다. 연민이 참되기 위해서는 지혜와 짝을 이뤄야 한다. 자선 행위는 수혜자를 업신여기고 미묘하게 상하관계를 조성해서 분리감을 영속시킬 우려가 있다. 우리는 상호 연결성이라는 거대한 네트워크를 알아차려야 한다. 그러면 이생에서 우리는 다 함께 하나로 엮여 있다는 자각을 토대로 그들을 도우려는 동기를 느끼게 된다. 외부의 적과 내부의 적을 물리치면 우리가 찾은 행복이 아량으로 표출된다.

좋은 지도자는 잘 통치할 책임, 즉 온 국민에게 가장 이롭고 올바른 것을 행할 책임이 있다. 우리는 권력을 휘두르는 공상을 남몰래 즐기면서 성공하기 위해 열심히 일하고 있다고 생각한다. 하지만 실제로는 진짜 권력과 그에 따르는 책임을 두려워한다. 우리가 가장 편안해하는 망상 중 하나는 자기에게는 아무 권력이 없으며 따라서 자신의 말과 생각과 행동이 별로 중요하지 않다는 것이다. 하지만 우리는 이 망상을 물리치고 자기와 타인의 삶에 기여할 책임을 인정하고 수용해야 한다. 우리는 더욱 깊고 안정된 자기 확신을 키울 필요가 있다. 이 자기 확신에는 근본적인 불안정감에서 생겨나는 자기 과시와 자기 홍보가 없다.

분노를 다스리는 붓다의 가르침

자기창조 요가

절대적 자아는 없고 만물은 공하며 모든 것은 원인과 조건에 따라 생겨나고 소멸한다. 그렇기 때문에 정체감은 고정적이지 않고 유동적이다. 따라서 상대적 자아는 항상 변하며 우리는 스스로를 창조하는 작업을 계속 진행할 책임이 있다. 제 인생을 현명하게 다스리고 남들에게 영감을 주는 본보기가 되고자 한다면 우리는 자신이 그 중요한 역할을 준비할 수 있게 도와줄 수행이 필요하다. 신비한 왕국 샴발라의 백성들은 '자기창조self-creation' 요가라는 탁월한 수행을 실천했다. 왕은 이 수행법에 최고로 능했고 궁궐 밖의 정원에서 성년식과 대관식을 주관하면서 온 백성이 저마다 그 불국토의 왕이나 여왕이라고 상상하게 도왔다. 우리가 살고 있는 세상은 샴발라가 아니겠지만 우리도 저마다 자신이 받은 왕관 조각에 책임을 느끼고 자기만의 깨달은 왕국을 창건해야 한다. 자기창조 요가는 만트라로 시작한다.

내게 오라, 신성한 기운이여! 내 참된 본성은 금강이요, 자유로운 공에 대한 직관적 앎이다. [22]

---

22) om shunyata jñana vajra svabhava atmako aham.

이 문장을 큰 소리로 말해 보라. 그 힘이 꽤 강력하다. 이 만트라를 통해 우리는 고정된 자아감을 내려놓는다. 우리의 몸과 마음이 어두운 무의식을 지나 선명한 빛의 세계로 들어선다. 자신이 무아에 대한 절대적 앎을 토대로 존재하고 있음을 단언한다. 존재나 소유에 대한 집착을 모두 버린다. 언어 문자와 생각, 형상, 소리, 냄새, 맛, 촉감을 모두 내려놓는다. 이 감각 대상들이 소멸한 상태 속으로 빠져드는 느낌도 버린다. 여기서 우리는 생의 무한함을 자각한다. 참자아의 힘, 보살의 동체대비심으로 충만하다. 우주 곳곳의 모든 부처와 천신과 인간과 다른 존재들의 가장 깊은 마음과 절대로 분리되지 않고 그것과 함께 현재에 존재한다. 우리는 완벽한 지복의 기운을 경험한다.

자기창조 요가를 행하는 내내 이 경계 없는 실존감을 유지하는 것이 매우 중요하다. 그 느낌은 토대가 없음에도 완벽하게 안정되어 있다. 광대하고 활기차고 평화로운 무아 속에서 다른 중생들과의 관계 영역에서 고립감을 느끼지 않는다. 그 반대다. 우리가 알고 있는 중생, 결코 알지 못하는 중생, 오직 상상할 수만 있는 중생을 포함하여 일체중생을 품어 안는다. 단 한 중생의 단 한 개의 세포와 단 한 가지 생각까지 다정하게 염려하고, 모든 중생이 나와 결코 다르지 않다고 느낀다. 대부분의 중생이 망상에 빠져 있음을 알아차린다. 나의 동체대비심은 그들이 마땅히 느껴야 할 자유와 지복을 느끼게 도와주도록 격려한다. 공감 능력이 강해질수록 다른 이들을 행복하게 해 주려는 의지가 강해진다.

기존의 통상적인 기법은 너무 더디고 부적절해 보인다. 우리의 대비심이 그 뜻을 이루게 하려면 더 강력한 기법이 필요하다. 평상시 게으른 공상에 쓰던 창의적 상상력을 적극 활용하라. 그리하여 이 세상을 안전하고 아름다운 곳으로, 괴로움이 없는 신성하고 경이로운 곳으로 상상하라. 자신이 완벽한 자애와 선의가 흘러넘치는 지혜의 샘이라고 생각하라.

자신이 소망하는 우주를 그려 보라. 그 우주가 자유롭고 드넓은 공에서 생겨난 사대요소四大要素, 즉 땅과 물과 불과 바람으로 이루어져 있다고 상상하라. 자신이 원하는 방식으로 그 네 요소를 온 우주에 안정적으로 배치하고, 그 주변에 결코 뚫을 수 없는 보호막을 둘러쳐라. 모든 중생의 욕구를 충족시키기에 완벽한 곳에 그들을 모두 들여놓아라. 그리고 그들이 각자의 윤회 단계에 알맞은 인간의 육신으로 살면서 저마다 최고의 잠재력을 즐겁게 발휘하도록 해 주어라.

우리는 구체적 형상을 지닌, 그들과 분리된 존재가 아니다. 그보다는 모든 것을 포용하는 구름 같은 자각과 비슷하다. 이 자각은 각각의 존재에게 한량없는 자애와 연민을 느끼는 어머니처럼 일체중생과 그 수많은 중생의 거대한 물결을 감싸 안는다. 그들이 나의 지복의 기운 속에서 편안하게 쉬고 나의 지혜와 연민으로 충만하다고 상상하라. 두려운 세상과 대적하고 서로 맞서 싸울 때 그들이 느끼는 육체적, 정신적 괴로움을 외면하지 않고 돌본다고 상상하라. 그들이 자기 자신을 제외한 세상 사람들을 '타인'으로 간주한다는 것을 안다. 그들에게 다정하게 관심을 기울여라. 그리고 무엇이 그들을 가장 편안하게 해 주고 그들의 마음을 열어 줄지, 어떻게 하면 그들이 다른 사람들과 긍정적으로 연결되기를 원할지를 숙고하라. 가르침의 방편이 되어서 자신을 모든 중생에게 전부 내주어라.

상호작용하고 싶은 개인들의 욕구를 어떻게 하면 가장 잘 채워 줄 수 있을까? 그 방식을 숙고하고 그들의 욕구에 가장 적절하게 반응하는 자신을 상상하라. 나의 물리적 육체의 성별에 개의치 마라. 내가 남성일 때 특정 개인과 가장 잘 상호작용할 수 있다면 자신이 남성이라고 상상하라. 여성이어야 더 효과적이라면 자신이 여성이라고 상상하라. 인종에 개의치 마라. 피부색에 상관없이 특정 개인과 상황에 따라 내가 그 개인과 가장 좋은 관계를 맺거나 그 상황에 가장 잘 대처할 수 있는 인종에 속한다고 상상하라. 나는 인간이지만 누군가가 특정 동물에 더욱 편안해한다면 그 동물이라고 상상하라. 예컨대 인간의 형상을 한 당신에게 엄청난 적의를 표출하곤 하는 악독하고 위협적인 자를 상대하고 있다고 하자. 그러면 인간이 아니라 개나 말, 낙타, 고양이의 형상으로 그를 대하고 있는 자신을 그려 보라. 그가 나를 쓰다듬으며 잠시 경계를 풀고 나의 다정한 형상을 안아 주고 있다고 상상하라.

이 시각화 기법을 자기와 타인 맞바꾸기 수행에 결합하라. 평소에 알게 모르게 얕잡아 보는 사람을 골라서 그의 눈을 통해 자신을 바라보라. 그는 나의 멸시를 감지하고 질시와 분노로 반응할 것이다. 그가 느끼는 질시와 분노를 느껴 보라. 그 사람 앞에서 말하고 서 있고 움직이고 손짓을 할 때 내가 그에게 어떻게 보이는지를 자각하라. 질시와 불안의 눈으로 나를 보고 있는 그를 보라. 자신에게서 완전히 주의를 거두고 상대방의 내부로 들어가 존재하며 그에게 온전히 공감하라.

이 시각화 작업을 성공적으로 해냈다면 내가 평소에 경쟁자로 여기는 사람을 골라라. 나는 그를 약간 존중하고 경계하고 그와 비교하고 그의 약점을 찾아내고 그를 능가할 기회를 노린다. 나와 똑같이 불안해하고 두려워하고 경쟁적이고 호전적인 그의 눈을 통해 자신을 보라. 이번에도 나에게서 완전히 주의를 거두고 그 사람의 내부로 깊이 들어가서 공감하라.

이 사람에게 온전히 공감했다면 세 번째 사람을 골라라. 그가 어떤 면에서든 나보다 우월하다고 생각하고 질투와 분노가 뒤섞인 존경의 눈으로 그를 우러러본다. 평소에 나를 보면서 그 사람은 미묘하게 무시하거나 경멸할지도 모른다. 나를 보고 있는 그 사람의 눈으로 자신을 바라보라.

상상을 통한 공감에 점차 익숙해지면 일상생활 중에도 그것을 실행할 수 있다. 버스에서 음식점에서 텔레비전에서 누군가를 보는 순간,

내가 그 사람이라고 상상하고 그의 시각에서 자신을 보라. 상대방의 시각을 갈수록 정확히 포착하고 온전히 공감함에 따라 나의 자기 몰두 정도가 훨씬 줄어들고 내가 다른 사람들에게 미치는 영향을 훨씬 더 많이 알아차리게 된다. 그리고 그들의 행복에 훨씬 더 많이 초점을 맞춘다.

때로는 중생들이 겪는 괴로움이 엄청나게 커 보여서 압도되기도 한다. 그럴 때마다 자신이 평범하고 변변찮다는 느낌을 떨쳐 내고, 자신을 시공을 초월하는 금강불金剛佛이라고 상상하라. 금강력을 지닌 이 부처님은 강한 자기 확신으로 모든 중생을 즉시 행복하게 해 주는 대단히 고귀한 존재다. 자신이 부처님이라는 그 느낌 속에 머물 때 우리는 자신의 덕과 힘과 지혜와 활기에 대해 굳이 생각할 필요가 없다. 우리는 그 모든 것을 완벽하게 구현하기 때문이다. 공포와 고통과 죽음 앞에서도 쉽게 상처받지 않게 된다. 우리는 시간 그 자체다. 지금 이 순간에 분명히 존재할 뿐만 아니라 시간과 공간의 처음부터 끝까지 영원히 존재한다. 모든 중생이 나의 실존을 감지한다. 끔찍한 삶에 갇혀 있다고 느끼는 이들도 나를 보면서 희망을 찾아낸다. 미래에는 그 고통에서 벗어나 편안할 거라고 그들에게 장담한다. 개개인에게 한없는 연민을 느끼면서 그들의 행복을 염원하는 나의 간절한 마음이 엄청난 변화를 가능케 한다. 삶의 온갖 부침을 헤쳐 나갈 때 내가 이끌어 주고 지켜 주기를 모든 중생이 기대한다. 나는 어떤 불행이나 폭력도 참지 않는다. 악한 자들까지도 내 앞에서는 악의가 녹아 선해진다.

내가 타지마할 같은 거대한 궁전 속에 있다고 상상하라. 그 궁전은 웅장한 정원 한복판에 우뚝 서 있고 정원은 지복 속에서 춤을 추는 신과 여신들로 가득하다. 모든 중생을 지극히 행복한 이곳으로 끌어당겨서 각 중생을 가장 고귀한 환경에 놓아두어라. 그들이 망상과 고통과 불안과 공포를 이겨 내고 평화와 기쁨 속에서 편안하게 쉬는 것을 보면서 희열을 느껴라. 이제 그들이 만족과 자애와 도덕심을 느끼며 각자 평소의 환경으로 돌아간다고 상상하라. 그 느낌은 다른 이들을 도와주고 행복하게 해 주려는 열망을 일으킨다. 내가 행한 기법을 본받아서 그 모든 중생이 자신을 일깨우고 사회를 일깨우는 작업을 시작하고, 마침내 깨달은 존재로서 그들 역시 지혜와 지복을 발한다고 상상하라.

이 희열 속에서 그리고 강하게 서로 연결된 이 느낌 속에서 명상을 계속하면서 우주를 기쁘게 둘러보라. 우리의 몸은 전생과 현생의 깨달은 모든 존재의 몸과 서로 연결된다. 그 존재에는 지구상의 모든 시대와 모든 문화의 모든 신이 포함된다. 그 존재들과 공명하고 그들을 내보내서 세상을 정화하고 모든 중생을 위로하게 하라. 이렇게 하는 자가 바로 시공을 초월하는 금강불로서의 우리 모습이다.

우리는 활기를 느끼며 이 신비로운 상상을 실현하겠다는 결심과 의

욕으로 충만하다. 그러면 천천히 소멸하기 시작하여 천수천면千手千面을 지닌 대단히 고귀한 금강불에서부터 미묘하고 본질적인 무아로 단계적으로 돌아갈 수 있다. 그런 다음에 명상을 마치면서 물리적 육체를 자각하고 습관적인 일상생활로 돌아오라. 하지만 이제 우리는 자신이 시공을 초월하는 금강불이라는 것을 알고 있다. 우리가 찾아낸 힘과 안정감은 우리 내부에 여전히 활발하게 살아 있으며 영감과 자존감의 원천이 된다. 자존감은 자신과 세상을 바꾸기 위해 앞으로 나설 수 있게 해 준다.

영감이 필요할 때마다 또는 자기 의심이나 자기 비하에 시달릴 때마다 이 자기창조 요가를 행할 수 있다. 이 요가를 이용해서 개인적으로 겪는 특정한 곤경이나 세계 전반에 벌어지는 문제에 초점을 맞출 수도 있다. 갈등과 불행과 분란을 겪는 지역을 생각하며 그곳에 사는 모든 존재를 향해 희망과 치유를 전할 수 있다. 사람들이 문제를 해결하고 대지가 풍요로워지고 날씨가 청명해지고 모든 존재가 행복해지는 모습을 상상할 수 있다.

자기창조 요가의 목적은 재미있고 독창적이며 신비로운 방법을 통해 자기 확신을 심어 주는 것이다. 고정된 자아에서 벗어나 안전하고 절대적인 자유를 토대로 현실적인 자긍심과 안정적인 자기 확신을 키운다. 이것은 이기적인 목적을 위해서가 아니라 이타심, 즉 우리의 자애와 연민을 강화하는 마음에서 우러난 행위다. 이제 우리는 진정한

분노를 다스리는 붓다의 가르침

보살이다. 우리의 영웅적 행위가 발하는 대자비심이 세상 속으로 스며
든다.

누군가가 다른 사람을 해치거나 학대하는 것을 보았을 때 우리가 그 가해 행위를 확실히 중단시키는 것에 전념하는 사회에 살고 있다면, 뿐만 아니라 약자를 보호하고 그 잔학 행위가 애초에 어떻게 시작됐는지를 이해하는 것에 전념하는 사회에 살고 있다면, 폭력을 근절하려는 우리의 방법이 철저히 비폭력적이라면 어떨까? 또 가해자를 서둘러 처벌하고 비난하기보다는 그의 사연을 들어 보는 것에도 똑같이 관심을 기울이면 어떨까 상상해 보라. 그렇게 하면 범죄자를 적절히 처벌하는 동시에 그 범죄행위를 낳은 원인과 조건을 따져 보는 것도 가능해질 것이다. 만일 우리가 범죄자를 증오하지 않고 범죄행위를 증오한다면? 개인을 향해 분노하지 않고 그렇게 방치되고 결핍된 폭력적인 사람을 양산하는 데 일조하는 각종 시스템을 향해 분노한다면?

분노는 원하는 것을 얻지 못할 때 기본적으로 일어나는 감정이다. 따라서 행동을 바꾸려면 더욱 창의적으로 사고해야 한다. 이것이 행동 변화의 원칙이다. 비통과 절망에 분노하지 않고 다르게 반응하는 것이 가능하다. 불의와 폭력 앞에서 분노하는 것은 사실 당연하다. 하지만 분노가 고착된다면 지각의 폭이 좁아지고 다르게 반응할 가능성이 줄어든다.

두려움과 마찬가지로 분노도 우리의 시야를 제한한다. 분노가 일어나면 그 감정을 있는 그대로 느끼되 격렬해진 분노에 다르게 반응하려는 결심을 무너뜨리지 않도록 한다. 우리의 목표가 전쟁을 종식하고 폭력을 근절하는 것이라면 분노는 그 목표 달성에 장기적으로는 도움이 안 된다. 아무리 정당한 분노라도 마찬가지다. 세상을 바꾸려고 애쓰는 도중에 우리는 불안, 희망, 슬픔, 좌절, 성공 등 온갖 일을 겪겠지만 어느 경우에라도 분노는 유용한 방법이 아니다.

우리는 보통 친절과 공감처럼 평화주의도 일종의 나약함으로 생각하는 경향이 있다. 이로 인해 '힘'이라는 것이 실제로 무엇인지에 대해 숙고할 필요가 있음을 잊어버린다. 폭력과 불의를 중단시키고 피해자를 보호하는 것에 전념하는 동시에 연민을 통해 분노를 잠재우는 것이 가능하다.

이선 닉턴Ethan Nichtern은 상호 의존 프로젝트Interdependence Project의 창립자다. 상호 의존 프로젝트는 비영리 조직으로 심리학, 행동주의, 언론, 예술, 불교 명상 및 마음챙김 수행을 접목하는 일에 헌신한다. 그는 우리가 폭력 중단과 분노 통제의 그 절묘한 균형을 유지하려고 할 때 자주 난관에 처하는 이유를 명쾌하게 설명했다. 그는 사회 규칙들 밑에 깔린 인간 본성에 대한 견해를 탐구한다면 '인간으로서 존재한다는 것에 대한 두려움'을 발견하게 된다고 지적한다. 널리 퍼진 서양철학의 관점에 따르면, 인간은 '만

세상을 보는 다른 눈 ⑤: 차가운 혁명

인에 대한 만인의 투쟁'을 지향하도록 타고난다. 그러한 표현으로 인간 본성에 대해 가장 비관적인 견해를 제시한 철학자는 17세기의 토머스 홉스Thomas Hobbs였다. 이선은 비판적 관점에서 본 인간의 가장 뚜렷한 특징이 '3S'라고 말한다. 분리Separate, 이기심Selfish, 두려움Scared이 그것이다. 이 철학이 우세할 경우에 삶은 '타인과의 영원한 싸움, 자신과 제 가족을 끝없는 위협에서 지키려는 자기 몰두적이고 두려운 싸움'이 된다.[23]

이선은 완전히 다른 방식으로 더욱 만족스럽고 더욱 생산적인 삶을 위한 대안적 관점을 제시하며 이를 '3C'로 정의한다. 3C란 연결Connection, 연민Compassion, 용기Courage를 말한다. 그는 3S에서 3C로 옮겨가는 것을 '변형적 행동주의Transformational Activism'라고 부른다. 변형적 행동주의는 우리의 개인적인 내면 성찰 작업, 인간관계에서의 상호작용 행위, 사회를 바꾸려는 집단적 노력 등을 재조명할 것을 요구한다. 변형적 행동주의에서는 개인적 변화와 사회적 변화가 상호 의존적이라는 이해를 토대로 각자 내면을 성찰하는 동시에 우리가 추구하는 가치를 더 큰 세상 속에서 행동으로 표현한다.

이 모든 전략은 더 많은 폭력을 양산하는 대신에 공동체를 발전시키고 도덕적, 영적 성장에 필요한 교훈을 제공할 것이다. 알베르트 아인슈타인Albert Einstein은 이렇게 말했다. "고삐 풀린 원자의 힘은 우리의 사고방식을 제외한 모든 것을 바꾸었다."[24] 우리가 어떻게 사고하는지, 자신의 삶을 어떻게 바라보는지가 가장 중요하다. 그리고 우리가 사랑을 얼마만큼 표현하는가에 따라 일상 사건을 접할 때 느끼는 자유와 수용의 정도가 달라진다. 다르게 반응하기 위해 습관적 사고방식을 깨뜨리는 데는 강력한 통찰과 상당한 용기가 필요하다.

자신이 항상 옳다는 독선을 버린다면 어떻게 될까? 익숙한 것을 지속하려는 쉬운 방식을 버린다면, 또는 다른 사람들의 생각에 무조건 따르려는 충동을 버린다면 어떻게 될까? 이 모든 것을 버리고 증오는 자비를 통해서만 극복된다는 부처님의 가르침을 실천하려고 노력한다면 어떻게 될까? 상대방의 고함에 맞서 고함을 지르고 호전적 행동에 호전적 행동으로 되갚는 것이 자동 반응일 것이다. 하지만 그런 반응은 우리를 지치게 한다. 사람들을 좋고 나쁨 또는 옳고 그름으로 엄격하게 분류할 때 우리는 안정감을 느낀다. 적어도 일시적으로는 그러하다. 하지만 그런 분류를 토대로 관계를 맺으면 우리는 그들과 진정으로 연결되지 못하며 아무에게도 이해받지 못한다고 느끼고 외로워한다. 용감하게 새로운 관점을 취할 때 우리는 새로운 소통 방식을 발견하게 된다. 자신의 감정을 정직하게 전달하면서도 자신이나 주변 사람들에게 상처를 주지 않게 된다.

우리는 우리 대 그들로 나뉜 적대적인 세상 — "내 말에 동의하지 않는다

---

23) http://www.theidproject.org/
24) "Atomic Education Urged by Einstein," 〈The New York Times〉, 1946.05.25, p.13, http://www.nytimes.com

면 너는 내게 반대하는 거니까 내 적이야.'라는 생각이 지배하는 세상 — 에서 강하게 상호 연결된 세상으로 다 함께 옮겨 갈 준비가 되어 있다. 그 세상은 다양성을 축하하고 사회적, 정치적 갈등을 독창적이고 비폭력적인 방법으로 해결한다. 이제 적의를 품지 않는 것이 패배나 나약의 신호라는 생각을 버릴 때가 되었다. 이제 우리는 힘을 바라보는 새로운 시각과 이생의 삶을 개선할 새로운 방법을 수용할 준비가 되었다. 넬슨 만델라Nelson Mandela를 생각해 보라. 로벤 섬에 갇혀 있을 때 그는 교도관도 자기와 똑같이 그 감옥에 갇혀 있다는 것을 깨달았다. 미얀마의 정치가 아웅 산 수지Aung San Suu Kyi를 생각해 보라. 민주화 운동을 했다는 이유로 십오 년 동안 가택 연금을 당한 수지 여사는 말한다.

……감금된 다른 많은 이들처럼, 시간이 흐르면서 우리도 자애의 가치를 깨달았습니다. 내가 느끼는 적의가 바로 두려움을 일으킨다는 것을 깨달았어요. 적대적인 군대에 둘러싸여 있을 때 저는 결코 두렵지 않았습니다. 제가 그들을 향해 적의를 느끼지 않았기 때문이지요. 우리 미얀마 불교도들은 자애metta를 대단히 강조합니다. 성경에 '완전한 사랑은 두려움을 물리친다.'는 구절이 있습니다. 거기에 메타가 내포되어 있어요. 제가 '완전한 사랑'을 찾아냈다고는 말할 수 없습니다. 하지만 내가 증오하지 않는 사람을 향해서는 두려움이 일지 않는다는 말이 사실이라고 저는 생각합니다. 물론 저도

그들의 일부 행위에 때때로 몹시 화가 났습니다. 하지만 분노를 스쳐 지나가는 감정으로 잠시 느끼는 것과 증오와 적의를 계속 품고 있는 것은 꽤 다릅니다.[25)]

마틴 루터 킹을 생각해 보라. 적을 대할 때는 정의라는 장기적 관점을 취해야 한다고 주장하며 그는 이렇게 말했다. "도덕적 세계의 활궁은 길지만 정의를 향해 휜다."[26)]

그러한 차가운 혁명cool revolution은 의식의 엄청난 모험을 시작케 한다. 힘을 재정의하고 인내를 체념이 아닌 힘으로 보게 한다. 끔찍한 상황에서도 의미 있는 변화를 위한 기회가 존재한다. 이것을 나는 2005년 런던 지하철역 폭탄 테러 사건 후에 깨달았다. 그때 대부분의 사람들처럼 나의 첫 번째 반응은 슬픔과 불안이었다. 그 사건으로 세상을 떠난 이들에 대해 깊이 슬퍼했고, 뉴욕에서 지하철을 타기가 불안했다. 이 불안감은 당연하고 적절했다. 하지만 친구의 일곱 살 난 딸 윌라는 관점이 달랐다. 런던에서 벌어진 일에 대해 들었을 때 그 아이는 눈물을 글썽이며 말했다. "엄마, 우리 기도해요." 윌라는 엄마의 손을 잡고 자기가 먼저 기도하겠다고 했다. 어린

---

25) Aung san suu Kyi, Alan Clements, Voice of Hope: Conversations with Alan Clements(New York: Seven Stories Press, 1997), chapter 10. 이 책의 국내 번역서로 『아웅 산 수지, 희망을 말하다』 (구미정 옮김, 북코리아, 2011)가 있다.
26) 1967년 8월 16일, 애틀랜타에서 열린 '남부 기독교 지도자 회의(Southern Christian Leadership Conference)' 10주년 행사에서 마틴 루터 킹이 한 연설 중에서.

딸의 기도문 첫 구절에 친구는 감동으로 전율했다. "나쁜 아저씨들이 자기들 마음속에 사랑을 있다는 걸 기억하게 해 주세요." 이 이야기를 듣는 순간에 나의 마음은 완전히 다른 수준으로 도약했다.

큰 존경을 받은 힌두교 지도자인 님 카롤리 바바Neem Karoli Baba는 자주 이렇게 말했다. "당신의 마음에서 어느 누구도 밀어내지 마십시오." 이 말에 따라 살아가는 법을 배울 때 생애에서 가장 강력한 치유의 순간들과 가장 위대한 모험의 순간들을 경험할 수 있다. 그러면 적을 우리의 가장 훌륭한 스승으로 기꺼이 인정할 것이다. 무엇보다 우리는 온 세상을 품어 안을 수 있을 것이다.

명상 가이드:
일상에서 하는 명상

적을 물리치는 법에 대해 읽는 것과 그 작업을 실제로 행하는 것은 별
개다. 그렇다면 그것을 일상에서 어떻게 실행해야 할까? 어떤 수행법
을 따르면 우리가 내부의 적과 외부의 적을 대하는 방식을 바꾸고 분
노와 두려움에서 벗어날 수 있을까?

이제 몇 가지 명상법과 시각화 기법을 소개하겠다. 적에 대한 가르침
을 일상생활에 적용할 때 이 기법들이 당신을 도와줄 것이다. 이 기법
은 불교 수행법에 기반을 두고 있지만 종교에 상관없이 누구나 행할
수 있다. 적의 종류 — 외부의 적, 내부의 적, 은밀한 적, 가장 은밀한
적 — 에 따라 각각 한 가지 수행법을 제시한다. 여기에 덧붙여 기초 명
상을 소개한다. 이 명상은 당신이 몸에 주의를 집중하고 마음을 가라
앉히고 가슴을 열게 도와준다.

기초 명상

등을 똑바로 펴고 편안하게 앉아서 눈을 감아라. 원한다면 떠도 좋다. 졸음이 오면 계속 깨어 있기 위해 눈을 뜨되 시선을 부드럽게 낮추어라.

몸에 주의를 돌려라. 당신이 느끼고 있는 신체 감각을 모두 자각하라. 손의 감각, 즉 저림과 떨림, 조임 등을 낱낱이 알아차려라. 콧구멍이나 가슴이나 배에서 느껴지는 호흡을 알아차려라. 숨을 자연스럽게 들이쉬고 내쉬어라. 호흡을 바꾸거나 통제하려고 하지 마라. 한 호흡을 그냥 느끼고, 그런 다음에 내려놓아라.

원한다면 '들이쉬고, 내쉬고' 또는 '솟았다, 꺼지고' 같은 말을 속으로 조용히 반복해도 좋다. 그러면 각 들숨과 날숨을 더 잘 느낄 수 있다. 하지만 신체감각 자체를 편안하게 자각하는 것이 우선이다. 그 감각을 일컫는 단어에 매이지 마라.

마음속에서 이미지와 감정이 일어나고 주변에서 소리가 들려온다. 이때 그것들을 자각하되 골몰하지 마라. 그것을 그냥 알아차리고 지나가게 두어라. 들숨과 날숨을 계속 감지하라. 특정 이미지나 감각이 강해져서 주의를 사로잡거나 어느 순간 생각에 빠져 있음을 깨닫거나 꾸벅꾸벅 졸기 시작한다면 가만히 주의를 돌려서 다시 호흡을 자각하라.

외부의 적과 협력하기

싫어하는 사람, 실제로 적대시하는 사람을 생각하라. 위협적이거나 공격적인 사람일 수도 있고, 경쟁자로 여기는 사람이나 어떤 식으로든 나를 해쳤던 사람일 수도 있다. 그 사람을 생생하게 떠올린 후 그가 바로 앞에 앉아 있다고 상상하라. 그 사람을 향한 감정을 실제로 느껴 보라. 마음속에서 분노나 공포나 혐오가 일어날 때 그것을 고스란히 느껴 보라.

이제 그 사람으로 존재하라. 그 사람이 되어서 앞에 앉아 자신을 보고 있다고 상상하라. 적의 시각에서 자기 자신을 보라. 그 적이 그를 향한 자신의 감정을 거울처럼 되비쳐 주고 있다. 내가 적을 보는 것과 똑같은 방식으로 그 적이 나를 보고 있다. 그가 크게 성공해서 나를 무시하는 것 같다면 그를 질투할 것이다. 아니면 내가 우월하다고 느껴서 그 적을 업신여길지도 모른다. 질투, 시기, 경쟁, 멸시의 눈으로 자기 자신을 보라.

내가 적에게 또는 그 적이 나에게 느끼는 부정적 감정을 철저히 느껴 보았는가? 그렇다면 그런 감정을 품을 이유가 없다는 것을 깨달아라. 그 적을 다른 방식으로 볼 수 있다. 그가 사랑하는 이들이 그를 어떻게 볼지 상상해 보라. 그의 어린 자녀와 아내가 그를 어떤 눈으로 바라볼까? 그 적이 유난히 악해 보인다면 그의 공범이 협력자로서, 공모자로서, 친구로서 그를 어떻게 바라볼지 상상하라. 그 적이 나를 보거나 생각할 때 얼마나 스트레스를 느낄지를 자각하라. 그것은 내가 그를 보거나 생각할 때 느끼는 스트레스와 다르지 않다.

적의 눈으로 자신을 볼 때 내가 속으로 하는 말을 알아차려라. 우월감, 경쟁심, 멸시, 질투가 나의 사소한 말과 행동으로 어떻게 드러나는지 자각하라. 내가 느끼는 감정은 음성과 말투와 표정과 몸짓과 손짓을 통해 드러난다. 나를 향한 적의 감정이 그의 행동과 얼굴에 그대로 드러나는 것과 똑같다.

이제 그 적의 아름다운 모습을 보려고 하라. 그가 사랑에 빠져서 또는 선거에 당선돼서 또는 복권에 당첨돼서 아주 행복해한다고 상상하라. 정말로 대범하다면 적이 나와의 싸움에서 이겼다고 상상해 보라. 이 승리에 적은 틀림없이 크게 기뻐할 것이다. 그 적이 나를 보며 행복해한다고 상상하라. 이것을 상상하기가 어렵다면 그가 적어도 분노하지는 않는다고 상상해 보라. 적은 지금 자신의 인생에 더없이 만족하므로 나를 괴롭힐 의향도 시간도 없다고 상상하라. 그 적은 무엇에 정말로 행복해하고 정말로 기뻐할까? 적이 무엇을 원하는지를 추측해 보라. 그가 실제로 원하는 것은 내가 추측하는 것과 다를지도 모른다. 즉 그는 나와 싸워 이기는 것을 원치 않을 수도 있다. 내가 그를 괴롭히지 않는다면 또는 그가 원하는 것을 방해하지 않는다면 그는 더 이상은 괴롭히지 않을 것이다.

무엇 때문에 그 적에게서 그렇게 쉽게 상처를 입을까? 그 이유는 내가 그와 근본적으로 다르다고 생각하기 때문이다. 적의 눈을 통해 자신을 볼 때 그 사실을 깨닫기 시작한다. 그리고 바로 그 근본적인 면에서 나와 그 적이 똑같다는 것을 깨닫는다. 적어도 나와 그는 행복을 원하지 고통을 원하지는 않는다. 이것을 깨달으면 그 적이 나의 행복을 망치지 않기를 원하듯이 나도 그의 행복을 망치지 않으려 한다.

누군가를 적으로 간주하는 이유는 나의 상처와 분노와 공포를 그에게 투영하기 때문이다. 이것을 실제로 간파할 때 그리고 동료들을 연결된 존재로 인정할 수 있을 때 지금까지 자신과 자아를 방어하는 데 투입하던 에너지를 거두어들인다. 이제는 그 귀중한 에너지를 이용해서 분노와 질투 같은 내부의 적을 근절하는 작업을 행할 수 있다. 이렇게 해서 그토록 싫어했던 적은 협력자가 된다. 스승, 조력자, 더 나아가 친구가 된다.

드디어 그 적의 아름다운 모습이 보이기 시작한다. 그리고 그에 대한 불안감이 사라졌음을 느낀다. 그러면 그를 언제 어디서 만나든지 그가 그렇게 골칫거리로 생각되지 않는다. 그리고 그 적을 대하는 나의 달라진 태도가 그에게 영향을 미치고, 그도 덜 적대시한다. 그는 그 이유를 알지 못하겠지만 그렇게 된다. 이제 당신은 자신이 친구들 속에서 살아가고 있음을 깨닫게 해 주는 명상을 행할 수 있다.

내부의 적과 협력하기

자애

자애慈愛는 모든 존재의 행복을 염원하는 마음으로 전통 불교의 가르침에서 브라흐마-비라하brahma-viharas라고 부르는 네 가지 마음 중 하나다. 브라흐마-비하라, 즉 사무량심四無量心은 '한량없는 상태' 또는 '숭고한 태도'를 뜻하며, 나머지 세 가지 마음은 '연민悲'과 '공감적 기쁨喜'과 '평정捨'이다. 수행으로서 자애는 호의와 포용심, 다른 사람들과의 연대감에 기반을 둔다.

자애명상을 할 때는 자신의 자애심을 표현하는 특정 구절을 속으로 반복함으로써 주의를 모은다. 행복과 평안을 염원하는 그 마음을 맨 먼저 자신에게 흘려보내고 이어서 차차 주의의 폭을 넓혀서 모든 곳의 모든 존재에게 보낸다. 자애명상을 하기 위해 굳이 정좌할 필요는 없다. 자애명상은 어디서나 할 수 있는 수행이다. 길을 걸을 때, 버스에 앉아 있을 때, 병원에서 진료를 기다릴 때 등 장소에 상관없이 수행이 가능하다.

정좌 명상을 수행 중인 사람은 편안하게 앉아서 시작하라. 눈을 감거나 원한다면 떠도 괜찮다. 나와 다른 사람들의 행복을 위해 반복하고 싶은 구절이 있는가? 서너 개의 구절을 생각해 보라. 아니면 일반적인 자애 구절을 외워도 좋다.

내가 행복하기를.

내가 건강하기를.

내가 안전하기를.

내가 편안하게 살기를.

마지막 구절은 호사스럽게 살기를 바라는 게 아니다. 그보다 나의 생계와
인간관계와 그 밖의 일상생활이 악전고투가 아니길 바라는 마음에 가깝다.

침묵 속에서 자신을 위한 이 자애 구절을 잠시 반복하라. 그다음에는 은
인을 떠올려라. 나를 착하게 대한 사람, 관대했던 사람, 어떤 식으로든 도
와준 사람을 생각하라. 불교 경전에서 말하는 은인이란 그에 대한 생각만으
로도 저절로 미소 짓게 하는 사람이다. 그 고마운 사람의 모습을 떠올리고
내 삶에서 그가 얼마나 소중한지를 느껴 보라. 그러고 나서 그를 위해 다음
구절을 반복하라.

당신이 행복하기를.

당신이 건강하기를.

당신이 안전하기를.

당신이 편안하게 살기를.

이번에는 요즘 아주 잘 지내고 있는 친구를 떠올려라. 완벽하게 행복하

진 않겠지만 그는 전반적으로 상당히 만족하고 있을 것이다. 그의 삶은 순조롭게 흘러가고 있는 듯하다. 그를 떠올리며 그를 위해 자애 구절을 반복하라.

이제 별로 잘 지내지 못하는 친구, 어떤 일로든 괴로워하고 있는 친구를 떠올려라. 그 친구의 행복을 비는 자애 구절을 반복하라.

이어서 좋아하지도 싫어하지도 않는 중립적인 사람을 떠올려라. 그의 얼굴이나 이름만 알고 있다. 조간신문을 사는 가판대 주인, 사무실을 드나드는 택배 기사, 헬스클럽에서 내 옆에서 러닝머신을 뛰는 사람 등이 이 범주에 속한다. 그 사람에게도 자애 구절을 전하라.

이제 미워하는 사람을 떠올려라. 잔인하게 배신했거나 치명적인 상처를 입혔거나 세상을 상대로 너무 끔찍한 짓을 저질러서 그의 행복을 비는 것은 상상조차 할 수 없는 사람을 맨 처음에 고르는 것은 권하지 않는다. 나와 사소한 갈등을 겪고 있는 사람, 조금 꺼려지는 사람으로 시작하라. 그를 떠올리며 그를 위한 자애 구절을 반복하라. 이때 어떤 일이 일어나는지 알아보라.

끝으로 모든 곳의 모든 존재, 사람과 동물과 모든 피조물을 위해 자애 구절을 외워라.

모든 존재가 행복하고 건강하고 안전하기를.
모든 존재가 편안하기를.

부록: 일상에서 하는 명상

자애명상을 시작하고 처음 몇 번은 적을 위한 자애 구절을 외우기가 어려울 것이다. 그냥 조금 미워하는 사람에게도 자애심이 일어나지 않을 수 있다. 적을 위한 자애명상을 건너뛰고 모든 존재로 넘어가거나 자신에게 자애를 보내는 단계로 돌아가고 싶을 것이다. 그래도 괜찮다. 시간이 흐르고 모든 곳의 모든 사람을 대상으로 명상을 거듭함에 따라 그 모든 이들과 연결된 존재라는 느낌을 실감하게 된다. 그러면 나와 남들 사이에 높이 세워둔 장벽이 무너지기 시작한다. 하나로 연결된 거대한 네트워크 속에 적으로 간주한 자들까지 들여놓는 것이 갈수록 쉬워진다.

연민

연민은 고통을 겪는 누군가에게 다가가서 자신이 도와줄 수 있을지 알아보게 해 준다. 연민 수행은 잔인한 마음을 녹여 없앤다. 또한 연민은 자신이나 타인의 고통에 직면하면서도 압도되지 않게 해 준다. 연민은 마음의 움직임이지 감상이 아니다. 연민은 그 자체로 충만하며 완전하고 유연하다. 다른 존재들과 하나로 연결되어 있음을 실제로 아는 것에서 연민이 생겨난다. 내가 그들과 하나라고 생각하거나 그렇게 되기를 소망하는 것에서 생겨나는 게 아니다.

연민심을 한결같이 일으키기 위해서 과도한 순교자적 태도를 피해야 한다. 그런 태도를 지닌 사람은 오직 다른 이들만 염려할 뿐 자신을 결코 돌보지 않기 때문이다. 또한 일상적인 자기 돌봄 태도도 버려야 한다. 이 태도를 고수할 때는 자기 자신만 돌보고 다른 사람들에게는 무심하기 때문이다.

연민명상은 자애명상과 비슷하지만 사용되는 구절이 약간 다르다. 연민 수행에서는 '당신이 고통과 슬픔에서 벗어나기를'과 같은 구절을 자주 왼다. 이 구절이 연민심을 전달하는 역할을 한다는 것을 기억하라. 따라서 구절이 완벽해야 할 필요는 없다. 특정 상황에서, 예컨대 누군가가 중병으로 괴로워할 때 그 구절을 반복하고 싶을 것이다.

연민명상의 순서 역시 자애명상과 약간 다르다. 연민명상에서는 곤경에 처한 지인을 첫 번째 대상으로 명상을 시작한다. 그는 실제 인물이어야 한다. 고통을 겪는 사람의 범주에 막연히 상상하는 누군가를 섞어 넣어서는 안 된다. 가령 모든 노숙자를 위한 연민명상은 적절하지 않다. 괴로워하는 지인을 위해 연민 구절을 잠시 반복한 후, 그다음부터 자애명상의 순서에 따라 명상하라.

연민명상을 시작하기 전에 인간으로서 우리가 공유한 취약함을 숙고해도 좋다. 모든 사람이 동일한 무게의 고통을 짊어진 것은 아니다. 결코 그렇지 않다. 하지만 우리는 인간 존재의 불확실성과 불안정성을 공유한다. 전화 한 통에 우리의 인생이 송두리째 바뀔 수 있다. 이것을 알고 있다면 우리는 서로에게 더욱 가까워지고 서로를 더 많이 돌봐야 한다. 하나로 연결되는 느낌은 그 자체로 기분을 고양시킨다.

공감적 기쁨

공감적 기쁨이란 다른 사람의 행복에 대해 느끼는 순수한 희열이다. 그의 행운에 '이런, 네가 그렇게 잘 풀리지 않길 바랐는데'라고 생각하지 않고 진심으로 기뻐하는 것이다. 질시와 분개를 해독하는 공감적 기쁨은 아름다운 마음이지만 일으키기 쉽지 않은 마음이기도 하다. 다른 사람들의 성공에 우리는 양가감정을 느낀다. 그가 받은 상이 내 것이었어야 한다고 생각할 때 특히 그러하다. 다른 사람들의 행복은 두려움을 일으킨다. 나누어 가질 수 있는 행복은 한정되어 있으므로 모두 승자가 될 수는 없다고 생각하기 때문에 내 몫이 줄어들까 봐 겁내는 것이다. 공감적 기쁨은 내 안에 아주 깊은 곳에 자리한 경쟁심과 결핍감을 직시하게 해 준다. 그 두 감정은 외부의 적을 양산하게 부추기는 내부의 적이다.

우리는 자기보다 더 행복해 보이는 사람에게 분개하고 결핍감과 실패감을 느낀다. 공감적 기쁨을 수행하면 자신이 실제로 가진 것의 실상을 열린 마음으로 받아들이며 결핍감과 실패감과 분개가 사라진다.

공감적 기쁨 명상은 자애명상과 비슷하다. '당신의 행복과 행운이 작아지지 않기를', '그 행복과 행운이 더욱 커지기를'과 같은 구절을 반복하는 것이 다를 뿐이다.

현재 비교적 행복한 친구를 첫 번째 대상으로 정해서 공감적 기쁨 명상을 시작하라. 그는 완벽하게 행복하진 않겠지만 적어도 삶의 일부 영역에서 성공이나 행운을 즐기고 있다. 자신의 행운을 소망하는 단계는 건너뛴다. 공감적 기쁨은 타인의 행복에 대해 느끼는 행복으로 정의되기 때문이다.

공감적 기쁨 명상에 자신을 포함시키는 대신 명상을 시작하기에 앞서 자신이 누리는 긍정적인 것들에 대해 숙고하라. 공감적 기쁨을 저해하는 요인 중 하나는 결핍감이다. 때문에 자신의 삶에서 진심으로 감사하고 음미할 수 있는 것들에 대해 숙고하는 시간이 필요하다. 이 숙고 자체가 탐욕과 절망이라는 내부의 적을 몰아내는 강력한 무기다.

평정심

평정심은 무엇에도 흔들리지 않는 균형 잡힌 마음으로 많은 면에서 다른 세 가지 무량심boundless states, 無量心의 기반이다. 그 지혜로운 마음을 갖출 때 돌봄의 범위를 다른 사람들에게까지 크게 확장하고 자애 및 연민, 공감적 기쁨 명상을 행동으로 바꿔서 너그러운 마음을 실제로 표현할 수 있다.

평정심이 없다면 자신의 호의가 인정과 감사를 받을 경우 또는 상대방이 친절로 보답할 경우에만 호의를 베풀 것이다. 평정심이 없다면 자신이 괴롭지 않을 때에만 자기 자신에게 연민을 느낄 것이다. 그리고 다른 사람들의 고통에 압도되지 않을 때에만 그들에게 연민을 느낄 것이다. 위협이나 질시를 느끼지 않을 때에만 공감적 기쁨을 일으킬 것이다. 평정심을 키운다면 다른 사람들과 연결되는 우리의 엄청난 능력이 만개할 수 있다. 그 이유는

부록: 일상에서 하는 명상

살면서 어떤 일이 닥치든지 그것을 거부하거나 그것에 집착할 필요를 느끼지 않기 때문이다.

평정심의 기반은 불교 가르침에서 세속팔풍eight vicissitudes, 世俗八風이라고 부르는 것에 대해 숙고하는 것이다. 세속팔풍은 이익과 손해, 명예와 불명예, 칭찬과 비난, 쾌락과 고통으로 결코 피할 수 없는 인생의 부침을 말한다. 이 여덟 가지가 씨실과 날실로 엮여서 인생을 직조한다. 우리 모두에게 해당되는 것으로 예외가 없다. 이 실상을 인정하고 수용하는 것은 자애와 연민과 공감적 기쁨을 키우는 데 필요한 가장 큰 맥락을 제공한다.

평정심 수행에서는 중립적인 사람을 첫 번째 대상으로 명상을 시작한다. 이어서 고마운 사람, 미워하는 사람의 순서를 따르다가 자기 자신에 이르러 명상이 끝난다. 이때 반복할 수 있는 구절은 다음과 같다.

고통이나 행복은 사건 자체가 아니라 그 사건을 대하는 태도에서 생긴다.

생겨나는 모든 것은 반드시 소멸한다.

나는 당신을 염려하지만 당신의 생이 어떻게 윤회할지 좌우하지 못한다.

모든 존재는 자신의 행위에 책임이 있다.

그의 행복과 불행은 그를 향한 내 염원이 아니라 그의 행위에 달려 있다.

은밀한 적과 협력하기

주고받기

적으로 간주하는 사람과의 관계를 바꾸기 위해서는 자기 몰두를 타인 몰두와 맞바꾸는 수행을 매일 실천해야 한다. 이때 도움이 되는 특별한 명상법이 있다. 타인의 고통을 자신이 실제로 떠맡는 이타행을 시연하는 셈치고 해 볼 수 있는 그 기법은 주고받기 명상이다. 이 명상을 할 때는 자신의 행복을 상대방에게 내주고 그의 고통을 떠안는다고 상상한다.

적의 모습을 떠올리거나 적이 바로 앞에 앉아 있다고 상상하라. 숨을 내쉬면서 나의 모든 행복과 모든 빛을 적에게 내주어라. 그 적이 자신의 빛나는 마음과 연결되어 있다고 느끼게 하라.

숨을 들이쉬면서 적의 분노를 받아들이고, 그 강렬한 힘을 내부로 깊이 들여보내라. 그가 나에게 느끼는 적의를 기꺼이 흡수하라. 그러고 나서 그 힘의 방향을 돌려서 그것이 곧장 내부의 적을 향해 돌진하게 하라. 그 격렬한 힘은 빛나는 마음을 훼손하지 않으면서 그 내부의 적을 파괴한다. 지금 내 외부의 적은 자신도 모르게 나를 위해 싸우고 있다. 내가 끝없이 '나'에게 집착하는 자기 몰두 습관에서 벗어나게 돕고 있는 중이다. 나는 그 적의 강렬한 분노를 긍정적 힘으로 바꾸고, 그 힘은 안도감과 평화로움으로 경험된다.

이제 숨을 내쉬면서 찬란한 마음의 빛을 흘려보내라. 그 빛이 적에게 스며들고 나의 수호자들의 축복으로 강렬해진다. 그 수호자는 예수님, 마리아, 아브라함, 무함마드, 부처님, 관음보살, 달라이 라마, 성자, 천사, 스승 등 누구라도 좋다. 호흡을 계속하면서 침묵 속에서 다음 구절을 외울 수도 있다.

[숨을 들이쉬며] 내 안의 적, 나의 이기심을 파괴하라.

[숨을 내쉬며] 나의 사랑, 나의 지혜를 가져가거라.

[숨을 들이쉬며] 내 안의 적, 나의 이기심, 나의 집착, 나의 혐오를 파괴하라.

[숨을 내쉬며] 나의 사랑, 나의 행복, 나의 축복을 가져가거라.

호흡을 계속하면서 들숨과 함께 적의 적대감을 떠안고 그것을 이용해 자신의 이기심을 파괴하라. 날숨과 함께 자유롭고 자애로운 자아가 느끼는 행복을 그 적에게 내주어라.

적을 대상으로 주고받기 명상을 거듭함에 따라 이기적이고 자기 몰두적인 자아가 차차 소멸한다. 그리고 이타적이고 행복하고 자애로운 자아가 등장한다. 자기만을 중시하고 자기를 과장하고 불평하고 분노하는 자아는 갈수록 약해지고, 깨달음을 얻은 자아는 갈수록 강해진다. 적을 이런 식으로 사랑하는 것은 현명한 이기심이다. 적을 향한 이타심은 나에게 힘이 된다. 그리고 행복과 축복이 아주 멀리 넓게 퍼져 나간다. 사랑하는 사람에게, 중립적인 사람에게, 모든 존재에게 퍼져 나간다. 적에게 티끌만큼의 행복이라도 내줄 수 있다면 우리의 생은 아름다운 예술 작품이 된다.

부록: 일상에서 하는 명상

가장 은밀한 적과 협력하기

자기와 타인 맞바꾸기

외부의 적은 가장 훌륭한 스승이다. 그는 우리의 진짜 적, 즉 자기 몰두를 알아차리게 해 준다. 자기 몰두를 타인 몰두와 맞바꾸는 수행을 할 때 우리는 정체감을 확장해서 일체중생을 포용하고 이기심과 자기 집착에서 벗어나 이타심과 연민심으로 옮겨 간다.

먼저 자신에게 주의를 돌려서 세세하게 자각하는 것으로 명상을 시작하라. 자신을 들여다보며 있는 그대로 알아차려라. 이렇게 할 때 우리 자신을 통찰한다. 내부를 샅샅이 훑어보아도 어디에서도 고정된 자아를 찾을 수 없기 때문이다. 얼굴에서도 머릿속에서도 마음속에서도 그것을 찾지 못한다. 이제 우리는 무한한 힘으로 가득한 공의 선명한 빛 속으로 녹아든다. 그 힘을 겁내지 마라. 그 고요한 기운은 모든 것을 무한한 잠재력으로 받아들일 뿐이다. 사랑을 토대로, 자신과 타인을 행복하게 해 주려는 의지를 토대로 그 힘을 무한정 이용할 수 있다. 그런 점에서 궁극적 실상, 즉 공의 선명한 빛은 순수한 사랑이다. 일체중생의 모든 욕구를 채워 주고 그것을 결코 억누르지 않으며 그것에 항상 긍정적으로 반응하는 한없이 풍요로운 기운이다.

분노를 다스리는 붓다의 가르침

이제 그 무한한 힘을 이용해서 자기 자신과 사랑하는 이들에게 정말로 필요한 모든 것을 정확히 알아내고 있다고 상상하라. 내 육체가 유용한 모든 능력을 갖추고 있다고 상상하라. 다른 이들이 필요로 하는 모든 것을 내 마음이 지칠 줄 모르고 기쁘게 내주고 있다고 상상하라. 나를 이루는 모든 세포와 나를 둘러싼 모든 에너지에 내재된 진정한 행복을 느껴 보라. 기억하라, 나는 견고하게 고정된 구조물이 아니다. 스스로를 치유하고 주변의 모든 사람과 모든 것을 치유할 수 있는 진동하는 양자量子 에너지장이다. 모든 중생이 나를 보고 내가 발하는 찬란한 빛을 보고 있다고 상상하라. 다이아몬드, 루비, 토파즈, 에메랄드, 사파이어 등 온갖 보석으로 이루어진 그 빛은 눈부시게 반짝이며 물처럼 흐른다.

이 상상을 원하는 만큼 오래 즐기면서 그것이 평소에는 보지 못하는 실상이라는 것을 기억하라. 그것을 못 보는 이유는 물질적인 것들에 대한 지각을 실상으로 여기는 습관 때문이다. 그 상상이 주는 기쁨과 만족을 되새겨서 항상 그렇게 느끼고 빛날 수 있는 존재가 되어라. 모든 존재가 지닌 궁극적 실상과 상대적 잠재력이 완벽하게 똑같다는 것을 깨달아라. 그러므로 자신을 특별한 존재로 내세우지 않겠다고 결심하라. 다른 사람들에게서 특별히 존중을 받거나 칭찬을 받으려는 욕구를 모두 자제하라. 지복으로 충만할 때 다른 사람들을 유능하게 도울 수 있다는 것을 깨달아라. 명상을 마치고 일상 활동을 계속할 때 자신을 남들과 구별하거나 어떤 식으로든 그들 위에 서려는 유혹에 흔들리지 마라.